Keramikschäume aus gefüllten Polysilsesquioxanen

Der Technischen Fakultät der
Universität Erlangen-Nürnberg
zur Erlangung des Grades

DOKTOR-INGENIEUR

vorgelegt von

Jürgen Reinhard Zeschky

Erlangen – 2004

Als Dissertation genehmigt von
der Technischen Fakultät der
Universität Erlangen-Nürnberg

Tag der Einreichung: 20.09.2004
Tag der Promotion: 14.12.2004
Dekan: Prof. Dr. Albrecht Winnacker
Berichterstatter: Prof. Dr. Peter Greil

Prof. Dr. Mathias Göken

Jürgen Reinhard Zeschky

KERAMIKSCHÄUME
AUS GEFÜLLTEN POLYSILSESQUIOXANEN

ibidem-Verlag
Stuttgart

Bibliografische Information Der Deutschen Bibliothek

Die Deutsche Bibliothek verzeichnet diese Publikation in der Deutschen Nationalbibliografie; detaillierte bibliografische Daten sind im Internet über <http://dnb.ddb.de> abrufbar.

∞

Gedruckt auf alterungsbeständigem, säurefreien Papier
Printed on acid-free paper

ISBN: 3-89821-468-0
© *ibidem*-Verlag
Stuttgart 2005
Alle Rechte vorbehalten

Printed in Germany

Inhaltsverzeichnis

Inhaltsverzeichnis

Abbildungsverzeichnis

Tabellenverzeichnis

Nomenklatur

Diese Auflistung umfaßt die wesentlichen Parametersymbole und ihre in dieser Arbeit verwendeten Einheiten.

Symbol	Einheit	Bedeutung
A	mm^2	Fläche
Ca	1	Kapillarzahl
CD	mm^{-3}	Konnektivitätsdichte
d	µm, mm	Durchmesser, Zellfenstergröße
dg	J/mol	Änderung der Gibbs'schen freien Energie
d_{50}	µm	mittlerer Korndurchmesser von Füllerpartikeln
D	mm	Zellendurchmesser
D_f	MN/m^3	Biegesteifigkeit
D_s	MN/m^3	Schersteifigkeit
DA	1	Anisotropiegrad
E	MPa, GPa	Elastizitätsmodul
$E^\star$	MPa, GPa	Elastizitätsmodul des Schaums
E_η, E_α	kJ/mol	Aktivierungsenergie
E_s	GPa	Elastizitätsmodul des Stegmaterials
E_f	GPa	Elastizitätsmodul der Deckschicht eines Sandwiches
E_A	mJ/m^2	Oberflächenenergie
f	1	Flächenanzahl eines Schaumpolyeders
g	J, kJ	Gibbs'sche freie Enthalpie
G	GPa	Schermodul
G_c	GPa	Schermodul des Schaumkerns eines Sandwiches
I	willk. Einh.	Intensität
k	D	Gaspermeabilität
K_{Ic}	$\mathrm{MPa}\sqrt{\mathrm{m}}$	kritischer Spannungsintensitätsfaktor
l	µm, mm	Steglänge

NOMENKLATUR

L	mm	Kantenlänge einer Schaumzelle
m	g	Masse
N_i	1	Anzahl der Knotenpunkte ($i = V$), Kanten ($i = E$), Zellwände ($i = F$) und Zellen ($i = C$)
p	kPa, MPa	Druck
P	%	Porosität
P_f	N	Belastung eines Sandwiches
q	kg/s	Massefluß
r	µm, mm	Radius
r_b	mm	Gasblasenradius
r_{max}	mm	Maximalwert der Blasenradiusverteilung
$R_{p0.2}$	MPa	Streckgrenze
s	J	Entropie
S	µm², mm²	Oberfläche
SMI	1	Struktur-Modell-Index
t	s, min, h	Zeit
t_c	µm, mm	Dicke des Schaumkerns eines Sandwiches
t_f	µm, mm	Dicke der Deckschichten eines Sandwiches
t_s	µm, mm	Zellwanddicke
T	°C, K	Temperatur, Temperaturdifferenz
V	mm³	Volumen
V_i	%	Volumenanteil der Phase i
V_f	%	Volumenanteil des Füllers
V_p	%	Porenvolumenanteil ($\equiv$ Porosität)
W	J, kJ	Arbeit
Z_e	1	Kantenkonnektivität
Z_f	1	Flächenkonnektivität
α	%	Vernetzungsgrad
α_t	ppm/K	Thermischer Ausdehnungskoeffizient
ζ	cm⁻¹	Extinktionskoeffizient
δ	$MN/m³$	dynamische Steifigkeit
ϵ	%	Dehnung/Schwindung
ι	1	Exponent von Mooneys analytischer Funktion
κ	Ω/cm	elektrische Leitfähigkeit

λ	W/mK	thermische Leitfähigkeit
Λ	%	Durchbiegung
μ	Ns/m^2	Viskosität
ν	%	Querkontraktionszahl
Φ	%	Materialanteil in den Zellwänden
ϱ	Ωcm	spezifischer elektrischer Widerstand
σ	kPa, MPa	Festigkeit
σ_0	kPa, MPa	Festigkeit des dichten Materials
σ_s	kPa, MPa	Festigkeit des Stegaterials
$\sigma^\star$	kPa, MPa	Festigkeit des Schaums
Σ	mN/m	Oberflächenspannung
τ	MPa	Scherspannung
Ψ	%	relative Volumenänderung
ρ	g/cm^3	geometrische Dichte
ρ_f	%	relative Dichte

NOMENKLATUR

1 Einleitung

Das Interesse und der industrielle Bedarf an hochporösen Keramiken ist in den letzten Jahrzehnten enorm gestiegen, eine Fortsetzung dieses Trends wird allgemein erwartet. Zellulare Keramiken finden heute Anwendung als Katalysatorträger im Automobilbau und der chemischen Industrie, als Filter für Metallschmelzen, Leichtbaustrukturen, Membranen oder thermische als auch akustische Isolatoren [14–16]. Die Öffnung neuer Märkte ermöglicht die Verwendung in der Biotechnologie, in neuen Verbrennungsmotorkonzepten mit erhöhtem Wirkungsgrad und reduziertem Schadstoffausstoß sowie in elektrisch beheizbaren und gasbetriebenen Brennern [17, 18].

Prinzipiell unterscheidet man bei hochporösen Keramiken zwischen regelmäßigen Strukturen, oftmals in Quadratquerschnitts-, Parallelepiped- oder Wabenform (*honeycomb structures*), die durch Extrudieren keramischer Massen hergestellt werden, und Keramiken mit ungeregelter zellularer Struktur, die man als Keramikschäume bezeichnet [10, 19–21]. Die konventionelle Fertigung von Schaumkeramiken erfolgt über die Tauchbeschichtung von Polymerschäumen und anschließendem Ausbrand dieser Vorform [22]. Dieser Prozeß ist jedoch nicht in der Lage, Keramikschäume mit Zellendurchmessern kleiner als 1 mm oder Strukturen mit geschlossenen Zellen zu erzielen. Neuartige Verfahren schließen diese Lücke. Heutige Herstellungsmethoden ermöglichen die Fabrikation von Keramikschäumen mit einer Vielzahl möglicher Strukturen, Schäume mit offen- und geschlossenen Zellwänden und Zellendurchmesser im Bereich von wenigen µm bis zu mehreren cm. Diese Verfahren erfordern jedoch oftmals eine Vielzahl von Prozeßschritten und sind daher aufwendig und kostenintensiv [14].

Neue Methoden ermöglichen die Herstellung von zellularer Keramiken durch Direktaufschäumen von Si-basierten Polymeren [23]. Das verwendete Polymer agiert dabei zweifach. Einerseits bilden sich *in situ* Treibgase durch die thermisch induzierte Vernetzung im Temperaturbereich > 220 °C über Polykondensationsreaktionen mit Freisetzung von gasförmigen Reaktionsprodukten. Diese

1

Gase schäumen die Polymerschmelze auf, die Struktur stabilisiert sich selbst durch zunehmende Vernetzung und ansteigende Viskosität innerhalb von 2 Stunden. Man erhält so einen duroplastischen Schaum mit einer Porosität von 50-90 %. Solche Polymere zur Herstellung von Siloxan-Schäumen wurden bereits in den 1970er Jahren von Dow Corning zur Marktreife geführt [24, 25]. Si-Polymere können weiterhin durch Pyrolyse in Inertatmosphäre in eine Keramik mit einer Ausbeute von 70 - 90 Ma.-% umgewandelt werden [26, 27]. Polymerabgeleitete Keramiken wurden in den 1960er Jahren entwickelt, 10 Jahre später bereits zur Keramikfaserherstellung industriell eingesetzt und sind noch heute Gegenstand intensiver materialwissenschaftlicher und technologischer Forschung [1, 28, 29]. Polysilane, Polysilazane, Polycarbosilane und vor allem Polysiloxane sind preiswerte Ausgangsmaterialien, die eine Herstellung von Keramiken über thermoplastische Formgebungsverfahren der Kunststoffindustrie ermöglichen [1]. Die Zusammensetzung des Polymers und die Umsetzungsbedingungen in eine Keramik ermöglicht die Herstellung einer Vielzahl keramischer Materialien. Die Mikrostruktur, die Zusammensetzung der Keramik und der resultierenden Eigenschaften lassen sich durch Zugabe von Füllern nachhaltig steuern [5].

Der Schaumbildungsmechanismus, die Generierung der Schaumstruktur sowie die Abhängigkeiten der Eigenschaften des direktaufgeschäumten Schaums von den Prozeßparametern und den verwendeten Füllstoffen sind weitgehend unerforscht. Das Verständnis der Schaumentstehung ist jedoch von grundlegender Bedeutung und Voraussetzung, um die Eigenschaften gezielt steuern zu können. Ein Hauptziel dieser Arbeit war es daher, den Schaumbildungsprozeß eines füllerhaltigen Polysilsesquioxans und die anschließende Pyrolyse in Luft und Inertatmosphäre zu bestimmen. Die analytischen Gesetzmäßigkeiten sollten hergeleitet und experimentell bestätigt werden. Die mechanischen, thermischen und elektrischen Eigenschaften wurden bestimmt und mit der Mikrostruktur und der Zusammensetzung des Keramikschaums korreliert. Als Füller wurden hierzu Hydroxylapatit, $MoSi_2$, Al_2O_3, SiO_2, Si und SiC eingesetzt.

Aufgrund des breiten Eigenschaftsspektrums sind die Keramikschäume aus gefüllten Polysilsesquioxanen prädestiniert für eine Vielzahl an Anwendungen, bei denen sich konventionell hergestellte Keramikschäume nicht optimal verwenden lassen. Beispielhaft für mögliche Anwendungen wurde der Einsatz als Kern einer Sandwich-Leichtbaustruktur untersucht. Dabei wurde der Schaumkern bereits zwischen den späteren Deckschichten aufgeschäumt. So sollten sich Sandwichelemente in nur wenigen Prozeßschritten ohne zusätzliche Klebeschichten herstellen lassen.

Die vollständig offenzellige Struktur ermöglicht die Verwendung der Keramikschäume als Verstärkungsphase für Leichtmetalle. Das innovative Konzept der Kompositwerkstoffe mit Durchdringungsgefüge wurde exemplarisch an Mg-Legierung-infiltrierten SiO_2 und Si/SiC gefüllten Keramikschäumen untersucht. Hierbei standen insbesondere die Festigkeit und die Kriechbeständigkeit oberhalb 100 °C im Vordergrund, da in diesem Temperaturbereich die schlechten mechanischen Eigenschaften die Verwendung von Mg bisher oftmals verhinderten.

2 Grundlagen

2.1 Polymerkeramik

Nichtoxidkeramiken wie Carbide, Nitride oder Boride werden überwiegend über Reaktionen der Elemente oder durch carbothermische Reduktion der entsprechenden Metalloxide hergestellt [30]. Zur Synthese sind jedoch Reaktionstemperaturen über 1600 °C und somit sehr hohe Energien nötig. Der klassische Acheson-Prozeß zur Herstellung von SiC beispielsweise,

$$SiO_2 + 3\,C \Longrightarrow SiC + 2\,CO \tag{2.1}$$

erfordert für die Festphasenreaktion Temperaturen über 2000 °C bei einem Umsetzungsgrad von lediglich 10-15 %. Die Herstellung von SiC über andere Festphasenreaktionen ist möglich, hat jedoch keine wirtschaftliche Bedeutung. Bis heute ist eine energetisch günstigere Möglichkeit zur Herstellung von SiC, z.b. über Flüssigphasen- oder Gasphasenreaktionen nicht bekannt [31]. Zur Verdichtung von SiC-Grünkörpern bedarf es Sinterhilfsmittel und wegen des überwiegend kovalenten Charakters der Bindung auch weiterhin Temperaturen über 1800 °C. Abhängig von der Form und gewünschten Funktion existieren verschiedene Methoden zur Verdichtung von Nichtoxidkeramiken, z.b. druckloses Sintern, heißisostatisches Pressen (HIP), oder Abscheidung aus der Gasphase (CVD).

Eine vielseitige Möglichkeit zur Fabrikation Si-basierter Keramiken ist die Herstellung aus siliziumorganischen Prekursoren [26]. Als Prekursoren bezeichnet man monomere oder polymere Verbindungen, die keramikbildende Elemente enthalten und durch umwandelnde Prozesse in das Endprodukt überführt werden können [30]. Die Umsetzung vom Polymer zur Keramik erfolgt durch Pyrolyse. Die Atmosphäre bei der Umsetzung ist wahlweise inert (N_2, Ar) oder reaktiv (Luft, N_2 (bei T > 1400 °C), NH_3, H_2) und kann mit dem Prekursor weitere Phasen bilden [5]. Im Stoffsystem der Si-Prekursoren ist eine große Variation an Polymeren verfügbar, Abb. 2.1. Eine Vielzahl an keramischen Werkstoffen läßt sich aus diesen polymeren Prekursoren herstellen:

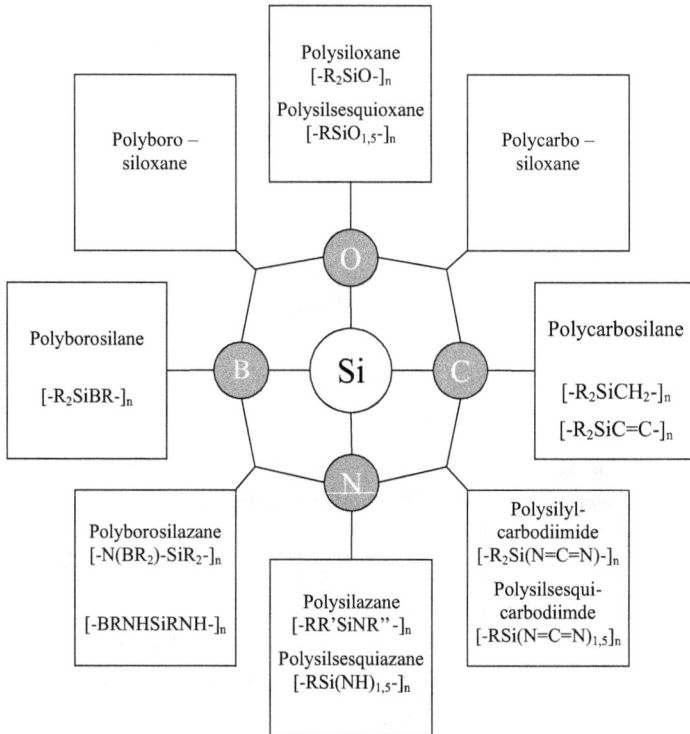

Abb. 2.1: Übersicht über die Gruppe der Siliziumpolymere [1].

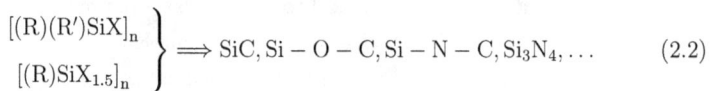

$$\left.\begin{array}{l} [(R)(R')SiX]_n \\ [(R)SiX_{1.5}]_n \end{array}\right\} \Longrightarrow SiC, Si-O-C, Si-N-C, Si_3N_4, \ldots \qquad (2.2)$$

Hierbei kann X für O: Polysiloxane, NH: Polysilazane oder CH_2: Polycarbosilane stehen. R und R' können beispielsweise H-, Alkyl-, Hydroxyl-, Ethoxy-, Aryl- oder Arenylgruppen sein [1]. Neben linearvernetzten (RR'SiX) gewannen quervernetzte $(RSiX_{1.5})$ Polymerprekursoren für die Erhöhung der Ausbeute bei der Keramikumwandlung an Bedeutung. Die Struktur und die Eigenschaften der Keramik werden hauptsächlich von den Umsetzungsbedingungen sowie der Zusammensetzung und der molekularen Struktur des Prekursors bestimmt [26].

Die Herstellung von Keramiken aus präkeramischen Polymeren bietet zahlreiche Vorteile gegenüber konventionellen pulvertechnologischen Herstellungsprozessen. So ließen sich SiC-Keramiken aus Polycarbosilanen bereits im Temperaturbereich von 800 °C - 1500 °C herstellen gegenüber Sintertemperaturen von 1600 °C - 2500 °C beim konventionellen Verfahren [32]. Die günstigen rheologischen Eigenschaften von Polymerschmelzen ermöglichen die Nutzung von Formgebungsverfahren der Kunststoffindustrie. Abhängig von der Viskosität des Polymers lassen sich die Prekursoren zu Folien gießen [33], spritzgießen oder warmpressen [34]. Es können Fasern gezogen oder Oberflächen durch Sprühen beschichtet werden [35, 36]. Diese und weitere Formgebungsverfahren sind schematisch in Abb. 2.2 dargestellt.

Bereits in den 1970er Jahren wurden hochtemperaturstabile Si-C und Si-N Fasern entwickelt, die als Verstärkungsphase von Verbundwerkstoffen in der Militärtechnik sowie der Luft- und Raumfahrtindustrie Einsatz fanden [37]. Durch Verwendung von Polycarbosilanen als Prekursoren wurden erstmals 1978 SiC-Fasern mit hoher keramischer Ausbeute und guten mechanischen Eigenschaften hergestellt [38]. Keramik-Matrix-Komposite (CMCs) ließen sich aus faserverstärkter Polymerkeramik herstellen [39, 40]. In den letzten Jahren gibt es zahlreiche Bemühungen, die Zusammensetzung von Prekursoren für spezielle Anwendungen maßzuschneidern. Borhaltige und sauerstofffreie Polymere im Stoffsystem Si-B-N bzw. Si-B-N-C wurden entwickelt, die sich durch sehr gute Hochtemperatureigenschaften auszeichnen und bis 1600 °C devitrifikations- und oxidationsstabil sind [41]. Die Herstellung dieser speziellen Polymere erfolgte im Labormaßstab und ist dadurch teuer und aufwendig [42]. Dies und besondere Anforderungen an die Handhabung verhinderten bisher die industrielle Nutzung dieser Prekursoren.

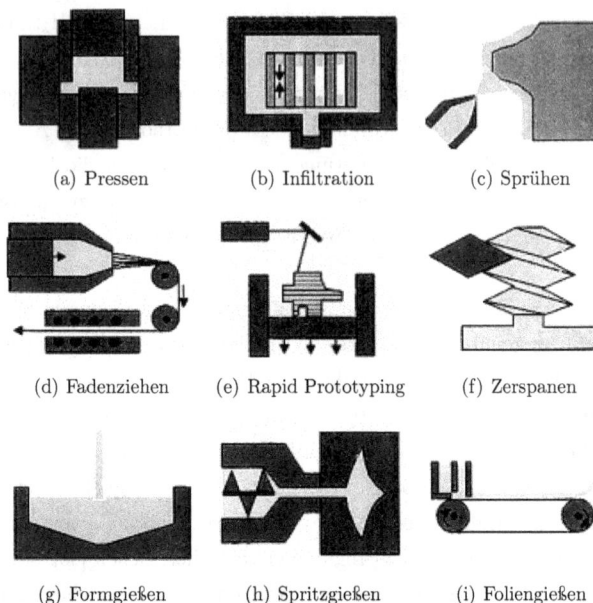

(a) Pressen   (b) Infiltration   (c) Sprühen

(d) Fadenziehen   (e) Rapid Prototyping   (f) Zerspanen

(g) Formgießen   (h) Spritzgießen   (i) Foliengießen

Abb. 2.2: Verarbeitungsmöglichkeiten für Polymerprecursoren [1].

2.1.1 Polysiloxane

Polysiloxane $[(R)(R')SiO]_n$ und Polysilsesquioxane $[(R)SiO_{1.5}]_n$ sind industriell hergestellte, kostengünstige Prekursoren, die sich für die Fertigung von Keramiken im Si-O-C Stoffsystem eignen. Die Entwicklung der Polysiloxane liegt mehr als 70 Jahre zurück. Hauptsächlich forschten die Firmen General Electrics (W. Patnode und E.G. Rochow) und Corning Glass Works (J.F. Hyde) auf Basis der akademischen Erkenntnise von F.S. Kipping [43] an Siloxanen zur Entwicklung von elektrisch isolierenden Siloxanharzen. Dies führte 1943 zur Gründung der Dow Corning Corporation, heute einer der größten Hersteller von Polysiloxanen.

Die Herstellung erfolgt über mehrere Prozeßschritte. Als Rohstoff dient Quarzsand, der in Hochöfen bei 1400 °C durch Kohlenstoff zu Silizium reduziert wird. Durch die Müller-Rochow-Synthese werden daraus Halogensilane hergestellt [44]:

$$\text{Si} + 3\,\text{HCl} \implies \text{SiHCl}_3 + \text{H}_2 \tag{2.3}$$

$$3\,\text{CH}_3\text{Cl} + \text{Si} \implies \text{CH}_3\text{SiCl}_3 + \text{C}_2\text{H}_6 \tag{2.4}$$

$$2\,\text{CH}_3\text{Cl} + \text{Si} \implies (\text{CH}_3)_2\text{SiCl}_2 \tag{2.5}$$

$$\text{CH}_3\text{Cl} + 2\,\text{HCl} + \text{Si} \implies \text{CH}_3\text{SiCl}_3 + \text{H}_2 \tag{2.6}$$

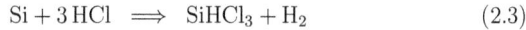

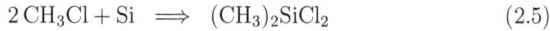

Dazu wird eine Mischung aus Wasserstoff, HCl und Methylchlorid im Massenverhältnis 1:1:100 durch einen Si-gefüllten Wirbelschichtreaktor gespült. Die Reaktionen laufen unter kupferkatalytischem Einfluß bei 250 - 300 °C ab. Für den größtmöglichen Umsetzungsgrad muß die Reinheit des Siliziums > 97 % betragen bei einer Korngröße von 45 - 250 µm. Da nur in diesem Temperaturbereich hohe Ausbeuten erzielt werden, muß der exotherme Prozeß kontrolliert gekühlt werden. Der günstigste Druckbereich ist 0.1 - 0.5 MPa. Bei der Müller-Rochow-Synthese entsteht ein Gemisch aus 65 - 85 % $(\text{CH}_3)_2\text{SiCl}_2$, 7 - 18 % CH_3SiCl_3, 2 - 4 % $(\text{CH}_3)_3\text{SiCl}$, ca. 0.5 % $(\text{CH}_3)\text{SiHCl}_2$ und 6 - 8 % Polysilane. Durch Variation des H_2:HCl-Gemisches läßt sich das Silangemisch halogenärmer oder -reicher einstellen. Am Ende des Wirbelschichtreaktors wird das nicht umgesetzte Chlormethan vom Silangemisch getrennt und dem Reaktor erneut zugeführt. Die Silane werden mittels Kolonnendestillation weiter aufgetrennt. In den Wirbelschichtreaktoren können jährlich bis zu 40000 t Silane hergestellt werden [44]. Diese fallen auch als Nebenprodukte der chemischen Industrie an, finden vielseitig Verwendung und sind preiswert verfügbar. Die getrennten Silane können hydrolysiert werden (Gl. 2.7, 2.8) und durch säure- und basenkatalytische Reaktionen (Gl. 2.9) polymerisiert werden:

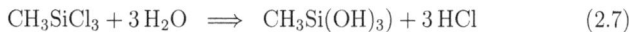

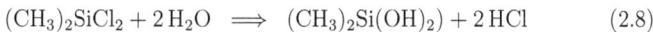

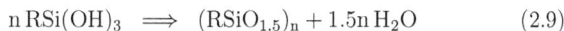

$$\text{CH}_3\text{SiCl}_3 + 3\,\text{H}_2\text{O} \implies \text{CH}_3\text{Si(OH)}_3 + 3\,\text{HCl} \tag{2.7}$$

$$(\text{CH}_3)_2\text{SiCl}_2 + 2\,\text{H}_2\text{O} \implies (\text{CH}_3)_2\text{Si(OH)}_2 + 2\,\text{HCl} \tag{2.8}$$

$$\text{n}\,\text{RSi(OH)}_3 \implies (\text{RSiO}_{1.5})_\text{n} + 1.5\text{n}\,\text{H}_2\text{O} \tag{2.9}$$

Durch den Einsatz verschiedener Silane und Silanole, Temperaturen und Katalysatoren kann der Vernetzungsgrad und das Molgewicht von Polysiloxanen und Polysilsesquioxanen gezielt über einen weiten Bereich eingestellt werden. Man unterscheidet dann zwischen Silikonölen, Silikonkautschuken und Silikonharzen, die zusammengefasst als *Silikone* gezeichnet werden. Silikonöle sind lineare Polymere mit Kettenlängen bis zu 1000 Si-O-Einheiten. Durch Einführung reaktiver Gruppen läßt sich der inerte Charakter der Silikonöle modifizieren. Silikonkautschuke besitzen ebenfalls eine lineare Struktur, lassen sich aber über reaktive Gruppen weitmaschig vernetzen und sind hochelastisch. Die Produktklasse der Silikonharze erstreckt sich von niedermolukularen Zwischenprodukten bis zu hochmolekularen, stark vernetzten Polymeren mit unterschiedlichster Struktur [26, 44]. *Silikone* werden z.B. zu Fetten, Trennmitteln, Antischaummitteln, Lackzusätzen, Papierbeschichtungsmitteln, Hydrophobierungsmitteln, Textilien oder Kunstleder und heiß- oder kaltvulkanisierenden Kautschuken weiterverarbeitet [44, 45].

Siloxane weisen mono- (M), di- (D), tri- (T) und tetrafunktionale (Q) Einheiten auf und polymerisieren zu linearen, kettenförmigen, zyklischen und käfigartigen Strukturen, Abb. 2.3 [3, 44]. Die Bezeichnungen M, D, T und Q sind

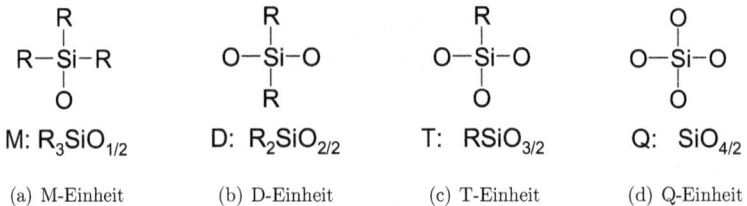

$$
\begin{array}{cccc}
\underset{\displaystyle |}{R} & \underset{\displaystyle |}{R} & \underset{\displaystyle |}{R} & \underset{\displaystyle |}{O} \\
R\!-\!Si\!-\!R & O\!-\!Si\!-\!O & O\!-\!Si\!-\!O & O\!-\!Si\!-\!O \\
\overset{\displaystyle |}{O} & \overset{\displaystyle |}{R} & \overset{\displaystyle |}{O} & \overset{\displaystyle |}{O}
\end{array}
$$

M: $R_3SiO_{1/2}$ D: $R_2SiO_{2/2}$ T: $RSiO_{3/2}$ Q: $SiO_{4/2}$

(a) M-Einheit   (b) D-Einheit   (c) T-Einheit   (d) Q-Einheit

Abb. 2.3: Struktureinheiten von Siloxanen [2].

standardisiert, Silikonharze mit trifunktionalen Einheiten benennt man auch Silsesquioxane [46]. Die an Si gebundenen funktionellen Gruppen R beeinflussen die Eigenschaften des Polymers. Kommerziell erhältliche Silsesquioxane haben überwiegend Methyl- und/oder Phenyl-Gruppen an Si gebunden. Methylsilsesquioxane sind nach vollständiger Vernetzung hart und spröde, haben eine geringe Hygroskopie und eine niedrige Dielektrizitätskonstante [3]. Phenylsilsesquioxane haben aufgrund der Weichmacherwirkung der Phenyl-Gruppe ein ausgeprägtes elastisches Verhalten [47]. Von Dehnungen bis zu 25 % bei einer Zugfestigkeit von 40 MPa wurde berichtet [48]. Methyl-Phenyl-Silsesquioxan-

Copolymerisate haben sowohl CH_3- als auch C_5H_6-Gruppen in variablen Verhältnissen und weisen erhöhte Zähigkeit im Vergleich zu Methylsilsesquioxanen auf. Phenyl-Methyl-Silsesquioxane sind in zahlreichen Patenten offengelegt und kostengünstig erhältlich. Substitutionen mit p-Bromo-, Methoxyl-, p-Phenoxyl-, o-Triflouromethyl-, p-Cyano- oder Carboxyl-Gruppen von Phenylsilsesquioxanen ermöglichen die Nutzung als krebshemmende Medikamente [49]. Kohlenstofffreie Hydridosilsesquioxane werden zur Herstellung von SiO_2-Schutzschichten bei 400 °C verwendet. Silsesquioxane mit weiteren Gruppen sind bekannt, bisher aber nur akademisch untersucht und im Labormaßstab hergestellt worden. Einen umfassenden Überblick über Eigenschaften und Herstellungsmethoden dieser funktionalen Silsesquioxane gibt [3].

Der strukturelle Aufbau von Silsesquioxanen wurde vielfach untersucht. Leiterförmige, käfigähnliche und unregelmäßige Strukturen wurden vorgeschlagen, Abb. 2.4. Brown begründete den Leiteraufbau von Polyphenyl-Silsesquioxanen mittels Röntgendiffraktometrie und Infrarotspektrometrie [50]. Bei Molmassen $> 10^5$ g/mol treten zunehmend Verzweigungen und unsymmetrische Verknüpfungen auf, die Struktur wird unregelmäßig, Abb. 2.4 a. Frye und Klosowski widersprachen Browns Modell und schlugen ein unregelmäßig verknüpftes Gitter polyzyklischer Käfige vor, Abb. 2.4 c [51]. Dieser Strukturvorschlag wurde kontrovers diskutiert und steht im Widerspruch zu Ergebnissen der IR-Spektrometrie [52]. Der Aufbau von Polyphenyl-Silsesquioxanen gilt bis heute nicht als sicher geklärt. Methyl-Silsesquioxane werden als Polymere mit Leiterstruktur beschrieben. Die Begründung der Struktur basiert auf IR-Ergebnissen, beweist diesen Aufbau jedoch nicht [3]. Die Struktur von Methyl-Phenyl-Copolymerisaten und vergleichbarer kommerzieller Silsesquioxane hängt von den funktionellen Gruppen R bzw. R' sowie den Verhältnissen R/R', R/Si, R'/Si und dem Molekülgewicht ab. Polymere mit niedrigem Molekulargewicht sind kompatibler mit organischen Polymeren und leichter löslich in Benzen, Chloroform, Aceton und vergleichbaren Lösungsmitteln. Harze mit hohem Molekulargewicht sind thermisch stabiler und witterungsbeständiger [45].

Die Beschreibung der Silizium-Polymere erfolgt durch Angabe des prozentualen Verhältnisses der Komponenten, beispielsweise $[C_6H_5SiO_{1.5}]_x[(CH_3)_2SiO]_y$ für Copolymere eines Phenyl-Siloxans und eines Methyl-Silsesquioxans oder $(C_6H_5)_x(CH_3)_ySiO_{1.5}$ für ein Phenyl-Methyl-Silsesquioxan. Bei Verwendung der

Schreibweise mit M, D, T und Q-funktionalen Einheiten entspicht dies $T^{Ph}_x D^{Me2}_y$ bzw. $T^{Ph}_x T^{Me}_y$.

(a) unregelmäßige Struktur   (b) Käfigstruktur T_{10}

(c) Leiterstruktur

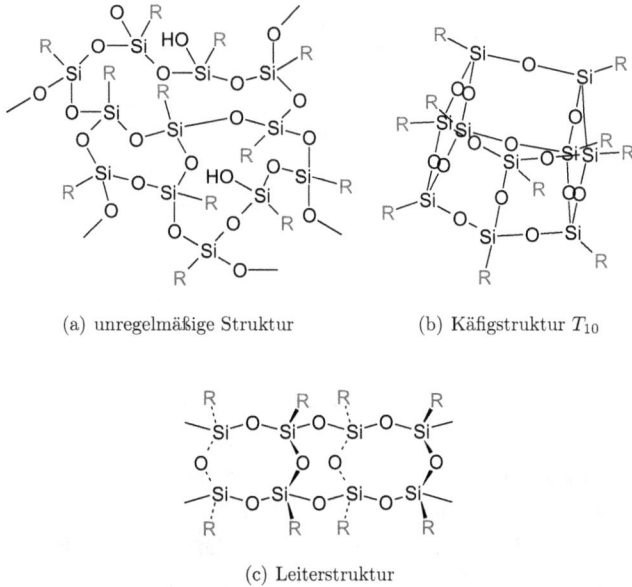

Abb. 2.4: Struktureller Aufbau von Silsesquioxanen [3].

Vernetzung und Pyrolyse

Oligomere und polymere Siloxane sind nicht vollständig vernetzt und enthalten zur besseren Verarbeitbarkeit teilweise Anteile von Lösemitteln. Diese Polymere können zu einem unschmelzbaren und steifen Duroplast vernetzen. Die Vernetzung erfolgt über Silanol-Silanol-Polykondensation, Additionsreaktionen (Hydrosilylierung), Abb. 2.5, oder Radikalreaktionen (ausgelöst durch thermische Zersetzung von Peroxiden [53]). Kommerzielle Silsesquioxane vernetzen hauptsächlich über Silanol-Silanol-Kondensation [3]. Gewöhnlich bedarf es erhöhter Temperaturen von 150 - 250 °C oder Katalysatoren, um Wasser oder Alkohole abzuspalten und Si-O-Si-Bindungen zu erreichen. Als Katalysatoren dienen Metallsalze, häufig werden Kobalt-, Blei- und Zinksalze verwendet [2]. Aufgrund

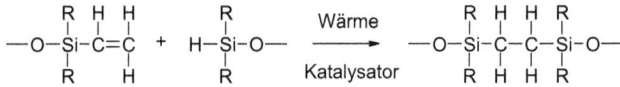

(a) Polyaddition

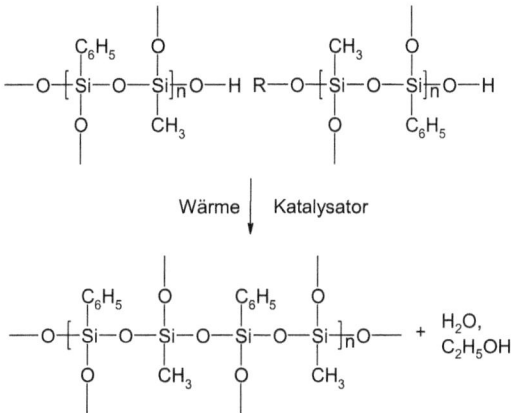

(b) Polykondensation

Abb. 2.5: Vernetzungsmechanismen der Polysiloxane [3,4].

von sterischer Behinderung und geringer Molekülbewegung ist die Reaktivität der Silanolgruppen gering. Um eine vollständige Vernetzung des Siloxans zu erreichen, bedarf es daher deutlich höherer Temperaturen von über 300 °C [3]. Im Temperaturbereich ab 500 °C beginnt die Zersetzung und die Umwandlung des Polymers zu einer Keramik. Die jeweiligen Temperaturen sind vom verwendeten Polymer abhängig und schwanken um ca. 100 - 150 °C. Alternativ lassen sich Siloxane auch durch Mikrowellen-, Elektronen-, γ-Strahlung oder Laserlicht vernetzen [54].

Im Gegensatz zu Polysilanen, Polycarbosilanen und Polysilazanen führen Polysiloxane und Polysilsesquioxane zu sauerstoffreicher Si-O-C-Keramik [3]. Die Pyrolyse und die daraus entstandenen Phasen der Polysiloxane und Polysilsesquioxane waren Gegenstand zahlreicher Untersuchungen [55–64]. Die Umwandlung von Siloxanen in Siliziumoxicarbid-Keramiken (kurz: Si-O-C), oftmals auch aufgrund seiner intensiv schwarzen Farbe und der amorphen Grundstruktur als *black glass* bezeichnet, wurde erstmals 1983 von Chi erwähnt [65]. Das Siliziumoxycarbidglas enspricht strukturell eckenverknüpften SiO_zC_{4-z}-Tetraedern. z variiert zwischen 1 und 4 [66]. Untersuchungen von Corriu und Belot [64] an Methylpolysilsesquioxan zeigten eine Abgabe von Methan und Wasserstoff bis 1000 °C [3]. Dazu werden die schwächsten Bindungen (Si–H, Si–CH_3, C–H) gespalten. Die entstehenden Silyl-, Alkyl- und H-Radikale kombinieren mit anderen Radikalen oder reagieren mit Wasserstoff der funktionellen Gruppen, z.b. Methyl und Phenyl, zu Methan und H_2 [67].

Bis 1000 °C ist die Umwandlung in amorphes Siliziumoxicarbid abgeschlossen. Das von Chi nach der Pyrolyse bei 1200 °C in Argon erzielte Zersetzungsprodukt hatte eine Dichte von 1.6 $^g/cm^3$ und und eine Zusammensetzung von $SiO_{1.5}C_{0.5}$ [65]. Je nach verwendetem Polymer ist ein nennenswerter Betrag an freiem Kohlenstoff in der amorphen Si-O-C-Matrix eingelagert [68]. Die Menge des freien Kohlenstoffs ergibt sich aus der Ausgangszusammensetzung des Polymers und läßt sich somit auch durch die Art und Menge der funktionellen Gruppen einstellen [66]:

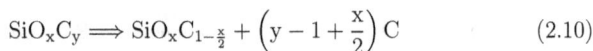

$$SiO_xC_y \Longrightarrow SiO_xC_{1-\frac{x}{2}} + \left(y - 1 + \frac{x}{2}\right) C \qquad (2.10)$$

Der Anteil an freiem Kohlenstoff kann über 20 Ma.-% betragen und wird in kleinen Clustern von der Si-O-C-Matrix umschlossen [46]. Durch Si–H Bindungen wird der Anteil an freiem Kohlenstoff stark reduziert. Die Pyrolyse bei 1000 °C in Argon-Atmosphäre eines Gemisches von $HSiO_{1.5}$ und CH_3HSiO im Verhältnis 2:1 ergab eine Si-O-C-Phase ohne nachweisbaren freien Kohlenstoff [69].

Ab 1000 °C konnten Festkörperbindungsumordnungen der Si–C und Si–O Bindungen bei Methyl-Silsesquioxanen über NMR-Untersuchungen nachgewiesen werden. Diese Festkörperumordnung von Si–C und Si–O Bindungen wurden auch bei anderen Silsesquioxanen beobachtet [56]. Bei inerter Pyrolyse eines Methyl-Phenyl-Silsesquioxans konnten vergleichbare Umordnungen oberhalb 1200 °C durch NMR-Spektrometrie, Raman-Spektrometrie und Transmissionselektronenmikroskopie bestätigt werden [70]. Die Mengenverhältnisse an kristallisiertem SiC und SiO_2 aus der Si-O-C-Matrix entsprechen theoretisch Gl. 2.11 [66].

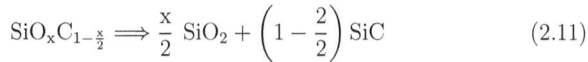

$$SiO_xC_{1-\frac{x}{2}} \Longrightarrow \frac{x}{2} SiO_2 + \left(1 - \frac{2}{2}\right) SiC \qquad (2.11)$$

Durch Pyrolyse bei 1500 °C gelang es White erstmals 1987, reines SiC aus Silsesquioxanen herzustellen [71]. Der SiC-bildende Prozess aus der amorphen Si-O-C-Phase und dem freien Kohlenstoff ist die carbothermische Reduktion. Die Bildung von SiC läuft über zwei Stufen ab, Gl. 2.13. Dabei wird als Zwischenprodukt das gasförmige SiO gebildet [72]. Ab 1530 °C ist diese Reaktion bei 0.1 MPa Druck thermodynamisch möglich. Der Sauerstoff kann dabei fast vollständig als CO entweichen.

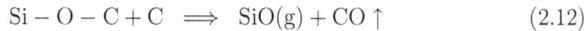

$$Si - O - C + C \Longrightarrow SiO(g) + CO \uparrow \qquad (2.12)$$
$$SiO(g) + 2C \Longrightarrow SiC + CO \uparrow \qquad (2.13)$$

Ab 1800 °C ist die Pyrolyse vollständig. Es liegt kristallines β-SiC vor. Der freie Kohlenstoff ist als turbostratischer Kohlenstoff eingelagert (BSU, Basic Structural Units) [70]. Durch Variation von Druck und Atmosphäre ist eine Bildung von SiC auch schon bei niedrigeren Temperaturen erreichbar. Renlund berichtet von SiC-Bildung bei 1180 °C bei einem CO-Partialdruck von 1 kPa [73], Colombo pyrolysierte Polysiloxan zu SiC bei 1000 °C in Vakuum [59].

2.1.2 Verwendung von Füllern

Die Polymer/Keramik-Umwandlung von Polysiloxanen während der Pyrolyse ist mit einer Dichtezunahme (von 0.9-1.2 $^g/cm^3$ der Polysiloxane über 2.0-2.6 $^g/cm^3$ der Si-O-C-Phase auf 3.2 $^g/cm^3$ von SiC) verbunden. Die erzielbare keramische Ausbeute von Polysiloxanen liegt im Bereich von 60-90 Ma.-%. Entsprechend tritt während der Pyrolyse ein schrittweiser Masseverlust bis zu 40 Ma.-% auf [57]. Durch das Entweichen der gasförmigen Pyrolyseprodukte (z.B.

H$_2$, CH$_3$, CO) bildet sich ein offenes Porennetzwerk mit einer Gesamtporosität bis zu 40 % aus, das sich durch Temperaturerhöhung bis 1000 °C wieder weitgehend schließt (Transiente Porosität). Eine Restporosität, oftmals verbunden mit einer starken Volumenschwindung, läßt sich bei der Pyrolyse von Polysiloxanen jedoch nicht vermeiden. Ist ein Relaxieren der sich durch die Volumenschwindung aufbauenden Spannungen durch viskoses Fließen oder Diffusion nicht möglich, kommt es zu Poren und Rißbildung [1]. Nach der Ryshkewitch-Duckworth-Beziehung [74]

$$\sigma = \sigma_0 \cdot e^{-B \cdot P} \qquad (2.14)$$

wird die Festigkeit eines porösen Körpers σ im Vergleich zur Festigkeit des dichten Körpers σ_0 exponentiell mit zunehmender Gesamtporosität P herabgesetzt. Der empirische Parameter B hängt von der Geometrie der Poren und der Belastungsart ab. Gemessene Werte für B schwanken zwischen 4 für Biegung von Al$_2$O$_3$ [75] und 9 bei Druckbelastung von Al$_2$O$_3$ mit gerichteten Poren, die senkrecht zur Belastungsrichtung orientiert waren [76]. Abschätzungen an Polysiloxan-abgeleiteter Keramik ergaben $\sigma_0 = 650$MPa [5] und eine Bruchzähigkeit des Materials von $K_{Ic} \ll 2$ MPa$\sqrt{m}$. Die Festigkeit der pyrolysierten Polysiloxane reduziert sich durch die Porosität um bis > 90 % im Vergleich zum theoretisch dichten Material. Eine hohe Schwindung zieht eine entsprechend geringe Maßhaltigkeit der Bauteile nach sich. Eine mechanische Nachbearbeitung pyrolysierter Bauteile ist in der Regel notwendig.

Durch Zugabe von Füllstoffen läßt sich die Schwindung und Porositätsentstehung während der Polymerpyrolyse kompensieren. Man kann beispielsweise dem Polymer vor dem Vernetzen Füllstoffe wie Carbide, Oxide oder Nitride untermischen. Diese Füllerpulver, die während der Pyrolyse nicht mit der Polymermatrix oder den daraus entstehenden Produkten bzw. der Pyrolyseatmosphäre reagieren, werden als Inert- oder Passivfüller bezeichnet. Durch den Volumenanteil im vernetzten Siloxan reduziert sich die Schwindung und die mechanischen Eigenschaften verbessern sich. Bereits geringe Mengen homogen verteiler Füllerpulver in der Matrix können die Zähigkeit der füllerhaltigen polymerabgeleiteten Keramik merklich erhöhen. Der kritische Spannungsintensitätsfaktor K_{Ic} der füllerhaltigen Keramik ergibt sich als Summe des kritischen

Spannungsintensitätsfaktors K_{I0} der ungefüllten Si-O-C-Keramik, dem Betrag q der Druckeigenspannungen um einen Füllerpartikel und des Durchmessers des Füllers d [77]:

$$K_{Ic} = K_{I0} + 2 \cdot q + \sqrt{\frac{2 \cdot d}{\pi} \left(\sqrt[3]{\frac{\pi}{6 \cdot V_f}} - 1 \right)} \qquad (2.15)$$

V_f ist der Füllervolumenanteil. K_{Ic} kann nach dieser Beziehung durch Zugabe von Füllstoffen signifikant gesteigert werden. Ab einer Füllermenge von 40-50 Vol.-% behindern sich die Füllerpulver zunehmend und es kommt vermehrt zur Ausbildung von Poren [1]. Die Füllerpartikel können je nach Reaktivität physikalisch, Abb. 2.6 a, oder chemisch, Abb. 2.6 b und c, in die Si-O-C-Matrix eingebunden sein [78,79].

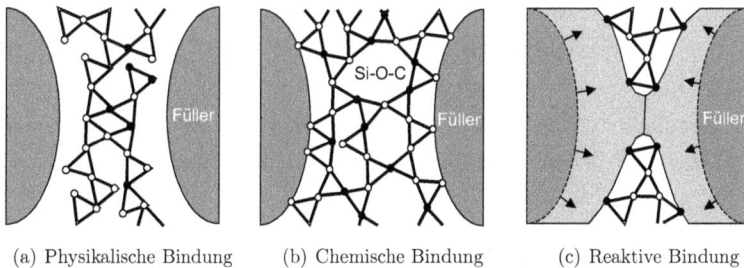

(a) Physikalische Bindung   (b) Chemische Bindung   (c) Reaktive Bindung

Abb. 2.6: Bindungstypen zwischen Füller und Si-O-C [1].

Das Konzept der Aktivfüllerpyrolyse von füllerhaltigen Polymeren ermöglicht eine weitere Reduzierung der Schwindung und der Porenbildung [5]. Durch die Reaktion der Füller während der Pyrolyse mit der Matrix, den gasförmigen Pyrolyseprodukten des Polysiloxans oder der Pyrolyseatmosphäre können sich Oxide, Carbide oder Nitride der Füller als Reaktionsprodukte bilden. Dies geht einher mit einer Volumenzunahme, durch die eine Nullschwindung erreichbar ist, Abb. 2.7. Die relative Volumenänderung Ψ des füllerhaltigen Werkstoffs, d.h. das Verhältnis des Volumens nach und vor der Pyrolyse, wird nach Gl.

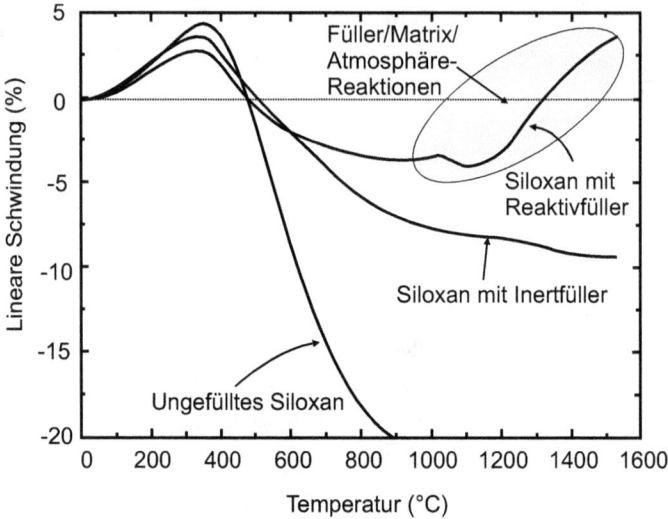

Abb. 2.7: Lineare Schwindung von Polysiloxanen bei der Pyrolyse in Abhängigkeit von der Füllerart [5].

2.16 bestimmt durch die relativen Volumenänderungen der Polymermatrix und des Füllers sowie der entsprechenden Volumenanteile V_i [80]:

$$\Psi_{ges.} = \left(1 - \frac{V_F}{V_F^{max}}\right) \cdot (F_P - 1) + V_F \cdot (F_F - 1) + P \qquad (2.16)$$

Die Indices F und P bezeichnen dabei jeweils den Füller und die Polymermatrix. V_F^{max} entspricht der maximalen Packungsdichte des Füllers (bei ideal runden Füllerpartikeln gleicher Größe: $V_F^{max} = 0.74$) und P der Restporosität nach der Pyrolyse. Durch Anpassung der Temperatur, der Füllermenge und -art kann eine Nullschwindung ($\Psi \rightarrow 0$) erreicht werden.

Durch Nutzung von Perkolationseffekten lassen sich Eigenschaften wie z.B. die elektrische Leitfähigkeit der füllerhaltigen Keramiken bereits durch geringe Änderungen der Zusammensetzung über Größenordnungen verändern [81]. Dies wurde an MoSi$_2$-haltigen polysiloxanabgeleiteten Keramiken gezeigt [82]. Nach Überschreiten eines kritischen Perkolationsschwellwertes von ca. 30 Vol.-

% springt die elektrische Leitfähigkeit des Werkstoffs von der Leitfähigkeit der Si-O-C-Matrix (Isolator) auf die des Füllstoffs $MoSi_2$ (metallischer Leiter) [83].

2.2 Keramikschäume

2.2.1 Struktur von Schäumen

Schäume sind per Definition disperse Gas-Flüssigkeit-Systeme, bei denen Gasblasen durch dünne Flüssigkeitsfilme voneinander getrennt sind [84]. Man unterscheidet dabei zwischen einem instabilen und einem metastabilen Schaum. Der instabile 'feuchte' Schaum existiert nur während des Aufschäumens, die Blasen zerfallen instantan. Der Gasanteil liegt dabei unter 90 Vol.-%. Der metastabile 'trockene' Schaum zeichnet sich durch Gasmengen > 97 Vol.-% aus. Gasvolumenanteile von > 99.8 Vol.-% wurden bei Schäumen aus Seifenlaugen aber auch bei Schaumschlacken der Elektrostahlindustrie beobachtet [85]. Die Schaumstruktur besteht idealerweise aus polyedrischen Blasen gleicher Größe [86]. Die trennenden Flüssigkeitsfilme sind ideal eben. Real treten jedoch häufig konvexe oder konkave Zellwände mit Zellen unterschiedlicher Größe auf [84]. Abb. 2.8 zeigt modellhaft Schaumstrukturen mit gleicher und unterschiedlicher Zellengröße.

Die Gibbs'sche freie Enthalpieänderung dg einer Schaumzelle ist gegeben durch

$$dg = \Sigma dA + V dp - sdT \qquad (2.17)$$

Hierbei ist Σ die Oberflächenspannung der Flüssigkeit, A die Oberfläche der Schaumzelle, V deren Volumen, p der herrschende Druck, s die Entropie und T die Temperatur. Bei konstanter Temperatur und Druck ergibt sich aus Gleichung 2.17 die Oberflächenspannung Σ:

$$\Sigma = \left(\frac{dg}{dA} \right)_{p,T} \qquad (2.18)$$

19

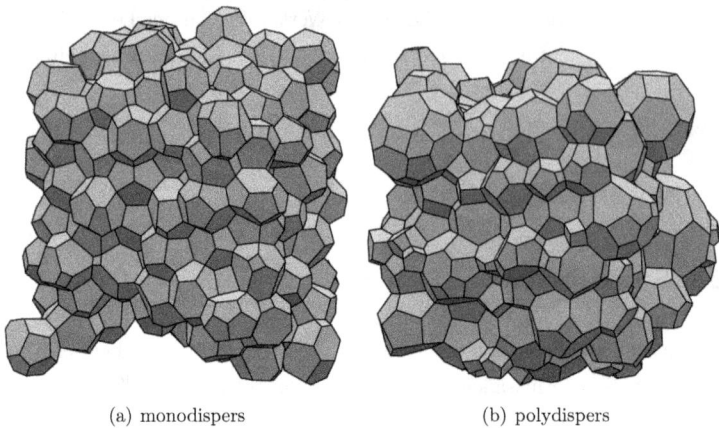

(a) monodispers   (b) polydispers

Abb. 2.8: Modelldarstellung einer monodispersen (Zellen gleicher Größe) und einer polydispersen (Zellen unterschiedlicher Größe) Schaumstruktur [6].

Die Oberflächenspannung Σ ist immer positiv, sodaß eine thermodynamisch favorisierte Reduzierung der Gibbs'schen freien Energie zwangsläufig zu einer Reduzierung der Schaumzellenoberfläche ($dA < 0$) und somit zur Koaleszenz von Schaumblasen und dem Zerfall der Schaumstruktur führt. Ist eine Schaumbildung und -stabilisierung eines reinen Stoffes daher thermodynamisch unmöglich, verändert die Zugabe von oberflächenaktiven Substanzen wie Tensiden diese Randbedingungen. Die oberflächenaktiven Substanzen werden von der Flüssigkeit des Schaums adsorbiert und reduzieren dadurch die Oberflächenspannung. Zur Adsorption muß Arbeit dW aufgewendet werden. Gleichung 2.18 wird daher erweitert zu:

$$dg = \Sigma \cdot dA - dW \qquad (2.19)$$

Ist dW groß genug, findet keine spontane Porenkoaleszenz statt. Dem Aufbrechen von Schaumzellen durch Drainage aufgrund von Gravitationseffekten wirkt der Marangoni-Effekt entgegen, langzeitstabile Schäume sind so realisierbar [6]. Das thermodynamische Streben nach Minimierung der Gibbs'schen freien Energie führt zu einer Minimierung der Oberfläche A pro Volumen V.

Im thermodynamischen Gleichgewicht treffen Schaumpolygone unter einem Winkel von 120° aufeinander. Dieses fundamentalgeometrische Gesetz der Mikrostruktur von Schäumen, nach seinem Entdecker Plateau-Gesetz benannt, läßt sich auf drei Dimensionen erweitern. Die Winkel der Schaumpolyeder ergeben sich aus der Minimierung der freien Oberflächenenergie E_A:

$$E_A = \Sigma \cdot S_{norm} \qquad (2.20)$$

S_{norm} bezeichnet die Oberfläche pro Volumeneinheit [6]. Über ein Jahrhundert galt die Kelvin-Struktur [87] als Idealstruktur mit minimalem Oberflächen/Volumen-Verhältnis von gleichvolumigen Zellen. Die Kelvin-Zelle entspricht einem symmetrischen Tetrakaidekaeder (14-Flächen-Polyeder) bei dem orthogonal 6 kleine Quadrate und dazwischen 8 größere Oktaeder die Seitenflächen bilden, Abb. 2.9 e. Dieser Polyeder läßt sich translatorisch fortsetzen. Mithilfe der *evolver*-Software von Ken Brakke [7] entdeckten 1993 Denis Wearie und Robert Phelan die nach ihnen benannte Schaum-Einheitszelle, die eine Veringerung der Oberfläche um 0.3 % gegenüber der Kelvin-Zelle bei gleichem Volumen aufweist [88]. Eine translatorische Zelle besteht aus 2 Dodekaedern (12-Flächen-Polyedern) und 6 gleich großen, unregelmäßig geformten Tetrakaidekaedern, Abb. 2.9 a-d. Bislang ist kein Beweis erbracht, daß die Wearie-Phelan-Zelle die energetisch günstigste Form des Schaums mit Zellen gleichen Volumens darstellt [88].

In Abweichung von der Wearie-Phelan und Kelvin-Modellvorstellung bestehen reale Schäume aus polydispersen, d.h. unterschiedlich großen Zellen [6]. Simulationen haben gezeigt, daß die freie Oberflächenenergie eines Schaums ausgedrückt werden kann durch:

$$E_A = 3.30 \cdot \frac{\Sigma}{r_{32}} = 5.33 \cdot \frac{\Sigma}{V^{\frac{1}{3}}} \cdot \left(\frac{r_0}{r_{32}} \right) \qquad (2.21)$$

21

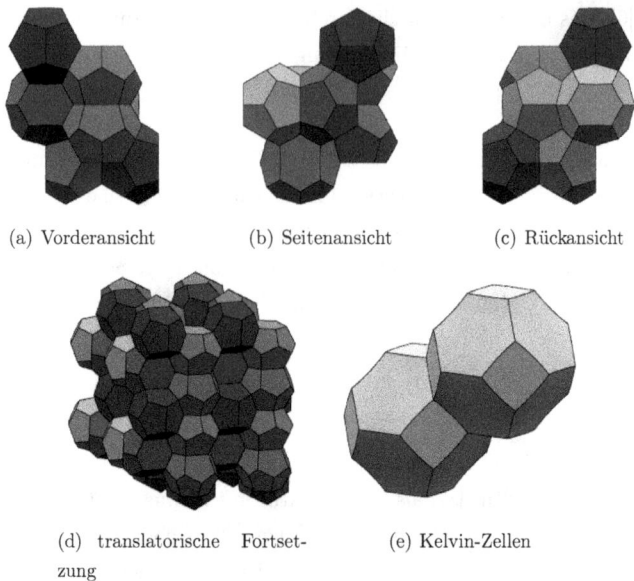

(a) Vorderansicht   (b) Seitenansicht   (c) Rückansicht

(d) translatorische Fortset-   (e) Kelvin-Zellen
zung

Abb. 2.9: Weaire-Phelan (a-d)– und Kelvin-Einheitszellen. Die Darstellungen der Modelle wurden mittels des *evolver*-Programmpakets erstellt [7].

Dabei ist der mittlere Sauter-Radius r_{32} definiert als $r_{32} = \bar{r}^3/\bar{r}^2$. Für r gilt:

$$r = \sqrt[3]{\frac{3 \cdot V}{4 \cdot \pi}} \quad \text{und} \quad r_0 = \sqrt[3]{\frac{3 \cdot \overline{V}}{4 \cdot \pi}} \qquad (2.22)$$

$\overline{V}$ und r_0 entsprechen dem mittleren Volumen bzw. dem mittleren äquivalenten Kugelradius der Schaumzellen. Für monodisperse Schäume sind r_0 und r_{32} identisch. Mit zunehmender Polydispersion wird das Verhältnis von r_0 zu r_{32} kleiner und ergibt so eine thermodynamisch günstige Erniedrigung der freien Oberflächenenergie E. Aus Gleichungen 2.20 und 2.21 ergibt sich ein allgemeingültiger Zusammenhang zwischen der Schaumoberfläche und dem entsprechenden Volumen V:

$$S = 5.33 \cdot \sqrt[3]{V^2} \qquad (2.23)$$

Die Oberfläche einer Schaumzelle wird somit kaum von der Form oder Topologie, d.h. der Flächenanzahl oder -form beeinflußt [6].

Zellular aufgebaute Strukturen im Gas-Feststoff-System, bei dem Gasblasen durch festes Material getrennt wird, bezeichnet man als *Schaumstoff*. Im alltäglichen wie auch im wissenschaftlichen Sprachgebrauch findet jedoch auch für Schaumstoffe der (fälschliche) Begriff *Schaum* Verwendung. Ist im Folgenden daher von Metall-, Polymer- und Keramikschäumen die Rede, werden dadurch allgemein hochporöse zellulare Strukturen aus Metall, Polymeren oder Keramik beschrieben. Die Kanten der Schaumzellen werden als Stege, die Eckpunkte als Knotenpunkte oder Tripelpunkte bezeichnet. Anders als bei flüssigen Schäumen ist bei festen Schäumen eine Vielzahl an Strukturvariationen möglich. Das Zusammenspiel aus strömungsmechanischen Effekten und Transportmechanismen, die die Entstehung der Schaumstruktur beeinflussen, ist theoretisch bis heute jedoch nicht verstanden [6]. Prinzipiell unterscheidet man zwischen Schäumen mit geschlossenen Zellen (den flüssigen Schäumen vergleichbar) und offenzelligen Schäumen. In letzteren werden die Öffnungen in den Zellwänden als Zellwandfenster bezeichnet, Abb. 2.10.

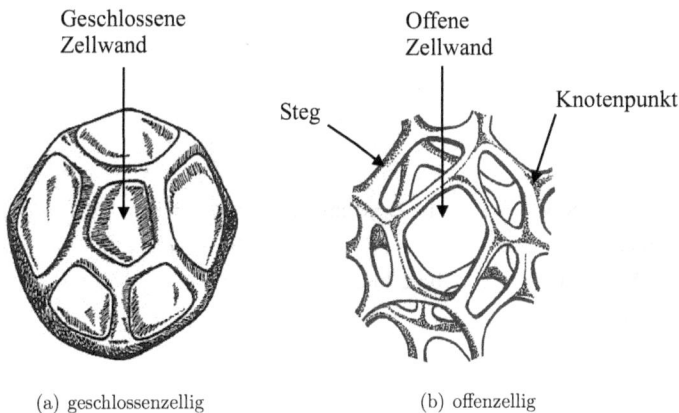

Geschlossene Zellwand

Offene Zellwand

Steg

Knotenpunkt

(a) geschlossenzellig

(b) offenzellig

Abb. 2.10: Struktur von geschlossen- und offenzelligen Schaumzellen [8].

23

Die Dicke der Zellfenster und der Stege ist bei festen Schäumen nicht identisch und wird von viskosen Spannungen während der Schaumbildung beeinflußt [6]. Sie hängt von der Kapillarzahl Ca ab:

$$Ca = \frac{\mu \cdot r_0 \cdot \dot{V}}{\Sigma} \qquad (2.24)$$

μ ist die Viskosität und $\dot{V}$ die Wachstumsrate des Volumens während der Schaumbildung. Die Kapillarzahl ist somit ein Maß der viskosen Kräfte bezogen auf die Oberflächenspannung σ. Bei $Ca \ll 1$ sind die viskosen Spannungen, die das Ablaufen der Flüssigkeit aus den Zellwänden verzögern, gering. Es entstehen dünne Zellwände, die schließlich reißen können und so zu einer offenzelligen Struktur führen. Dementsprechend führen Kapillarzahlen $Ca \simeq 1$ zu geringen Kapillarkräften. Die Drainage der Flüssigkeit aus den Zellwänden ist geringer, die Struktur weißt nur Zellen mit geschlossenen Zellen auf [6].

In Schäumen treffen im Mittel 4 Kanten in einen Knotenpunkt zusammen. Darüber definiert sich die Kantenkonnektivität Z_e. Entsprechend ist die Flächenkonnektivität Z_f die Anzahl der Zellwände, die sich in einer Kante treffen. Z_f ist bei Schäumen üblicherweise 3 [10]. Entgegen Gl. 2.23 hat die Topologie einen merklichen Einfluß auf die gesamte Kantenlänge L einer Schaumzelle [6]:

$$L = 1.44 \cdot \sqrt{f} \cdot \sqrt[3]{V} \qquad (2.25)$$

f ist die Anzahl der Flächen des Schaum-Polyeders.

Simulationen bestätigten die Beziehung zwischen der Kantenlänge pro Volumeneinheit des Schaums L_{norm} und der Schaumoberfläche pro Volumeneinheit S_{norm}. Der Zusammenhang berechnet sich nach Gleichung 2.26.

$$
\begin{aligned}
L_{norm} \cdot \sqrt[3]{V^2} &= 0.06 + S_{norm} \cdot \sqrt[3]{V} \\
&= 0.06 + 5.33 \cdot \left(\frac{r_0}{r_{32}}\right) \qquad (2.26)
\end{aligned}
$$

Nach dem Gesetz von Euler, Gl. 2.27 besteht ein Zusammenhang zwischen der Anzahl der Knotenpunkte N_V, der Kanten N_E, der Zellwände N_F und der Zellen N_C [89].

$$N_V + N_F - N_E - N_C = 1 \qquad (2.27)$$

Für eine isolierte Zelle (d.h. $C = 1$) läßt sich damit eine Beziehung zwischen der mittleren Anzahl an Kanten pro Fläche $\bar{n}$ und der Anzahl an Flächen f herleiten [10]:

$$\bar{n} = \frac{Z_e \cdot Z_f}{Z_e - 2} \cdot \left(1 - \frac{2}{f}\right) \qquad (2.28)$$

Für die Weaire-Phelan-Zellen ergibt sich als Folge ein mittlere Kantenzahl von $\bar{n} = 5.105$. Selbst bei Ikosaedern ($f = 20$) berechnet sich ein nur wenig höherer Wert $\bar{n} = 5.4$. Die Fünfeckfläche ist somit bevorzugt anzutreffen. Die mittlere Flächenzahl von realen, polydispersen Schäumen überschreitet nie $f = 14$ [6]. Die ausgebildete Struktur – und somit die Werte für $\bar{n}$ und f aber auch z.B. die Porosität – hängt vom Material sowie dem Herstellungsverfahren und -parametern ab. Nach der Theorie von Gibson und Ashby werden die Eigenschaften eines Schaums hauptsächlich von der relativen Dichte ρ_f bzw. der Porosität V_p bestimmt [10]:

$$\frac{X}{X_0} = C_X \cdot (\rho_f)^n = C \cdot (1 - V_P)^n \qquad (2.29)$$

Hierbei ist X_0 der Wert der Eigenschaft X für $V_P = 0$ bzw. $\rho_f = 1$. C und n sind empirische Größen, die von der Art des Schaums (offen- oder geschlossenzellig) und der Eigenschaft abhängen. Diese Beziehung gilt allgemein für mechanische Eigenschaften (Festigkeit, elastische Moduln), elektrische (spezifischer Widerstand) und thermische Eigenschaften (therm. Leitfähigkeit, Thermoschockbeständigkeit). Die relative Dichte ρ_f von Keramikschäumen wird durch das Verhältnis der Zellwanddicke t_s und der Steglänge l bestimmt:

$$\rho_f = C \cdot \left(\frac{t_s}{l}\right)^m \tag{2.30}$$

Für offenzellige Schäume ist $m = 2$, für geschlossenzellige Strukturen ist die Abhängigkeit linear, $m = 1$. C ist für offen- und geschlossenzellige Schäume unterschiedlich und beträgt für geschlossene rhombische Dodekaeder 2.87 und für geschlossene Tetrakisdodekaeder 1.06. Die entsprechenden Werte für die offenzelligen Polyeder sind 1.90 und 1.18 [10]. Gl. 2.30 ist gültig für eine Gesamtporosität > 70 %.

Dieses einfache Modell überschätzt die Werte für X jedoch, da die Knotenpunkte offenzelliger Schäume und die Kanten und Knotenpunkte geschlossener Zellen doppelt in die Berechnung eingehen. Eine Erweiterung berücksichtigt die in der Regel unterschiedliche Dicke der Stege t_e und der Zellwände t_f sowie die Verteilung des Materials in den Stegen und den Zellwänden. ϕ wird dabei als der Volumenanteil des Materials in den Stegen und Knotenpunkten, $(1 - \phi)$ entsprechend als Anteil in den Zellfenstern definiert.

Gleichung 2.30 erweitert sich so zu:

$$\rho_f = C_1 \cdot \left(\frac{t_e}{l}\right)^2 + C_2 \cdot \frac{t_f}{l} \tag{2.31}$$

Es gilt ferner:

$$\begin{aligned}
\frac{t_f}{l} &= \frac{C_3}{F} \cdot (1 - \phi) \cdot \rho_f \\
\frac{t_e}{l} &= \sqrt{\frac{C_3}{F} \cdot \frac{Z_f}{\overline{n}} \cdot \phi \cdot \rho_f}
\end{aligned} \tag{2.32}$$

Für die meisten Schäume ist $Z_f = 3$, $\overline{n} \approx 5$, $F \approx 14$ und $C_3 \approx 20$. Damit vereinfacht sich Gl. 2.32 [10]:

$$\frac{t_f}{l} = 1.43 \cdot (1 - \phi) \cdot \rho_f$$

$$\frac{t_e}{l} = 0.93 \cdot \sqrt{\phi \cdot \rho_f} \qquad (2.33)$$

Die Zellwände geschlossenzelliger Schäume haben auf die Eigenschaften X des Schaums einen anderen Einfluß als das Material in den Stegen und Knotenpunkten. Gleichung 2.29 wird daher erweitert zu:

$$\frac{X}{X_0} = C_X^1 \cdot (\phi \cdot \rho_f)^o + C_X^2 \cdot ((1 - \phi) \cdot \rho_f)^p \qquad (2.34)$$

Für vollständig offenzellige Schäume ist $\phi = 0$ und Gleichung 2.34 vereinfacht sich zu Gleichung 2.29.

Simulationen haben gezeigt, daß die relative Dichte mit der mittleren Querschnittsfläche der Stege A_s und der Kantenlänge pro Volumeneinheit L_{norm} zusammenhängt [6]:

$$\rho_f = A_s \cdot L_{norm} \qquad (2.35)$$

Abb. 2.11 zeigt die Stegquerschnitte offenzelliger Keramikschäume mit relativen Dichten ρ_f im Bereich von 0.1 bis 11 %.

Die maximale Dicke δ der Zellwände von Schäumen mit geschlossenen Zellen ergibt sich aus dem Verhältnis der relativen Dichte und der Oberfläche pro Volumeneinheit S_{norm}:

$$\delta = \frac{\rho_f}{S_{norm}} \qquad (2.36)$$

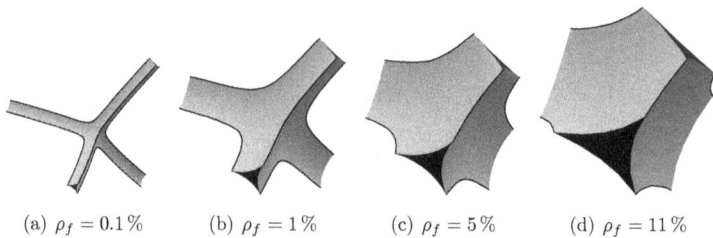

(a) $\rho_f = 0.1\,\%$ (b) $\rho_f = 1\,\%$ (c) $\rho_f = 5\,\%$ (d) $\rho_f = 11\,\%$

Abb. 2.11: Theoretische Stegquerschnitte von offenzelligen Schäumen unterschiedlicher relativer Dichte [6].

2.2.2 Herstellungsverfahren

Generell kann man aus jedem festen Material (Metall, Polymer, Keramik, Glas) zellulare (offen- und geschlossenzellige) Formkörper herstellen. Beispiele hierfür sind offenzellige Polyurethanschäume, geschlossenzellige Polyethylenschäume, Kupfer- oder Nickelschäume, Zirkonoxid-, Mullit- oder Glasschäume mit offener Zellstruktur und Polyetherschäume sowohl mit offenen als auch geschlossenen Zellen [10].

Keramische Schäume lassen sich über verschiedenartigste Prozesse herstellen. Man unterscheidet dabei zwischen zwei generellen Kategorien zur Herstellung zellularer Keramiken: Replika-Verfahren, bei denen eine Vorform abgebildet wird und direkt schaumbildende Methoden [14]. Die verbreitetste und bereits seit über 40 Jahren kommerziell verwendete Methode ist die Retikulat-Technik, nach dem Erfinder auch *Schwartzwalder*-Prozeß genannt [22]. Die Herstellung von Keramikschäumen nach anderen Replika-Verfahren wurde vielfach erforscht, erfolgt aber noch weitgehend im Technikumsmaßstab. Zu den bekanntesten Replika-Verfahren zählen:

- Dipcoating eines Polymerschaums

- Abscheidung auf eine Vorform aus der Gasphase (CVD, chemical vapour deposition)

- Silizierung von Kohlenstoffschäumen

- Umgießen von Platzhaltern

Beim *Schwartzwalder*-Prozeß wird eine offenzellige Schaumform mit einem keramischen Schlicker tauchbeschichtet. Der überschüssige Schlicker wird durch Zentrifugieren und durch mechanisches Auspressen entfernt. Die Beschichtung wird mehrere Male wiederholt, so läßt sich die gewünschte Stegdicke einstellen. Der getrocknete Schaum wird anschließend pyrolysiert. Die Schlickeradditive und das Polymerschaumskelett brennen dabei aus. Anstelle des Polymerschaums bilden sich in den Stegen Hohlräume, Abb. 2.12. Durch anschließende Silizierung eines retikulierten SiC-Schaums können die Hohlräume aufgefüllt werden. Dies erhöht die mechanische Festigkeit, verbessert die Steifigkeit und ermöglicht die Anpassung der elektrischen Leitfähigkeit [90].

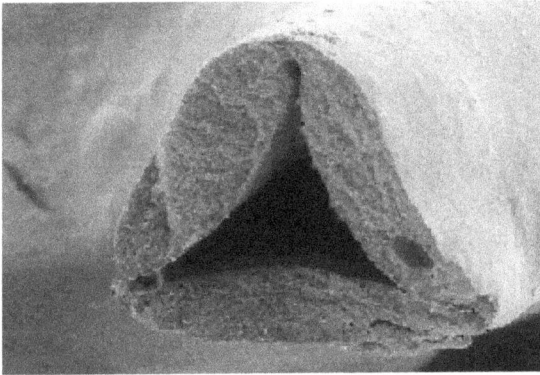

200 µm

Abb. 2.12: Bruchfläche des Steges eines nach dem Retikulatverfahren hergestellten Keramikschaums [9].

Die Porengröße und -form läßt sich durch die Auswahl der Vorform gezielt steuern, wobei eine große Auswahl an natürlichen Schwämmen und Schäumen aus Polyurethan, Polyvinylchlorid, Polystyrol und Latex zur Verfügung stehen.

Nachteilig auf die mechanischen Eigenschaften wirkt sich der dreieckige Querschnitt des Stegmaterials aus. Die spitzen Kanten führen zu Spannungsüberhöhungen und reduzieren so signifikant die Festigkeit des Schaums [28,90]. Entfernt man das Polymerskelett teilweise schon vor dem Ausbrennen, ermöglicht dies eine dichtere Packung der Keramikpartikel und ein verbessertes Sintern. Dadurch werden verbesserte mechanische Eigenschaften erreicht. Eine Auflösung des Polymers ermöglicht die Zugabe von Mono-Ethylen-Glykol, Stearinsäure, Ölsäure oder Mono-Ethanol-Amin [91]. Andere Möglichkeiten zur Festigkeitssteigerung beinhalten die Zugabe von Kurzfasern in den Tauchschlicker. Aluminosikilat-Fasern verstärkten Li_2O-Al_2O_3-SiO_2-Retikulatschäume, Fasern der gleichen Zusammensetzung wurden genutzt, um Aluminiumoxid/Chromoxid-Schäume zu verstärken [92]. Die Beschichtung von Polymerschäumen mit faserhaltigen Keramikschlickern stellt technologisch hohe Anforderungen. Geringe Mengen (< 1 %) an Fasern erzielen keine Verstärkungswirkung, höhere Füllerbeladung (> 5 %) führt zur Agglomeratbildung [92]. 1 mm lange Fasern erwiesen sich in diesem Zusammenhang als ideal.

Die Herstellung über Gasphasenabscheidung ähnelt dem Schwartzwalder-Prozeß. Auf einem porösen Kohlenstoffschaum (der z.B. durch Pyrolyse eines Duroplast-Schaums hergestellt werden kann) werden mehrere Schichten abgeschieden. Man erhält so einen Schaum mit Kohlenstoffskelett umgeben von keramischem Material. Die Herstellung von nitridischen, oxidischen und carbidischen Schäumen ist so möglich [28, 90].

Eine alternative Möglichkeit der Replikation von Schäumen ist die Negativ-Replika-Methode. Dabei werden Platzhalterkugeln aus löslichen oder rückstandsfrei verbrennenden Materialien miteinander verbunden, die der späteren Lage der Schaumzellen entsprechen. Die Zwischenräume werden mit keramikbildenden Flüssigkeiten, z.B. Schlickern oder flüssigen Polymerprekursoren gefüllt. Durch die Pyrolyse wird einerseits die Keramikphase konsolidiert, andererseits werden auch die Platzhalter ausgebrannt. Alternativ lassen sich diese Kugeln auch auslösen: Salzkugeln wurden mit Polycabosilanen ausgefüllt. Nach der Pyrolyse wurde das Salz aus der zellularen Keramik ausgelöst [93, 94]. Der Platzhalter kann auch direkt mit der keramikbildenden Masse vermischt und die Mischung anschließend getrocknet und gebrannt werden. Ebenso wurden makroporöse Hydroxylapatit-Schäume mit Methylcellulose als Platzhalter hergestellt [95].

Vergleichbar der Platzhalter-Technik ist die Herstellung mittels gesinterter Hohlkugeln. Stärkekugeln gleicher Größe werden hierzu durch Dip Coating mit einem keramischen Schlicker beschichtet. Dieser Vorgang kann mehrfach wiederholt werden. Nach dem Trocknen werden die Kugeln leicht aneinandergepreßt und gebrannt. Die Stärke brennt dabei aus. Man erhält so eine Schaumkeramik mit ideal runden geschlossenen Zellen und einer durchgehenden offenen Porenstruktur [96].

Die Verwendung von Treibmitteln zur Schaumherstellung ist durch die Brotherstellung bereits seit 5000 Jahren bekannt. Gegenüber den Replika-Techniken zeichnen sich Schaumbildungsmethoden dadurch aus, daß eine größe Variation an Strukturen und Zellengrößen reproduzierbar hergestellt werden kann [97]. 1914 gelang es Alysworth und Dyer, mit Hilfe von Zink- oder Aluminiumpulvern Porenbeton herzustellen. Im alkalischen Medium bei pH > 12 findet eine Reaktion mit zugegebenem Wasser statt und H_2 wird frei, das die Masse auftreibt:

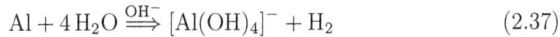

$$Al + 4\,H_2O \overset{OH^-}{\Longrightarrow} [Al(OH)_4]^- + H_2 \qquad (2.37)$$

Wird eine Kaolin-Al_2O_3-Mischung als aufzuschäumende Masse verwendet, kann ein Schaum hergestellt werden, der bis > 1600 °C stabil und druckfeuerbeständig ist und als Feuerleichtstein Verwendung findet [98, 99]. 1973 wurde ein Verfahren patentiert, Tone in Treibmittel (Calciumcarbid, Calciumhydroxid, Aluminiumsulfat oder Wasserstoffperoxid) einzurühren, um poröse Keramikschäume herzustellen [100]. Motoki beschreibt eine Methode, aus vier Komponenten einen Keramikschaum bei Raumtemperatur herzustellen: Die erste Komponente ist eine wässrige Lösung einer Säure (pH < 2) mit einem sauren Phosphat (Aluminium-Orthophosphat oder Zink-Orthophosphat), die zweite Komponente besteht aus Oxidenpulvern der Erdalkalimetalle mit Korngrößen kleiner als 150 µm. Der dritte Bestandteil ist ein H_2-freisetzendes Metall wie Magnesium, Calcium, Mangan, Eisen oder Kobalt. Diese Substanzen werden mit einem Schaumstabilisierer (Silika-Gel, Aktivkohle, Talk oder Glimmer) vermischt. Durch Reaktionen analog Gl. 2.37 wird die Masse aufgeschäumt und härtet dabei aus [14].

Eine weitere Möglichkeit zur Herstellung zellularer Keramiken ist das Einrühren oder Einblasen von Gasen in einen keramischen Schlicker und anschließende Trocknung. So wurde beispielsweise Hydroxylapatit-Pulver mit Wasser und einem Tensid vermischt. Der Suspension wurden durch heftiges Rühren Luftblasen untergemischt. Anschließend wurde die Suspension getrocknet und der hochporöse Grunkörper gesintert [101]. Ein Patent von 1985 beschreibt das Einrühren von Luft in einen Schlicker mit Tonmineral-Partikeln < 60 µm. Die Struktur bleibt über Stunden stabil und wird bei 1000 °C gebrannt [14]. Mehrere Verfahren zur Herstellung über die Sol-Gel-Route sind bekannt. Durch Vermischen von kolloidalem SiO_2 mit geringen Mengen an Methanol, der oberflächenaktiven Substanz Natriumdodezylsulfat $(CH_3(CH_2)_{11}OSO_3Na)$ und dem Treibmittel Freon (CCl_3F) wurde ein Sol hergestellt, das bei 30 °C über das Abdampfen des Freons innerhalb von 40 Minuten gelierte. Durch Sintern an Luft bei 1000-1100 °C wurde ein Keramikschaum hergestellt [102]. Ähnlich den Retikulatschäumen konnte auch bei Sol-Gel-Schäumen durch Zugabe von Kurzfasern eine Steigerung der Festigkeit erzielt werden. SiC-Whisker wurden einem SiO_2-Sol zugegeben. Der daraus gefertigte Schaum wies eine erhöhte Festigkeit und eine reduzierte Schwindung auf [103].

2.3 Polymerabgeleitete Keramikschäume

Die Herstellung keramischer Schäume mit den oben genannten Methoden ist prinzipiell auch mit Polymerprekursoren möglich. So kann man PUR-Schäume auch mit Polysiloxanlösungen oder -schmelzen beschichten und erhält nach der Pyrolyse einen Si-O-C-Schaum mit der Struktur der Vorform. Gegenüber der Beschichtung mit keramischen Schlickern ergibt das Dipcoating mit Polymerprekursoren eine rißfreiere Stegoberfläche, was den mechanischen Eigenschaften zugute kommt. Begründet wird diese Verbesserung mit einer gleichmäßigeren Beschichtung [104].

Zellulare Keramiken wurden aus Triethoxy-Silan, $HSi(OC_2H_5OH)_3$ (TEOS) und Methyl-diethoxy-Silan $HCH_3Si(OC_2H_5OH)_2$ (MDES) über die Sol-Gel-Route hergestellt. Die Ausgangsmaterialien wurden vermischt und mit destilliertem Wasser hydrolysiert. Dieses Sol koaguliert durch beständiges Rühren. Das Gel wurde in einer Form mehrere Tage lange getrocknet und anschließend in Argon-Atmosphäre pyrolysiert. Die Struktur und Zusammensetzung des Schaums ließ sich durch die Pyrolysebedinungen und das TEOS/MDES-Verhältnis steuern, [105].

Eine Mischung aus Dichlormethan (CH_2Cl_2) und Isocyanat (RNCO) bildet einen Polyurethanschaum (PUR), der als Treibmittel verwendet werden kann.

Ein Silikonharz wird in Dichlormethan aufgelöst und mit einer Mischung aus Polyol, Aminkatalysatoren und oberflächenaktiven Substanzen gemischt. Nach der Zugabe von Isocyanat bildet sich ein stabiler Schaum aus. Die Gasbildung basiert auf dem physikalischen Mechanismus des Abdampfens von Dichlormethan aufgrund der entwickelten Polymerisierungswärme und gleichzeitig durch die chemische Reaktion mit Freisetzung von CO_2, Gl. 2.39. Dabei reagiert das Isocyanat mit dem Wasser, das aus der aminkatalysierten Polykondensationsreaktion von Si-OH entsteht (Gl. 2.38), zu disubstituiertem Harnstoff:

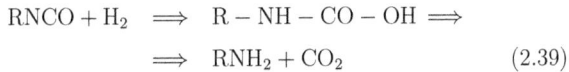

$$\equiv Si - OH + HO - Si \equiv \quad \Longrightarrow \quad \equiv Si - O - Si \equiv + H_2O \qquad (2.38)$$

$$RNCO + H_2 \quad \Longrightarrow \quad R - NH - CO - OH \Longrightarrow$$

$$\Longrightarrow \quad RNH_2 + CO_2 \qquad (2.39)$$

Die Schaumdichte läßt sich durch die Menge an Dichlormethan einstellen. Durch die Pyrolyse des Siloxan/PUR-Schaums erhält man einen Si-O-C-Keramikschaum mit dichten Stegen, Abb. 2.13 [106, 107].

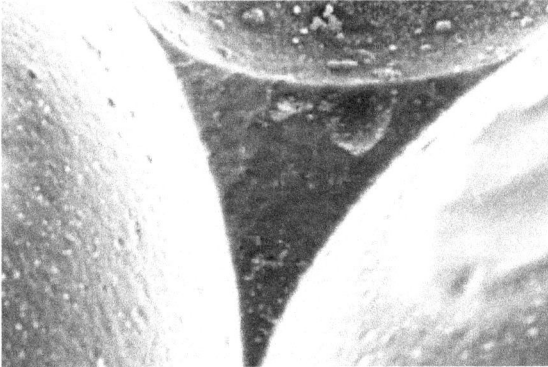

20 μm

Abb. 2.13: Bruchfläche des Steges eines Schaums, der durch Aufschäumen eines Polysiloxans mit Polyurethan hergestellt wurde [9].

Trockenmischen eines Poly-Methylchloro-Silan/Carbosilan-Copolymers und eines Poly-phenyl-Carbosilans im Masseverhältnis 3:1 ohne Zugabe weiterer Treibmittel ergab durch nachfolgende Pyrolyse einen Keramikschaum. Durch Tauchbeschichtung mit einem Al_2O_3-Schlicker konnte so eine SiC - SiO_2 - Al_2O_3-Schaumkeramik hergestellt werden [108].

Neue Ansätze verbinden die Technik der Silikonschaumherstellung mit der füllerhaltigen Reaktionspyrolyse. Bereits 1977 wurde von Lee und Mitarbeitern bei Dow Corning Corp. ein Verfahren zur Herstellung von Silikonschäumen durch *in situ* Bildung von Treibmitteln während der Siloxanvernetzung entwickelt [25]. Durch platinkatalytische Polykondensationsvernetzung bei Raumtemperatur, Abb. 2.5 b, bildet sich Wasserstoff:

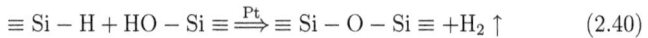

$$\equiv Si - H + HO - Si \equiv \xrightarrow{Pt} \equiv Si - O - Si \equiv + H_2 \uparrow \qquad (2.40)$$

Der Wasserstoff erzeugt im flüssigen Polymer Gasblasen, die die Schaumzellen ausbilden. Diese Zellen sind nahezu kugelförmig, gleichmäßig verteilt und weisen einen Durchmesser von 0.1-1.0 mm auf. Die Struktur ist vorwiegend geschlossenzellig. Die Viskosität nimmt mit zunehmender Vernetzung zu, dies stabilisiert die generierte Schaumstruktur [25]. Die Vernetzung setzt nach der Mischung des Katalysators zum Polymer ein und ist innerhalb von 1-2 Minuten abgeschlossen. Der Nachteil der kurzen Verarbeitbarkeit ist umgehbar, wenn statt des Platinkatalysators die Vernetzung durch Zufuhr von Wärmeenergie erfolgt [109]. Damit ist eine Verarbeitungszeit von > 8 Stunden möglich. Die Vernetzung erfolgt beschleunigt bei Erwärmung auf 100-150 °C.

Zwar beschränkt sich Lee auf die Beschreibung eines Polymers (Dow Corning 3-6548 Silicone Foam), doch ist es durchaus möglich, auch andere Polymere mit Hilfe der *in situ* Treibmittelbildung während der Polymervernetzung aufzuschäumen. Durch nachfolgende Pyrolyse lassen sich die duroplastischen, vernetzten Siloxanschäume in Si-O-C-Keramiken umwandeln [110]. Während der Pyrolyse reißen die oftmals dünnen Zellwände auf. Die Struktur ist überwiegend offenzellig, Porositäten über 90 % sind erreichbar, Abb. 2.14 a.

Durch Zumischen von Füllern zum Polymer vor der Vernetzung ist es möglich, die mechanischen, elektrischen und thermischen Eigenschaften des Materials zu

1 mm   1 mm

(a) ohne Füller, $V_p = 97\,\%$ (b) SiO_2-gefüllt, $V_p = 72\,\%$

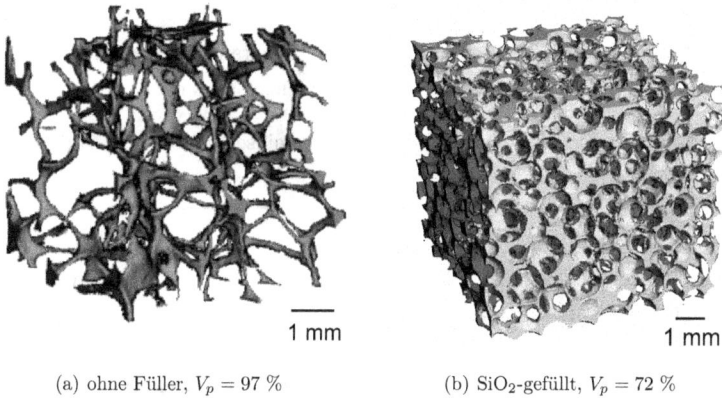

Abb. 2.14: CT-Aufnahmen von Polymerkeramikschäumen nach der Pyrolyse in Luft bei 1000 °C.

steuern [5]. Darüber hinaus bietet sich bei hochporösen, zellularen Keramiken die Möglichkeit, über die Füllerbeladung auch die Struktur des entstehenden Schaums zu beeinflussen. Durch Auswahl des Füllers nach Partikelgröße, spezifischer Oberfläche und Vorbehandlung läßt sich z.b. die Gesamtporosität über einen weiten Bereich steuern, Abb. 2.14 b.

Im Rahmen dieser Arbeit wurde ein Poly-Phenyl-Methyl-Silsesquioxan mit geringen Mengen an -OH und -EtOH-Gruppen verwendet, das analog zu Gl. 2.40 Wasser und Ethanol im Temperaturbereich > 220 °C abspaltet und so den Schaum auftreibt:

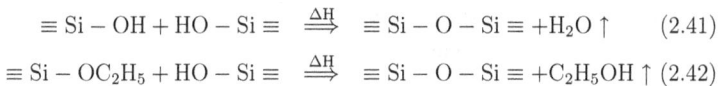

$$\equiv Si - OH + HO - Si \equiv \;\; \overset{\Delta H}{\Longrightarrow} \;\; \equiv Si - O - Si \equiv + H_2O \uparrow \qquad (2.41)$$

$$\equiv Si - OC_2H_5 + HO - Si \equiv \;\; \overset{\Delta H}{\Longrightarrow} \;\; \equiv Si - O - Si \equiv + C_2H_5OH \uparrow \quad (2.42)$$

Verschiedene Füller wurden dem Polymer zugemischt, die Pyrolyse fand im Temperaturbereich von 600-1600 °C in inerter Atmosphäre oder Luft statt. Dies ermöglichte die Maßschneiderung der Struktur und Eigenschaften für vielfältige Anwendungen.

2.4 Anwendungen

Aufgrund ihrer hochporösen Struktur weisen Keramikschäume grundlegende Eigenschaften auf, die in Tabelle 2.1 zusammengefasst sind.

Tab. 2.1: Typische Eigenschaften von Keramikschäumen im Vergleich zum dichten Material.

Niedrige Werte	Hohe Werte
Relative Dichte	Porosität
Thermische Leitfähigkeit	Spezifische Festigkeit
Akustische Leitfähigkeit	Permeabilität
Dielektrizitätskonstante	Thermoschockbeständigkeit
	Spezifische Oberfläche
	Verschleißbeständigkeit
	Beständigkeit gegen chemische Korrosion
	Gewundenheit des Gasflußpfades

Kennzeichnend sind eine hohe Steifigkeit bei niedriger Bauteildichte, ein nicht-katastrophales Bruchverhalten und niedrige thermische, akustische und elektrische Leitfähigkeit [111]. Typische Werte der thermischen Leitfähigkeit liegen beispielsweise zwischen 0.01 und 1 $W/m{\cdot}K$. Entscheidend für den jeweiligen Einsatzzweck ist neben den Materialkennwerten vor allem die Struktur (offen- oder geschlossenzellig) und die Gesamtporosität [104]. So wird für thermische Isolation eine geschlossene Zellstruktur gewünscht, da dadurch die Konvektion minimiert wird. Für akustische Isolation sind offene Schaumzellen dagegen ideal, da die Schallwellen mehrfach abgelenkt werden und sich gegenseitig auslöschen können.

Dünnstegige Keramikschäume bilden bei Thermoschockbeanspruchung kaum thermisch induzierte Spannungen aus. Diese gute Thermoschockbeständigkeit prädenstiniert für den Einsatz von hochporösen, offenzelligen Keramikschäumen in der Flüssigmetallfiltration bei Temperaturen > 1400 °C [92, 112] oder als Rußfilter für Dieselmotoren [14, 15, 113].

Eine hohe spezifische Oberfläche und ein hohes Oberflächen/Volumen-Verhältnis von bis zu 40 mm^{-1} sowie die hohe Permeabilität von offenzelligen Schäumen ermöglichen die Verwendung als Katalysatorträger und Heißgasfil-

ter [104, 114, 115]. Durch Erschließen neuer Märkte werden Schäume zunehmend in der Biotechnologie [95, 101] oder als Gasdiffusoren und Porenbrenner
eingesetzt [17, 18].

2.4.1 Poröse Materialien für den Leichtbau

Gewichtsminimierung bei gleichzeitiger Erhöhung der mechanischen Eigenschaften ist eine Herausforderung moderner Konstruktionstechnik. Hohlkammerbau-
teile werden bereits seit Jahrzehnten im Flugzeug- und Schiffsbau verwendet [116]. Raumfahrt ist ohne äußerste Gewichtsreduzierung nicht realisierbar.
Die Apollo-Raumkapseln der NASA in den 1960er Jahren hatten bereits eine Doppelschicht-Sandwichhülle mit einem Aluminiumkern in Wabenstruktur.
Dieser diente neben der Gewichtsreduzierung auch als Schockabsorber [117].
Das Konzept findet heute in den Stoßfängern moderner Kraftfahrzeuge Anwendung. Zunehmend finden Sandwichkonstruktionen Verwendung, bei denen
ein isotroper, hochporöser Schaumkern mit dichten Randschichten umschlossen
wird.

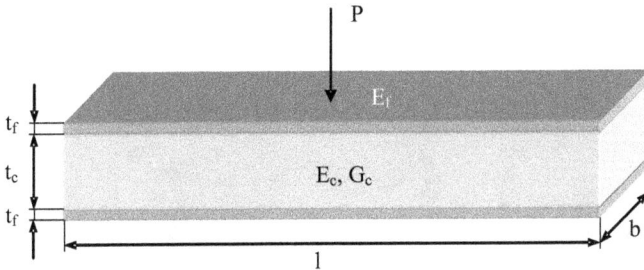

Abb. 2.15: Schematische Darstellung einer symetrischen Sandwichstruktur
mit Schaumkern der Dicke t_c und zwei dichten Deckschichten der
Dicke t_f. [10].

Sandwichstrukturen zeichnen sich durch hohe Steifigkeit bei gleichzeitig niedrigem Gewicht aus. Die dynamische Steifigkeit S_D eines Sandwichbalkens läßt
sich als Verhältnis der Last P_f und der Durchbiegung λ angeben. Für t_f und t_c
als die Dicke der Deckschichten und des Schaumkerns, b und l als Breite und

Länge des Sandwichelements (Abb. 2.15), berechnet sich S_D nach Gleichung 2.43:

$$S_D = \frac{P_f}{\lambda} = \frac{2l^3}{B_1 \cdot E_f \cdot b \cdot t_f \cdot t_c^2} + \frac{l}{B_2 \cdot b \cdot t_c \cdot G_c} \qquad (2.43)$$

E_f ist der E-Modul der Deckschicht und G_c der Schermodul des Schaumkerns. Die Koeffizienten B_1 und B_2 sind geometrieabhängig und betragen bei einer 3-Punkt-Biegung $B_1 = 48$ und $B_2 = 4$ [10]. Die Durchbiegung einer Sandwichstruktur ist eine Kombination aus Biegung λ_b und Scherung λ_s. Die Biegung λ aus Gleichung 2.43 läßt sich somit über die Biegesteifigkeit D_f und die Schersteifigkeit D_s ausdrücken:

$$\lambda = \lambda_b + \lambda_s = \frac{P_f \cdot l^3}{B_1 \cdot D_f} + \frac{P_f \cdot l}{B_2 \cdot D_s} \qquad (2.44)$$

Die Biegung D ist das Produkt des E-Moduls und des Trägheitsmoments I. Da P_f bei Biegebelastung über den Ort z nicht konstant ist, resultiert allgemein:

$$D = E \cdot I = \int E \cdot z^2 dz \qquad (2.45)$$

Die Biegesteifigkeit D_f ergibt sich als Summe der Biegesteifigkeiten der Deckschichten $D_{f,f}$ und des Schaumkerns $D_{f,c}$ um ihre Schwerpunkte und der Biegesteifigkeit $D_{f,s}$ der Deckschichten um den Schwerpunkt des Bauteils. Mit Gleichung 2.45 ergibt sich:

$$\begin{aligned} D_f &= 2 \cdot D_{f,f} + D_{f,c} + 2 \cdot D_{f,s} \\ &= 2 \cdot \int E_f \cdot z_f^2 \, dz_f + \int E_c \cdot z_c^2 \, dz_c + \int E_f \cdot z_s^2 \, dz_s \end{aligned} \qquad (2.46)$$

Dabei ist

$$z_f = \frac{t_f}{2} \qquad z_c = \frac{t_c}{2} \qquad z_f = \frac{d}{2} \qquad \text{mit} \qquad d = t_f + t_c \qquad (2.47)$$

Durch Einsetzen von Gl. 2.47 in Gl. 2.46 und integrieren ergibt sich:

$$D_f = \frac{E_f \cdot b \cdot t_f^3}{6} + \frac{E_c \cdot b \cdot t_c^3}{12} + \frac{E_f \cdot b \cdot t_f \cdot d^2}{2} \qquad (2.48)$$

Schätzt man D_f für dünne Deckschichten (d.h. $t_f \ll t_c$) ab, lassen sich die beiden ersten Terme in Gl. 2.48 vernachlässigen:

$$\frac{E_f \cdot b \cdot t_f^3}{6} + \frac{E_c \cdot b \cdot t_c^3}{12} \ll \frac{E_f \cdot b \cdot t_f \cdot d^2}{2} \qquad (2.49)$$

Die Steifigkeit eines Sandwichs wird somit maßgeblich von der Entfernung der Deckschichten vom Zentrum des Bauteils bestimmt. Die analoge Betrachtung für die Schersteifigkeit D_s liefert ein vergleichbares Ergebnis [10]:

$$D_f \simeq \frac{E_f \cdot b \cdot t_f \cdot d^2}{2} \qquad (2.50)$$

$$D_s \simeq G_c \cdot b \cdot t_c \qquad (2.51)$$

Konstruktionselemente mit Sandwichstruktur werden konventionell durch Verbinden des hochporösen Körpers mit den Deckschichten hergestellt. Die Verbindungsflächen stellen jedoch Schwachpunkte dar [118]. Die Fabrikation von Sandwichstrukturen in einem Fertigungsschritt ist bei Kunststoffen und Metallen Stand der Forschung [119]. Keramische Sandwichstrukturen konnten bisher nicht in einem Schritt hergestellt werden. Im Rahmen dieser Arbeit wurde ein Verfahren entwickelt, den *in situ* Aufschäumprozeß des Polysilsequioxans zu nutzen, um zwischen präkeramischen Polymerfolien einen Schaumkern auszubilden und die Struktur gemeinsam zu pyrolysieren.

2.4.2 Komposite mit Durchdringungsgefüge

Die konstruktiven Anforderungen an Materialien übersteigen in zunehmendem Maße die erzielbaren Eigenschaften monolithischer Werkstoffe. Durch Kombination unterschiedlicher Materialien z.b. durch Einbringen von Partikeln [120], Whiskers [121] oder Fasern [122] in eine Matrix oder durch Lamination unterschiedlicher dünner Schichten [123, 124], lassen sich einzelne Eigenschaften gezielt verbessern oder das Eigenschaftsspektrum erweitern [125]. Ein Beispiel mit hoher wirtschaftlicher Bedeutung ist die Verstärkung von Leichtmetallen zum Einsatz im Automobilbau.

Die Gewichtsreduzierung in Fahrzeugen zur Minderung des Treibstoffverbrauchs und zur Senkung des Schadstoffausstoßes ist eine vorrangige Aufgabe heutiger F+E Bestrebungen. Eine teilweise Substitution von Stahl durch Leichtmetalle wie Aluminium- und Magnesiumlegierungen hat mittlerweile einen erheblichen Stellenwert. Die Menge verarbeiteten Aluminiums im Auto ist heute doppelt so hoch wie vor 10 Jahren (1993: 50 kg Al/Auto, 1998: 70 kg Al/Auto, 2008: 120 kg Al/Auto, geschätzt) [126]. Ein Anhalten dieses Trends wird erwartet. Bereits vor 50 Jahren wurden 20 kg/Auto Magnesium im Volkswagen Käfer im Getriebegehäuse, der Kupplung und im Lüftungssystem verbaut. Der Volvo LCP 200 aus dem Jahr 1983 enthielt 50 kg und der Ford P2000 39 kg Magnesium pro Auto. Die Ford Motor Company erwartet, daß zukünftige Automobile bis zu 140 kg Mg/Auto enthalten werden. Die aktuelle Nutzung von Magnesium ist 2.5 kg pro Auto. Es wird davon ausgegangen, daß sich dieser Wert innerhalb von 10 Jahren vervierfacht [127, 128].

Leichtmetalle sind gekennzeichnet durch niedrige Dichten, weisen jedoch geringere Werte der mechanischen und thermischen Eigenschaften wie Härte, Stärke, E-Modul, Verschleiß und maximale Einsatztemperatur im Vergleich zu hochentwickelten Stählen auf, Tab. 2.2. Ausgehend von den oben erwähnten Verstärkungstechniken konnte eine Festigkeitssteigerung von ca. 30 % gegenüber dem unverstärkten Werkstoff erzielt werden [129, 130]. Im Automobilbau wurden Metall-Matrix-Verbunde (MMCs) von Honda und Toyota für Motorbauteile eingeführt [131, 132]. Aufgrund kostenintensiver Herstellungsverfahren (Keramikverstärkung 13 €/kg, Aluminiumlegierung < 2 €/kg und MMC > 4 €/kg) und deutlich geringerer Verstärkungswirkung als theoretisch möglich, ist die Verwendung von MMCs jedoch limitiert [129]. Komposite mit Durchdringungsgefüge (sog. IPCs, Interpenetrating Phase Composites) sind eine konzeptionelle Neuerung, die signifikant höhere Eigenschaftsverbesserungen versprechen als MMCs [133]. In IPCs bilden beide Phasen (Matrix und Verstärkungsphase) eine sich gegenseitig durchdringende Netzwerkstruktur aus [131, 134–137]. Realisieren lassen sich IPCs durch verknüpfte Drähte [137], durch Infiltration einer keramischen Vorform mit Metallschmelze [131, 135] oder durch *in situ* Wachstum der Verstärkungsphase [138, 139]. Die Porsche AG setzt seit kurzem IPCs im Fahrzeugbau ein [134].

Tab. 2.2: Eigenschaften von Stahl und Aluminium- und Magnesiumlegierungen.

Werkstoff	Stahl	Aluminium	Magnesium
Dichte [g/cm^3]	7.8-7.9	2.7	1.7-1.8
Brinell-Härte	100-180	28-32	30-40
Streckgrenze [MPa]	180-380	40-80	20-30
Bruchdehnung [%]	30-55	5-25	2-8
E-Modul [GPa]	180-210	60-70	44-45
Querkontraktionszahl	0.33	0.33	0.35
Scherfestigkeit [MPa]	250-400	70-80	-
Schermodul [GPa]	60-80	23-27	17-19
TAK [ppm/K]	14-18	25-26	27-28
Solidustemperatur [°C]	$\simeq$ 1400	$\simeq$ 630	$\simeq$ 550
Relative Dehnrate bei RT/200 MPa	1	50-200	70-300

Matthias Göbbels

3 Experimentelle Durchführung

3.1 Ausgangsmaterialien

3.1.1 Polymer

Ein lösemittelfreies Poly-methyl-phenyl-Silsesquioxan (Silres H44, Wacker Silicones, Burghausen) wurde als präkeramisches Polymer zur Schaumherstellung verwendet. Silres H44 ist bei Raumtemperatur ein weißes, rieselfähiges Pulver mit der chemischen Summenformel $[(C_6H_5)_{0.62}(CH_3)_{0.31}R_{0.07}SiO_{1.5}]_n$. Hierbei ist $n \approx 20$ und R entspricht Hydroxyl- (-OH) und Ethoxyl-Gruppen (-OC$_2$H$_5$). Das Verhältnis von Hydroxyl- zu Ethoxyl-Gruppen variiert mit jeder Produktionscharge von Silres H44 von 0.3 bis 0.7. Die Partikelgröße ist kleiner als 2 mm. Die geometrische und die Schüttdichte betragen 1.05 $^g/cm^3$ bzw. 0.68 $^g/cm^3$. Silres H44 schmilzt ab 40-55 °C zu einer hochviskosen Flüssigkeit auf. Die elementare Zusammensetzung entspricht einem Mol-Verhältnis von Si:O:C:H = 1:1.51:4.03:4.06 [46], das vollständig vernetzte Polymer hat eine Dichte von 1.2 $^g/cm^3$.

3.1.2 Füller

Als oxidische Füllstoffe zur Herstellung der Keramikschäume wurden Aluminiumoxid Al_2O_3 (Alcoa Deutschland, Ludwigshafen), Quarz SiO_2 (Riedel de Haen, Seelze) und Hydroxylapatit (abk. HAP; $Ca_5(PO_4)_3(OH)_2$ (Chemische Fabrik Budenheim KG, Budenheim) verwendet. Nichtoxidisch gefüllte Schaumkeramiken enthielten Molybdändisilizid $MoSi_2$ (Chempur Feinchemikalien GmbH, Karlsruhe) oder eine Mischung aus Silizium (Elkem, Meerbusch) und Siliziumcarbid β-SiC (H.C. Starck, Selb) als Füller. Die Daten und Kenngrößen der Füller sind in Tabelle 3.1 zusammengefaßt.

Tab. 3.1: Herstellerbezeichnung, Dichte, spezifische Oberfläche (BET), mittlere Korngröße d_{50} und -form der Füllstoffe.

Rohstoff		Al_2O_3	HAP	SiO_2	$MoSi_2$	Si	SiC
Bezeichnung		CT19FG	C 13-01	18640	5569	0 - 45	F 500 B
Dichte ρ	$\left[\frac{g}{cm^3}\right]$	3.94	3.17	2.65	6.23	2.33	3.20
BET	$\left[\frac{m^2}{g}\right]$	1.7	1.6	1.1	3.5	2.7	0.4
d_{50}	$[\mu m]$	5.1	5.3	21.5	20.7	7.6	16.1
Kornform		kantig	rund	kantig	rund	rund	kantig

Die spezifische Oberfläche wurde über Raumtemperatur-Stickstoffadsorption mit Auswertung nach der Brunauer-Emmett-Teller-Methode (BET) gemessen (ASAP 2000, Micromeritics, Mönchengladbach). Die mittlere Korngröße und die Korngrößenverteilungen von Si und Al wurde in Ethanol und für die übrigen Füller in Wasser über Lichtstreuung gemessen (MasterSizer 2000, Malvern Instruments, Herrenberg) und nach der Mie-Streutheorie ausgewertet (Malvern Software Version 5.01). Die Korngrößenverteilungen sind in Abb. 3.1 dargestellt.

Das SiC-Pulver weist eine enge Korngrößenverteilung auf und ist wie Si, $MoSi_2$ und Al_2O_3 monomodal verteilt. Al zeigt eine leichte Verbreiterung in Richtung kleinerer, Al_2O_3 in Richtung größerer Körner. Die Korngrößen des Quarzes sind bimodal verteilt, die HAP-Körner trimodal mit Maxima bei 3 , 40 und 250 µm.

Die Pulver sind technisch rein. Stichprobenartige Elementanalysen bestätigten eine Reinheit von > 98 % bei Si, SiC, SiO_2 und Al_2O_3 bzw. > 99.5 % bei $MoSi_2$ und HAP.

3.2 Herstellung von Keramikschäumen

3.2.1 Aufbereitung und Schaumbildung

Das Polymer und die Füllerpulver wurden zu verschiedenen Versätzen gemischt. Tabelle 3.2 gibt eine Übersicht der Mischungen. Die Einwaagen wurden 2 Stunden trocken in einer 5 l Kugelmühle homogenisiert. Vorversuche mit alternativen Mischmethoden (Auflösen des Polymers und Einrühren des Polymers; Naßmah-

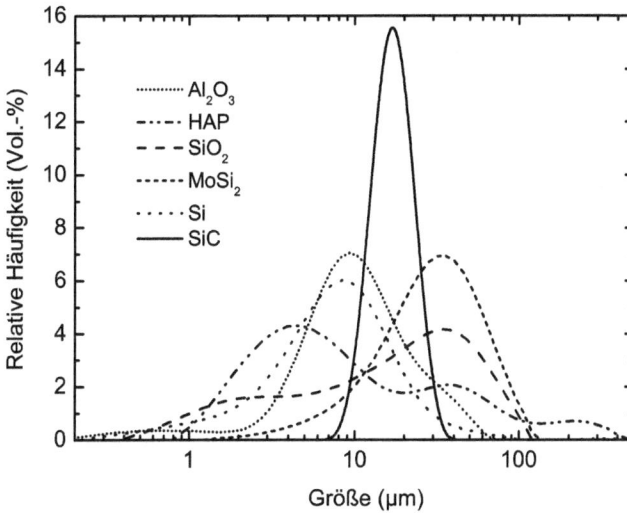

Abb. 3.1: Korngrößenverteilung der Füllerpulver.

len; Taumelmischen) zeigten, daß die Art der Homogenisierung die Füllerverteilung sowie die Schaumbildung und -struktur nicht beeinflußt.

Jeweils 200 g der Mischung wurden in eine Aluminiumblechschale ($140 \cdot 115 \cdot 40$ mm^3) gegeben und in einen vorgeheizten Heißluftofen bei 220 - 270 °C aufgeschäumt. Nach vollständiger Vernetzung des Polymers innerhalb von 1 - 2 Stunden wurden die Polymerschäume außerhalb des Ofens abgekühlt und mit diamantbeschichteten Kreissägen und Hohllochbohrern naß bearbeitet. Die Geometrien richteten sich an die Anforderungen der Charakterisierungsmethoden.

3.2.2 Viskosität und Vernetzung

Dünne Scheibchen (r = 10 mm, h = 1 mm) aus jeweils 1.5 g des Versatzes S65 wurden mit 20 MPa unixal gepreßt. Die Scheibchen wurden zur Bestimmung der Scherviskosität bei konstanten Temperaturen im Bereich von 200 - 300 °C und mit 5 °C/min steigender Temperatur vom Schmelzpunkt des Polymers

Tab. 3.2: Bezeichnung und Zusammensetzung der Versätze. Die Si/SiC-Pulvermischungen waren konstant mit $m(\text{Si}):m(\text{SiC})=1{:}4$.

Bez.	Füller	Ma.-% H44	Vol.-% H44	Ma.-% Füller	Vol.-% Füller
K50	Al_2O_3	50	78.1	50	21.9
Q50	SiO_2	50	70.7	50	29.3
H50	HAP	50	74.2	50	25.8
M35	$MoSi_2$	35	75.7	65	24.3
S30	Si/SiC	70	84.5	30	15.5
S35	Si/SiC	65	82.9	35	17.1
S40	Si/SiC	60	80.2	40	19.8
S45	Si/SiC	55	76.8	45	23.2
S50	Si/SiC	50	73.0	50	27.0
S55	Si/SiC	45	68.9	55	31.1
S60	Si/SiC	40	64.4	60	35.6
S65	Si/SiC	35	59.3	65	40.7
S70	Si/SiC	30	53.7	70	46.3

bis 320 °C verwendet. Ein Rotationsviskosimeter mit einer Oszillationsfrequenz von 1 Hz wurde eingesetzt (Rheometer UDS 200, Physica Messtechnik GmbH, Ostfildern). Der Absolutbetrag der Viskosität wurde aus dem gemessenen Speichermodul G' und Verlustmodul G'' berechnet.

Der Grad der Vernetzung α wurde nach [140] durch die Messung des Gewichtsverlusts bei der Vernetzung unterhalb der Aufschäumtemperatur $< 220\,°C$ bestimmt. Der Vernetzungsgrad α der Masse m in Abhängigkeit der Vernetzungszeit t berechnet sich nach Gleichung 3.1:

$$\alpha(t) = \frac{m_0 - m(t)}{m_0 - m(\infty)} \tag{3.1}$$

Dabei ist m_0 die Ausgangsmasse zum Zeitpunkt $t = 0$ und $m(\infty)$ die Masse nach vollständiger Vernetzung.

Die Sedimentation der Füllerpartikel in der Polymerschmelze während des Aufschäumprozesses wurden mit einem laser-optischen Sedimentationsanalysator (Turbiscan Lab Expert, Formulaction, L'Union, Frankreich) untersucht. Die Messungen wurden am Laboratoire des procédés céramiques et des traitements de surface (SPCTS), Université de Limoges, Frankreich, durchgeführt. Das Gerät mißt die transmittierte und rückgestreute Menge eines eingestrahlten Laserlichts der Wellenlänge $\lambda = 880$ nm. Durch Auswertetechniken basierend auf der Mie-Streutheorie läßt sich die mittlere Sedimentationsgeschwindigkeit v_s berechnen. Da die Meßtemperatur des Meßgeräts auf 60 °C limitiert ist, wurde eine Mischung aus Silres H44 und Methyl-tri-ethoxy-Silan $C_7H_{18}O_3Si$ (MTES, Wacker Silicone, Burghausen) verwendet. H44 löst sich in MTES und bei einem Masseverhältnis der Mischung von 1:1 entspricht die Viskosität der Mischung bei 60 °C der von H44 bei 220 °C. Eine homogenisierte Mischung H44:MTES:SiC im Masseverhältnis 3:3:4 wurde 100 s lang gemessen und anschließend v_s von SiC berechnet.

3.2.3 Pyrolyse

Die geschnittenen füllerhaltigen Polymerschäume wurden in Luft oder Stickstoff unter Normaldruck pyrolysiert. Die Heiz- und Abkühlrate betrug 3 °C/min. Das Aufheizen wurde bei 500 °C für 120 min unterbrochen. Eine Übersicht der Pyrolyseparameter ist in Tabelle 3.3 dargestellt.

Tab. 3.3: Pyrolysetemperaturen und -atmosphären.

Bez.	Pyrolysetemperatur [°C]	Pyrolyseatmosphäre
K50	1000-1400	Luft
Q50	1000-1600	Luft, N_2
H50	600-1400	Luft
M35	600, 1000	N_2
S30-S70	1000	N_2
S65	600, 1000, 1400	N_2
S65	1000	Luft

3.3 Weiterverarbeitung

Beispielhaft wurden zwei Möglichkeiten der Funktionalisierung der füllerhaltigen Polymerkeramikschäume untersucht. Die mechanokeramische Anwendung
als Kern keramischer Sandwichstrukturen nutzt die geringe relative Dichte bei
gleichzeitig niedriger Stegdichte zur Erhöhung der Festigkeit. Die vollständig offenzellige Struktur von Si/SiC-gefüllten Keramikschäumen ermöglicht den Einsatz als verstärkendes Element in Leichtmetallkompositen.

3.3.1 Sandwichstrukturen

Bauteile mit Sandwichstruktur wurden durch Aufschäumen des Versatzes S65
zwischen zwei Grünfolien hergestellt. Die bereitgestellten Folien wurden aus
einer Mischung dreier Si-Polymere (MK-Harz, MSE 100 und MTMS, Wacker
Silicone, Burghausen), Vernetzungskatalysatoren (Ölsäure $C_{18}H_{34}O_2$, Aluminiumacetylacetonat $C_{15}H_{21}AlO_6$) und den gleichen Si- und SiC-Füllern, die auch
zur Schaumherstellung genutzt wurden, hergestellt [141]. Der homogenisierte
und entgaste Schlicker wurde nach dem Tape-Casting Prozeß vergossen und 48
h getrocknet. In ihrer Zusammensetzung sind die Folien dem Schaumversatz S65
vergleichbar und eignen sich somit als Sandwichboden- und Deckschicht. Eine
detailierte Beschreibung des Herstellungsprozesses und der Eigenschaften der
Folien gibt [141]. An Luft und Raumtemperatur schreitet die Polymervernetzung langsam voran. Mehrere Wochen gelagerte Grünfolien weisen damit eine
erhöhte Festigkeit auf, sind jedoch spröde und schlecht verarbeitbar. Daher ka-
men unvernetzte Grünfolien bei der Sandwichherstellung zum Einsatz, die bei
der Aufschäumtemperatur von 270 °C jedoch erweichten. Durch Verwendung
des in Abb. 3.2 dargestellten mehrteiligen Versuchsaufbaus aus Edelstahlteilen
gelang es, der Folienverformung entgegen zu wirken und Sandwichstrukturen
mit planparallelen Deckschichten herzustellen.

Die Rahmenform lag auf der unteren Folie auf und verhindert so deren Auf-
schwimmen. Die Deckfolie wurde durch angelegten Unterdruck an die Vakuumkammer fixiert. Diese war vertikal frei beweglich und ermöglichte so ein Aufschäumen des S65-Versatzes mit nur geringem Gegendruck.

Die $90 \cdot 90 \cdot 10$ mm^3 große Kammer wurde zwischen den Grünfolien der Größe $100 \cdot 100 \cdot 0.3$ mm^3 (unten) und $90 \cdot 90 \cdot 0.3$ mm^3 (oben) mit 100 g von

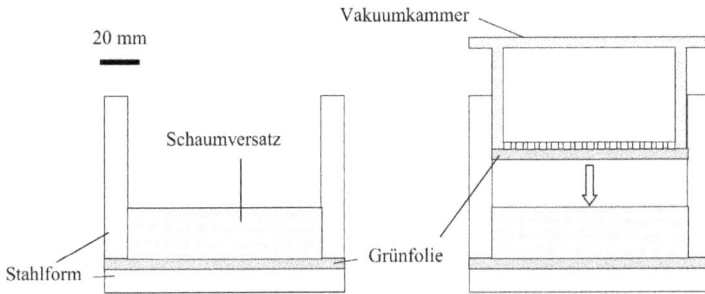

Abb. 3.2: Schematische Darstellung des Aufbaus zur Sandwichherstellung.

S65 befüllt. Das Aufschäumen erfolgte bei 270 °C im vorgeheizten Heißluftofen. Nach 2 Stunden wurde die Vakuumkammer belüftet und das Sandwich entformt. Nach der mechanischen Bearbeitung erfolgte die Pyrolyse nach dem in Abschnitt 3.2.3 beschriebenen Regime bei 1000 °C in Stickstoff. Neben den mechanischen Eigenschaften wurde die Morphologie und die Mikrostruktur an der Folie/Schaum-Grenzschicht untersucht.

3.3.2 Metallinfiltration

Keramikschäume der Versätze K50, Q50 und S65 wurden mit Magnesiumlegierungen AZ31 und AZ91 infiltiert. Die elementare Zusammensetzung der Legierungen ist in Tabelle 3.4 zusammengefaßt. Die Komposite unterschieden sich in der Zusammensetzung und der Pyrolyseparameter des Keramikschaums sowie der Zusammensetzung der Magnesiumlegierung. Abb. 3.3 zeigt schematisch die Kompositherstellung. Die nachträgliche Oxidation der in Stickstoff pyrolysierten S65-Schäume ermöglichte die Untersuchung des Einflusses einer oxidierten Oberfläche auf die Haftung des Metalls am Keramikskelett während des Abkühlens nach dem Infiltrieren. Die Oxidationszeit betrug 24 Stunden.

Die Infiltration erfolgte bei 680 °C durch Squeeze Casting in einer Atmosphäre aus CO_2 mit 1 Vol.-% SF_6. Die Mg-Infiltration wurde dankenswerterweise am Materials Technology Laboratory, Canada Centre for Mineral and Energy Laboratory (CANMET), National Resources Canada, Ottawa, Kanda, von Dr. S.H. Jason Lo und Raul Santos durchgeführt. Beim Squeeze Casting Prozeß

49

Tab. 3.4: Elementzusammensetzungen, Erstarrungsphasen und Schmelztemperaturen der Magnesiumlegierungen AZ31 und AZ91.

Element	AZ31 (MgAl3Zn1)	AZ91 (MgAl9Zn1)
Mg [Ma.-%]	96	90
Al [Ma.-%]	3	9
Zn [Ma.-%]	1	1
Mn	Spuren	Spuren
Erstarrungsphase	(Mg)	(Mg) + γ ($Al_{12}Mg_{17}$)
Solidustemperatur [°C]	566	470
Liquidustemperatur [°C]	632	598

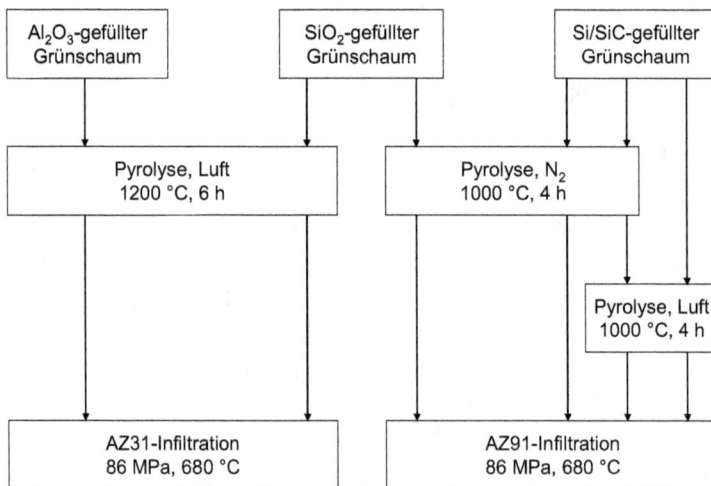

```
┌─────────────────┐   ┌─────────────────┐   ┌─────────────────┐
│ Al₂O₃-gefüllter  │   │ SiO₂-gefüllter   │   │ Si/SiC-gefüllter │
│ Grünschaum       │   │ Grünschaum       │   │ Grünschaum       │
└─────────────────┘   └─────────────────┘   └─────────────────┘
```

Al_2O_3-gefüllter Grünschaum

SiO_2-gefüllter Grünschaum

Si/SiC-gefüllter Grünschaum

Pyrolyse, Luft
1200 °C, 6 h

Pyrolyse, N_2
1000 °C, 4 h

Pyrolyse, Luft
1000 °C, 4 h

AZ31-Infiltration
86 MPa, 680 °C

AZ91-Infiltration
86 MPa, 680 °C

Abb. 3.3: Ablaufschema der Keramik/Metall-Kompositherstellung.

wurde der Keramikschaum und die Metalllegierung in einer Gießform auf die Infiltrationstemperatur erhitzt. Anschließend wurde das flüssige Metall durch einen Preßstempel in den Schaumkörper gepreßt und der Druck während des Abkühlens auf Raumtemperatur aufrecht erhalten. Die Temperatur wurde dabei 2 Minuten gehalten und anschließend innerhalb von 15 Minuten auf 25 °C abgekühlt. Die Komposite wurden entformt und auf die Außenmaße des Keramikschaums abgedreht.

3.4 Strukturanalyse

Kenntnisse über die Struktur von Schäumen sind essentiell zum Verständnis der Schaumentstehung und der resultierenden Eigenschaften. Konventionelle Untersuchungsmethoden wie Bildanalyse oder Konfokalmikroskopie basieren dabei auf der Analyse der flächigen Struktur. Eine Erfassung eines komplexen Schaumkörpers ist damit nur zeitaufwendig und zerstörend durch sukzessiven Abtrag dünner Schichten und iterativer Analyse der freigelegten Oberfläche möglich. Eine elegante Methode zur zerstörungsfreien dreidimensionalen Strukturanalyse stellt die Röntgentomographie dar.

3.4.1 Tomographie

Meßwertaufnahme und Datenrekonstruktion

Godfrey N. Hounsfield entwickelte 1972 den ersten Röntgentomograph und erhielt dafür 1979 den Nobelpreis für Medizin. Der in dieser Arbeit verwendete Mikrocomputertomograph generiert die Meßdaten nach dem gleichen Prinzip. Der Lehrstuhl für Werkstoffkunde und Technologie der Metalle (WTM), Prof. Robert Singer, ermöglichte freundlicherweise die Nutzung ihres Mikrocomputertomographen (μCT 40, Scanco Medical GmbH, Bassersdorf, CH). Das Gerät arbeitet mit einer Mikrofokus-Röntgenquelle (50 kV, 80 μA). Ein fächerförmiger Röntgenstrahl der Wellenlänge $\lambda = 0.024$ nm und Intensität I_0 durchstrahlt den Probenkörper. Definiert man s als den durchstrahlten Weg, so läßt sich die durchstrahlte Intensität ausdrücken über den materialspezifischen Extinktionskoeffizienten ζ durch

$$I(s) = I_0 \cdot e^{-i\zeta s} \tag{3.2}$$

Die exponentielle Abnahme der Intensität beruht auf der Wechselwirkung der Röntgenstrahlung mit der durchstrahlten Materie, insbesondere dem Photoeffekt, dem Comptoneffekt sowie elastischer Streuung. Paarbildung tritt aufgrund der geringen Leistung der verwendeten Röntgenquelle nicht auf. Wird ein mehrphasiges Material flächig in der (x, y)-Ebene durchstrahlt, so verallgemeinert sich Gleichung 3.2 [142]:

$$I(x,y) = I_0 \cdot \exp\left(-\int_L \zeta(x,y)\, dxdy\right) \tag{3.3}$$

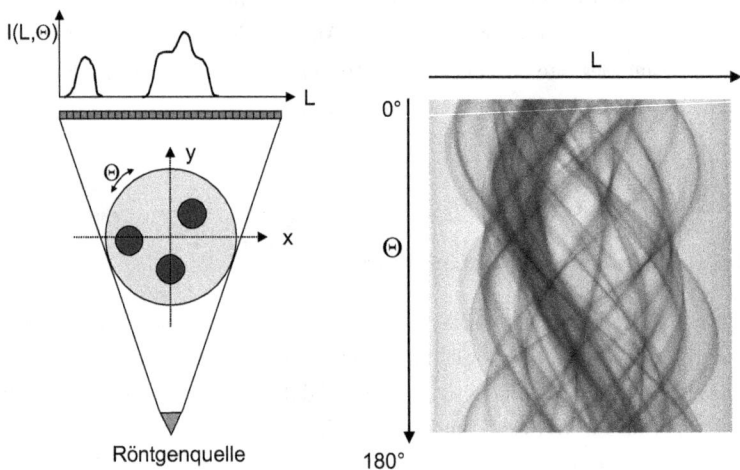

Abb. 3.4: Messprinzip des Röntgentomographen und grafische Darstellung der Meßwerte als Sinugramm.

Für eine zweidimensionale Tomographieaufnahme ist eine Vielzahl von einzelnen Projektionen P nötig. Die durchstrahlte Intensität wird dabei mit einem CCD-Liniendetektor der Länge L registriert. Zwischen jeder Aufnahme wird das

Objekt um einen Winkel θ gedreht. Der schematische Aufbau ist in Abb. 3.4 dargestellt.

Aus einer Vielzahl von Projektionen $P_\theta(x, y)$ läßt sich das durchstrahlte Objekt über die Objektfunktion $\zeta(x, y)$ rekonstruieren. Es existieren mehrere Verfahren, die mathematisch identisch sind, sich jedoch in der Bildqualität unterscheiden. Ursprüngliche Algorithmen basieren auf den 1917 von Radon hergeleiteten algebraischen Verfahren [143]. Die hier angewendete gefilterte Rückprojektion zeichnet sich aus durch eine merklich schnellere Berechnung bei gleichzeitig verbesserter Bildqualität.

Die Projektion $P(x, y)$ enspricht der Fouriertransformation $F(u, v)$ des Objekts $\zeta(x, y)$. u und v sind dabei räumliche Frequenzen, d. h. Schwingungen pro Längeneinheit in x- bzw. y-Richtung. Durch Rückprojektion läßt sich somit wieder k berechnen:

$$\zeta(x, y) = \int\limits_{v=-\infty}^{\infty} \int\limits_{u=-\infty}^{\infty} F(u, v) e^{i2\pi(ux+vy)} \, du dv \qquad (3.4)$$

Zur Verbesserung der Bildqualität, um z.B. Geometriefehler des Fächerstrahls zu korrigieren, werden Filterfunktionen (Tiefpaß-, Fenster- und Rampenfilter) auf $F(u, v)$ angewendet und jede einzelne Projektion noch während der Messung rückkonstruiert. Jedem Betrag von ζ läßt sich in der grafischen Darstellung ein Grauwert zuordnen. Zur grafischen Darstellung einphasiger Materialien werden die Daten binearisiert, d.h. es wird manuell ein Schwellwert ζ_t ermittelt. Für $\zeta(x, y) > \zeta_t$ wird das Flächenelement (x, y) dem Stegmaterial zugeordnet, $\zeta(x, y) < \zeta_t$ beschreibt Schaumzellen. Man erhält so eine verzerrungsfreie Darstellung der durchstrahlten Ebene. Durch aufeinanderfolgende Aufnahmen in z-Richtung läßt sich so das komplette Objekt als $\zeta(x, y, z)$ abbilden, Abb. 3.5. Die aufwendigen Berechnungen wurden auf einer Compaq Alpha DC 10 Workstation unter OpenVMS durchgeführt. Der verwendete Tomograph erzielte eine Auflösung von 10 μm; d.h., Objekte kleiner als die Auflösung werden für die Morphologiedaten nicht berücksichtigt.

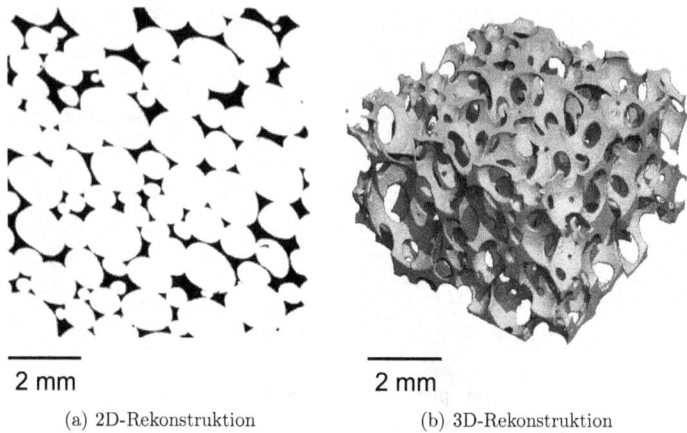

2 mm	2 mm
(a) 2D-Rekonstruktion	(b) 3D-Rekonstruktion

Abb. 3.5: Bildrekonstruktionen aus den Sinugramm-Daten.

Strukturbeschreibung aus Tomographiedaten

Aus $\zeta(x, y, z)$ lassen sich zahlreiche strukturbeschreibende Parameter bestimmen. Dabei konnten auch Kenngrößen aus der Knochenheilkunde für die Charakterisierung adaptiert werden. Das Verhältnis der Anzahl von Bildelementen $n(k)$ mit $k > k_t$ zu allen Bildelementen n_0 des untersuchten Volumens (VOI, volume of interest) entspricht dem Verhältnis des Stegvolumens V_s zum VOI und somit der relativen Dichte ρ_f, die sich mit der Gesamtporosität des Schaums V_p zu 1 ergänzt:

$$\rho_f = \frac{n(\zeta \mid \zeta > \zeta_t)}{n_0} = \frac{V_s}{VOI} = 1 - V_p \qquad (3.5)$$

Der einheitenlose morphometrische Strukturmodell-Index (SMI) beschreibt die Form und Anisotropie von Schaumzellen und wird nach Gleichung 3.6 berechnet.

$$SMI = 6 \cdot \frac{V \cdot \frac{dS}{dr}}{S^2} \qquad (3.6)$$

Dabei ist S die Stegoberfläche in einem Volumen V und ds/dr die Dilatation der Oberfläche in Normalenrichtung zur Oberfläche um dr. Die Schaumoberfläche berechnet sich durch Triangulation des untersuchten VOI mit dem *Marching Cubes*-Algorithmus von Lorensen und Cline [144,145]. V definiert sich über eine Vielzahl von Polyedern im Inneren des VOI, die mit den oberflächlichen Dreiecken abschließen. Ein SMI-Wert von 4 beschreibt kugelförmige Zellen, jede Abweichung von der Kugelform ergibt niedrigere Werte. Eine stabförmige Zellenstruktur wird durch einen SMI-Wert von 3 beschrieben und plättchenförmige Poren haben einen SMI von 0. Negative SMI-Werte resultieren von Zellen mit konkaven Oberflächen, wie sie oft nach Porenkoaleszenzen auftreten [146].

Das Oberflächen/Volumen-Verhältnis, die Stegdicken- und die Zelldurchmesserverteilungen wurden über die Längentransformation bestimmt [147]. Die Konnektivitätsdichte (CD, connectivity density) wurde aus den Tomographiedaten nach dem *ConnEulor*-Prinzip berechnet [148]: Rekonstruierte zweidimensionale Bilder zweier benachbarter Schichten werden mit dem Booleschen Exklusiv-Oder-Operator verglichen. Das Ergebnis wird den ursprünglichen Bildern überlagert und analysiert. Alle neuen Verbindungen B, Löcher H und Inseln I werden gezählt und CD berechnet [149]:

$$CD = -\frac{\sum H + \sum I - \sum B}{2 \cdot h \cdot A} \tag{3.7}$$

Dabei ist h der Abstand der Schichten und entspricht bei isotropem Messaufbau der gewählten Auflösung von 20 µm. A ist die Größe der untersuchten Fläche. Wird CD für Poren berechnet, beschreiben B Zellfenster und I Zellen. H, isoliertes, vollständig von Poren umgebenes Stegmaterial, tritt nicht auf. Der Wert ist identisch, falls man CD für die Stege bestimmt. Dabei bezeichnet B neue Stege, H entspricht den Zellen und I sind einzelstehende Stege.

Über die Methode der mittleren Abschnittslänge gewinnt man den Grad der Anisotropie (DA) des VOI. Dabei werden in den 3 Raumrichtungen die gleiche Anzahl an Zellen durchmessen und die mittlere Längen H_x, H_y und H_z bestimmt. Der DA berechnet sich nach Gleichung 3.8 [150]:

$$DA = \frac{\text{Max}(H_x, H_y, H_z)}{\text{Min}(H_x, H_y, H_z)} \qquad (3.8)$$

Einen Überblick über die histometrischen Parameter, die aus den Tomographiedaten ermittelt werden, gibt Abb. 3.6.

Direkte Voxelanalyse: **Oberflächentriangulation:**

Konnektivitätsdichte (CD)   Strukturmodell-Index (SMI)

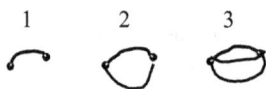

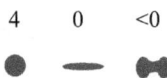

1   2   3   4   0   <0

Mittlere Abschnittslänge: **Längentransformation:**

Anisotropiegrad   Größenverteilungen

1   >1   Stegdicke, Zellendurchmesser

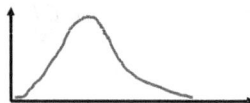

Abb. 3.6: Wichtigste histometrische Größen, die aus den 3D-Tomographiedaten berechnet werden können.

3.4.2 Mikroskopie

Zur Charakterisierung der Mikrostruktur des Stegmaterials und zur Abschätzung des Zellfensterdurchmessers k wurden rasterelektonenmikroskopische Aufnahmen angefertigt (Stereoscan MK II, Cambridge Instruments, Cambridge (Großbritannien) und Quanta 200, FEI Company, Hillsboro (USA)). Schnittflächen wurden geschliffen, poliert und mit Gold besputtert. Angeschlossene wellenlängen- und energiedispersive Mikroanalyse ermöglichte die ortsaufgelöste Elementbestimmung mit einer Genauigkeit von 2 µm.

Die Komposite mit Durchdringungsgefüge wurden hinsichtlich ihrer Metall/-Keramik-Grenzfläche zusätzlich mit lichtoptischer Mikroskopie (Leica M420 mit Software IM1000, Leica Microsystems AG, Wetzlar) untersucht. Schnittflächen der Proben wurden mit SiC-Papier geschliffen, mit 1 µm-Diamantsuspension poliert und zur Kontrastverbesserung 10 s mit 1 molarer HCl angeätzt.

3.4.3 Gaspermeabilität

Die Gaspermeabilität der Keramikschäume wurde an zylindrischen Proben mittels einer Eigenbau-Gasflußapparatur gemessen. Die Scheiben (r = 10-30 mm, h = 5-30 mm) wurden planparallel geschliffen und zwischen zwei Aluminium-Ringscheiben versiegelt. Dies gewährleistete den unidirektionalen Gasfluß durch die Höhe des Schaums. Der Luft-Massenfluß $q = {}^m/t$ wurde über einen digitalen Massenfluß-Controller (Bronkhorst MFC-F201-AC-AAB-33-V, Bronkhorst Hi-Tec, AK Ruurlo, Niederlande) geregelt. Der Druckabfall Δp durch die Probe wurde mit einem Differenzdrucksensor (Bronkhorst DP-P506-AAB-33-V, Bronkhorst Hi-Tec, AK Ruurlo, Niederlande) gemessen. Der Aufbau ist in Abb. 3.7 veranschaulicht.

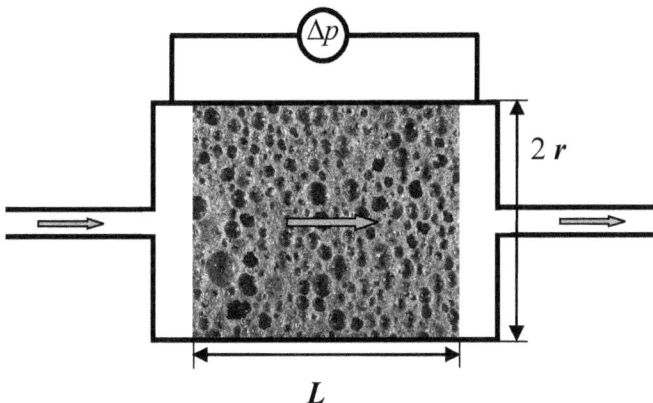

Abb. 3.7: Schematische Darstellung der Gaspermeabilitätsmessung.

Nach dem Gesetz von Darcy

$$k = \frac{q \cdot \eta \cdot L}{A \cdot \Delta p} \tag{3.9}$$

läßt sich die Permeabilität k aus dem $q/\Delta p$-Verhältnis bestimmen. L ist die Länge des Gasflusses und entspricht bei hochporösen Strukuren der Probenhöhe h. A bezeichnet die Grundfläche des durchströmten Körpers und η ist die Gasviskosität (η (Luft, 25 °C) = $1.83 \cdot 10^{-5}$ Pa · s). Die Permeabilität k, gemessen in der Einheit m^2, wird gewöhnlich in Darcy angegeben (1 D = $0.97 \cdot 10^{-15}$ m^2). Aufgrund von Schlupf des Gases an der Schaumoberfläche (Klinkenberg-Effekt) ist $q/\Delta p$ bei kleinem q nicht konstant [151]. Daher wurde k bei Luft-Masseflüssen $q \geq 2.0$ m^3/h bestimmt.

3.5 Pyrolyseverhalten und Phasenbestimmung

Der thermische Ausdehnungskoeffizient (TAK) α_t sowie die lineare Schwindung ϵ während der Pyrolyse wurde über Dilatometrie (Dilatometer 402E/7, Netzsch, Selb) bestimmt:

$$\alpha_t = \frac{dl}{l} \cdot \frac{l}{dT} \tag{3.10}$$

$$\epsilon = \frac{dl}{l_0} \tag{3.11}$$

dl bezeichnet die Längenänderung, l_0 die Länge des Grünkörpers (l_0 = 15-25 mm) und dT die Temperaturänderung. Das Heizprofil und die Atmosphäre entsprachen dabei den Bedingungen, die für die Ofenpyrolyse Anwendung fanden. Bei Verwendung von Stickstoff wurde das Dilatometer vor der Messung zweifach mit N$_2$ gespült.

Die Massenänderung während der Pyrolyse wurde thermogravimetrisch bestimmt (Netzsch Simultaneous Thermal Analyzer STA 409, Netzsch Gerätebau, Selb). Die Proben (ca. 20 mg) wurden mit einer Heizrate von 5 °C/min auf 1000 °C aufgeheizt. Die Atmosphäre war fließender Stickstoff und Luft.

Die Stegdichte ρ_s wurde über Pyknometrie (Accupyc 1330, Micrometrics, Norcross, (USA)) gemessen. Die geometrische Dichte ρ^* berechnet sich als Verhältnis der Masse m und dem Schaumvolumen V. Das Verhältnis von ρ^* und ρ_s liefert eine zu Gleichung 3.5 alternative Bestimmungsmöglichkeit der relativen Dichte:

$$\rho_f = \frac{\rho^*}{\rho_s} \qquad (3.12)$$

Die kristallinen Phasen der Rohstoffe und der Keramikschäume wurden mit Röntgendiffraktometrie (Kristalloflex 710, Siemens AG, Mannheim) identifiziert. Cu-Kα-Strahlung der Wellenlänge 0.15405 nm wurde im Winkelbereich $2\Theta = 5 - 70°$ eingestrahlt. Die Röntgenquelle wurde mit 30 kV und 30 mA betrieben. Die Proben wurden pulverisiert und auf einer Siliziumeinkristallscheibe mit 1°/min verfahren. Die qualitative Auswertung erfolgte computerunterstützt (Diffrac 5000 Software, Siemens AG, Mannheim) über die JCPDS-Datenbank.

An den Kompositen mit Durchdringungsgefüge wurde ortsauflösende Röntgendiffraktometrie mit GADDS (General Area Detector Diffraction System, Bruker AXS GmbH, Karlsruhe) am Lehrstuhl für Mineralogie von Dr. Jürgen Neubauer durchgeführt. Das System war mit gekreuzten Göbel-Spiegeln, einem auf einer $1/4$-Kreis-Träger montierten (x, y, z)-Tisch und dem Hi-Star-Detektor bestückt. Der parallele Röntgenstrahl wurde durch Kollimatoren unterschiedlicher Durchmesser mithilfe eines Videosystems auf die Probe fokussiert. Die Probenkörper wurden in Epoxidharz eingegossen, mit SiC-Papier naß geschliffen und mit 1 µm-Diamantsuspension poliert. Für die Messungen wurde monochromatische Cu-Kα-Strahlung (40 mA, 40 kV) mit einem Punktfokus und 200 µm bzw. 100 µm Nadellochkollimatoren verwendet. Der Arbeitsabstand betrug 150 mm. Der Detektor hatte eine Auflösung von $1024 \cdot 1024$ Bildelementen. Gemessen wurde im 2Θ-Bereich von $20 - 50°$ und $30 - 60°$. Ω wurde variiert zwischen $15 - 20°$ und $12 - 18°$. $\chi = 90°$ wurde konstant gehalten, ϕ wurde rotiert. Die zweidimensionalen 2Θ-χ-Plots wurden über χ integriert (Bruker GADDS Software 4.1.10, Bruker AXS GmbH, Karlsruhe). Die Intensitätsverteilung über 2Θ wurde zur Phasenanalyse mit der Bruker DiffracPlus Software ausgewertet.

3.6 Eigenschaftsmessungen

3.6.1 Mechanische Eigenschaften

Druckfestigkeit

Die Druckfestigkeit von Schaumproben bei Raumtemperatur wurde an jeweils mindestens 10 zylindrischen Testkörpern ($r = 10$ mm, $h = $ 20-30 mm) gemessen. Die Proben wurden zwischen Moosgummiplättchen gespannt, um eine gleichmäßige Krafteinleitung in die Probe zu gewährleisten. Die Belastung erfolgte in einer Universalprüfmaschine (Instron 4204, Instron Corp., Canton, MA, (USA)) mit einer Querhauptgeschwindigkeit von 0.5 $^{mm}/_{min}$. Die Druckfestigkeit bei Hochtemperatur (400 - 1200 °C) wurde mit der gleichen Prüfmaschine in Luft an planparallel geschliffenen zylindrischen Proben ($r = 5$ mm, $h = 10$ mm) durchgeführt. Die Proben wurden mit 10 °C/min aufgeheizt und die Meßtemperatur vor der Messung 30 min equilibriert. Die Bruchfestigkeit wurde aus der Maximalspannung nach der elastischen Verformung bestimmt.

Den Spannungs-Dehnungsverlauf der Keramikschaum/Metall-Komposite bestimmte dankenswerterweise Bernhard Kummer am Lehrstuhl für Allgemeine Werkstoffeigenschaften in Zusammenarbeit mit der Arbeitsguppe von Professor Wolfgang Blum nach CERT-Bedingungen (constant extension rate test) mit einer Dehnrate von 10^{-4} m^{-1} bei Raumtemperatur, 135 °C und 200 °C. Die Prüfmaschine (Instron 4202, Instron Corp., Canton, MA (USA)) war dazu mit eine Heizsystem ausgestattet, das die Temperatur mit einer Genauigkeit von $\pm$ 0.1 °C konstant hielt. Die Proben waren quaderförmig ($l \cdot b \cdot h = 6 \cdot 6 \cdot 8$ mm^3) geschliffen und die Ober- und Unterseiten mit Diamantsuspension poliert. Die horizontale Dehnung und die vertikale Stauchung wurden über induktive Wegaufnehmer gemessen und der Verlauf der wahren Spannung über die wahre Dehnung aufgezeichnet.

Biegefestigkeit

Die Biegefestigkeit von Schaumproben wurde in einem Vierpunkt-Aufbau bei Raumtemperatur in der selben Prüfmaschine gemessen. In Abweichung zu DIN 51110-3 betrug die Probengeometrie $l \cdot b \cdot h = 120 \cdot 20 \cdot 30$ mm^3. Zur statistisch abgesicherten Bestimmung der Biegefestigkeit von hochporösen Schaumkeramiken ist ein belastetes Volumen von mindestens 5 Schaumzellen pro Raumrichtung erforderlich [152]. Dies wurde durch die gewählte Probengeometrie gewährleistet. Die Proben waren auf zwei Rollen mit $s = 100$ mm Abstand gelagert und wurden über zwei Rollen mit $l = 50$ mm Abstand belastet. Der Querhauptvorschub betrug 0.5 $^{mm}/_{min}$. Die Biegefestigkeit σ_{fl} berechnet sich aus der Bruchlast P und den geometischen Größen:

$$\sigma_{fl} = \frac{3 \cdot (s - l) \cdot P}{2 \cdot b \cdot h^2} \tag{3.13}$$

Elastische Konstanten

Der elastische Modul der Keramikschäume würde aus dem Spannungs/Dehnungs-Verhältnis im elastischen Bereich aus den Druck- und Biegeversuchen bestimmt. In Ergänzung dazu wurde an Biegeproben der E-Modul nach der Impulsanregungsmethode gemäß DIN/EN-V 843-2 bestimmt. Die Keramikschäume wurden auf Schaumstoff gelagert und mit einem Impulsgeber nach ASTM-Standards E1876 und C1259 angeschlagen. Der Ton der entstandenen stehenden Welle wurde mit einem konventionellen Mikrophon aufgezeichnet und die Frequenz über eine Fouriertransformation bestimmt (Buzz-o-Sonic 4.05, Buzzmac Software, Glendale, (USA)). Aus der Größe (l, b, h) und Dichte ρ des Prüfkorpers und der Frequenzen der Torsionsschwingung f_t und Biegeschwingung f_b ließen sich der E- und Schermodul bestimmen:

$$E = \frac{0.9465 \cdot \rho \cdot f_b^2 \cdot l^4}{t^2} \cdot T_1 \tag{3.14}$$

$$G = \rho \cdot 4l^2 \cdot f_t \cdot T_2 \tag{3.15}$$

T_1 und T_2 sind von h und η abhängige Korrekturfaktoren, die die endliche Größe des Probenkörpers berücksichtigen. Die Hochtemperaturmessungen bis 1200 °C des Scher- und E-Moduls erfolgte an Proben gleicher Geometrie nach dem vergleichbaren Verfahren RBT (resonant beam technique) in Vakuum [153, 154]. Der Aufbau ist in Abb. 3.8 dargestellt. Die Messungen wurden dankenswerterweise am Institut für Materialphysik der Universität Wien, Österreich von Professor Herwig Peterlik und Stephan Puchegger durchgeführt.

50 mm

Abb. 3.8: Meßaufbau zur HT-Messung der elastischen Konstanten nach der RBT-Methode.

Der Probekörper wird an zwei Carbonfasern im Ofen aufgehängt. Nach dem Ausgleichen der Temperatur wird eine Faser mit aufsteigenden Frequenzen angeregt und die Resonanz über die zweite Faser detektiert. So lassen sich auch Informationen über die Anisotropie von E- und G-Modul ermitteln.

Die E-Moduln der Metall/Keramik-Komposite bei Raumtemperatur wurden über die Methode der Ultraschallgeschwindigkeit bestimmt und berechneten sich mit der Querkontraktionszahl ν und der Dichte ρ nach Gleichung 3.16:

$$E = \frac{v_c^2 \cdot \rho \cdot (1 + \nu) \cdot (1 - 2\nu)}{1 - \nu} \qquad (3.16)$$

Die Ultraschallgeschwindigkeit in der Probe v_c wurde mit einem Breitband-Ultraschallfrequenz-Analysator (USD 10, Krautkramer Branson, Lewistown, PA (USA)) gemessen. Die Werte im Temperaturbereich von 50 - 400 °C wurden über die RBT-Methode bestimmt.

Kriechverhalten

Das Kriechverhalten von Keramikschaum/Metall-Kompositen wurde an quader-
förmigen Proben $(l \cdot b \cdot h = 6 \cdot 6 \cdot 8 \, \text{mm}^3)$ von Bernhard Kummer am Lehrstuhl
für Allgemeine Werkstoffeigenschaften in Zusammenarbeit mit der Arbeitgrup-
pe von Professor Wolfgang Blum bestimmt. Eine Eigenbau-Prüfapparatur am
Lehrstuhl für Allgemeine Werkstoffeigenschaften hielt über die Prüfdauer eine
Drucklast von 100 MPa aufrecht. Die Kriechversuche wurden bei 135 °C und
200 °C durchgeführt. Die Temperaturschwankungen betrugen < 0.1 °C. Ein
vertikales Extensiometer maß die Dehnung. Die Datenmenge der Kriechkurven
wurde mittels eines mathematischen Algorithmus (Mathcad professional 2000,
Mathsoft Inc., Cambridge MA (USA)) reduziert.

3.6.2 Thermische Eigenschaften

Die Wärmeleitfähigkeit wurde mit einem Eigenbau-Plattengerät an plattenför-
migen Schäumen $(100 \cdot 100 \cdot 20 \, \text{mm}^3)$ nach DIN 52612 gemessen. Zwei Schaum-
platten wurden symmetrisch zu einer Heizplatte angeordnet. Die Wärme durch
die Proben wurde auf der jeweils gegenüberliegenden Seite der Schäume über
Kühlplatten abgeführt. Die Heizplatte wurde elektrisch beheizt und konstant
auf $T_k = 40$ °C gehalten, die Kühlplatten wurden auf $T_k = 17$ °C wassergekühlt.
Zur thermischen Abschirmung war die Heizplatte mit einem Heizring umgeben, die Proben wurden zur Seite mit Schaumstoff isoliert, um Verfälschungen
durch Konvektion zu vermeiden. Nach 60 min hat sich ein stationärer Zustand
eingestellt. Durch Messung der Heizleistung wurde die Wärmeleittfähigkeit λ
computerunterstützt bestimmt:

$$\lambda = \frac{U \cdot I \cdot d}{2 \cdot A \cdot (T_w - T_k)} \tag{3.17}$$

Hierin sind U und I die Spannung und Stromstärke der Heizplatte und A
und d die Fläche und Höhe der Probe. Die Messung wurde 10 mal wiederholt
und die Meßwerte gemittelt.

Die Oxidationsbeständigkeit von in Inertatmosphäre pyrolysierten Keramikschäumen wurde durch Ausheizen an Luft bis 1450 °C untersucht. Die Oxida-

tionsdauer betrug 1 bis 10^5 Minuten. Anschließend wurden die mechanischen Eigenschaften und die Masseänderung sowie die Mikrostruktur und die Phasenzusammensetzung bestimmt und mit den entsprechenden Eigenschaften der nichtoxidierten Schäume verglichen.

Die Thermoschockbeständigkeit wurde an Probenstäbchen gemessen, die in einem Ofen bei 1130 °C und 1430 °C 10 Minuten lang aufgeheizt wurden. Die Proben wurden dem Ofen entnommen und in 25 °C kaltem Wasser unter Rühren abgeschreckt. Der Heiz-Abschreckzyklus wurde mehrmals wiederholt. Für die Temperaturdifferenz von $\Delta T = 1400$ °C betrug $n = 1$, bei $\Delta T = 1100$ °C war $n = 1, 2, 5$ und 10. Die Biegefestigkeit σ_n und der E-Modul E_n nach n Zyklen wurde gemessen. Schadensparameter $D_{\sigma,n}$ und $D_{E,n}$ wurden berechnet [155]:

$$D_{\sigma,n} = 1 - \frac{\sigma_n}{\sigma_0} \qquad (3.18)$$

$$D_{E,n} = 1 - \frac{E_n}{E_0} \qquad (3.19)$$

Dabei sind σ_0 und E_0 die Biegefestigkeit und der E-Modul der Schäume vor der Thermoschockbehandlung.

3.6.3 Elektrische Leitfähigkeit

Die elektrische Leitfähigkeit der MoSi$_2$- (M35) und Si/SiC- (S65) gefüllten Keramikschäume sowie des füllerfreien Silres H44-Schaums wurde im Gleichstrombetrieb bestimmt. Die Messungen wurden nach der Pseudo-4-Punkt-Methode durchgeführt, bei der ein elektrischer Strom der Stärke I durch die Probe fließt und an den Kontaktierungsstellen die abfallende Spannung U gemessen wird. Die S65-Proben wurden vor und nach der Oxidation an Luft untersucht, um den Einfluß des freien Kohlenstoffs der Polymermatrix auf die Leitfähigkeit des Keramikschaums abzuschätzen. Quader- und zylinderförmige Proben mit Querschnittsfläche A (100 - 200 mm^2) und Länge l (20-40 mm) wurden an den Stirnseiten mit leitfähiger Kohlenstoff-Paste (Leit-C) bestrichen, in die Kupferdrähte ($d = 0.5$ mm) eingeklebt wurden. Der spezifische Widerstand des Leit-C war um Größenordnungen geringer als der des Keramikschaums. Diese Kontaktierungs-

methode minimiert Fehlerquellen am Übergang Kupferdraht/Keramikschaum.
Der Verlauf der elektrischen Spannung U über die Stromstärke I wurde mit einem Widerstandsmesser (Keithley 6517A Electrometer, Keithley Instruments, Cleveland OH (USA)), der an die Kupferdrähte angeschlossen war, bestimmt.

Setzt man Ohm'sches Verhalten voraus, so lassen sich der spezifische Widerstand ϱ und die elektrische Leitfähigkeit κ berechnen:

$$\varrho = \frac{A \cdot U}{l \cdot I} \tag{3.20}$$

$$\kappa = \frac{1}{\rho} \tag{3.21}$$

Der Spannungsbereich der Messung hing von der Leitfähigkeit der Probe ab und wurde automatisch vom Meßgerät im Bereich 1 - 200 V vorgegeben.

4 Ergebnisse

4.1 Polymerabgeleitete Keramikschäume

4.1.1 Schaumbildung

Ab einem Temperaturbereich von 70 bis 80 °C schmilzt das Polysiloxan im Polymer-Füller-Gemisch innerhalb weniger Minuten auf. Abb. 4.1 zeigt den Verlauf des Speichermoduls G', des Verlustsmoduls G'' und der Betragsviskosität $\eta = G'/\dot{\gamma}$ ($\dot{\gamma}$ ist dabei die Scherrate, hier: $\dot{\gamma} = 10\,\mathrm{s}^{-1}$) des Versatzes S65 als Funktion der Temperatur beim Aufheizen mit 5 °C/min.

Das Aufschmelzen ging einher mit einer Reduzierung der Viskosität von 10^5 Pas bei der Schmelztemperatur auf $2 \cdot 10^2$ Pas bei 120 °C. Während bei niedrigen Temperaturen der Betrag des Verlustmoduls höher als der Betrag des Speichermoduls war, trat bei 120 °C ein Wechsel ein und $G' > G''$. Durch eine weitere Temperaturerhöhung bis ca. 240 °C trat wegen einsetzender Polymervernetzung eine verlangsamte Erniedrigung der Viskosität η auf. Ab 250 °C steigt η innerhalb von 10 Minuten von 10 Pas um drei Größenordnungen aufgrund der beschleunigten Vernetzungsreaktionen an. Der Verlauf von η über die Temperatur läßt sich abschnittsweise beschreiben durch:

$$\eta(T) = A \cdot \exp\left(\frac{B}{T}\right) \tag{4.1}$$

Der exponentielle Abfall wird für $T < 120$ °C über $A = 10.4 \pm 1.8$ und $B = 438 \pm 13$, für 120 °C$< T < 240$ °C über $A = 3.3 \pm 0.2$ und $B = 500 \pm 9$ beschrieben. Für den exponentiellen Anstieg bei $T > 240$ °C gilt:

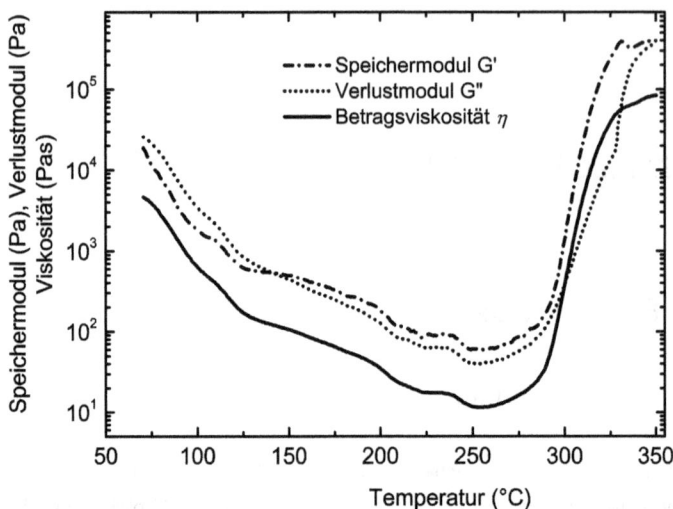

Abb. 4.1: Verlauf des Speichermoduls G', des Verlustmoduls G'' und der Betragsviskosität η von 65 Ma.-% Si/SiC-gefülltem Polymer bei einer Heizrate von 5 °C/min.

$$\eta(T) = \eta_0 + C \cdot \exp\left(\frac{T}{D}\right) \qquad (4.2)$$

Dabei ist $\eta_0 = 980, C = 8.5 \cdot 10^{-12}, D = -9.4$. Den zeitlichen Verlauf der Viskosität bei konstanter Temperatur zeigt Abb. 4.2. Dem 3. Abschnitt aus Abb. 4.1 vergleichbar zeigen die Kurven einen exponentiellen Verlauf. Der Anstieg der Viskosität war bei 270 °C jedoch um mehr als nahezu 3 Größenordnungen steiler. Ebenso begann die Zunahme der Viskosität und damit die Vernetzung des Polymers bereits nach wenigen Sekunden, bei 220 °C erst nach 20 Minuten. Das vollständige Vernetzen des Polymers benötigte bei 270 °C etwa 2 Minuten ($\eta(120\,\mathrm{s}) \simeq 1 \cdot 10^5\,\mathrm{Pas}$), bei 220 °C mehr als 10 Stunden. Abb. 4.3 zeigt den zeitlichen Verlauf des Vernetzungsgrades α von Silres H44 unterhalb der Schaumbildungstemperatur bei 200 °C. Ausgehend von $\alpha = 0$ bei $t = 0$ stieg

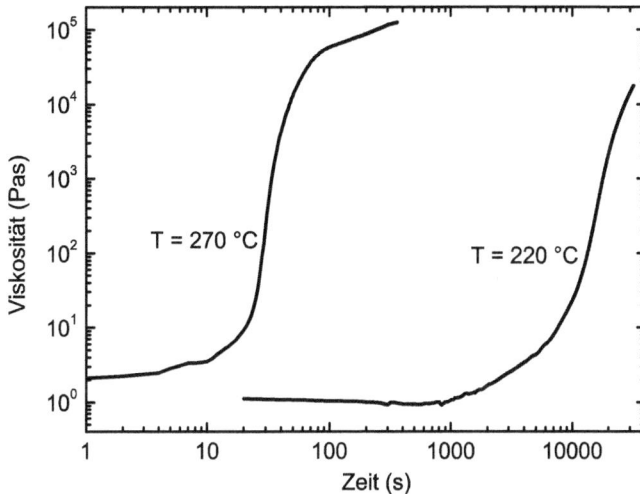

Abb. 4.2: Viskositätsverlauf während der Polymervernetzung bei 220 °C und 270 °C.

der Vernetzungsgrad an, bis bei etwa 450 min. eine vollständige Vernetzung ($\alpha = 1$) erreicht wurde.

Bei Beginn der Polykondensationreaktionen setzte Blasenbildung ein. In Abhängigkeit der Temperatur bildete sich innerhalb einer Zeit von wenigen Minuten (bei 270 °C) bis zu 2 Stunden (bei 220 °C) ein duroplastischer Schaum mit geschlossenen Zellen, Abb. 4.4. Wie REM-Untersuchungen belegten, waren die Füllerpartikel gleichmäßig in den Stegen verteilt und dabei von der Polymermatrix umgeben. Eine Perkolation der Füller war auch bei Fülleranteilen >50 Ma.-% nicht erkennbar.

Die Füllerart und -menge sowie die Aufschäumtemperatur zeigten einen signifikanten Einfluß auf die Struktur des gebildeten Duroplastschaums. Diese Faktoren wurden getrennt voneinander untersucht.

Einfluß des Füllers auf die Struktur

Der Einfluß der Füllermenge wird beispielhaft am Füllersystem Si/SiC dokumentiert. Untersuchungen mit Al_2O_3 oder SiO_2 zeigten die gleiche prinzipielle

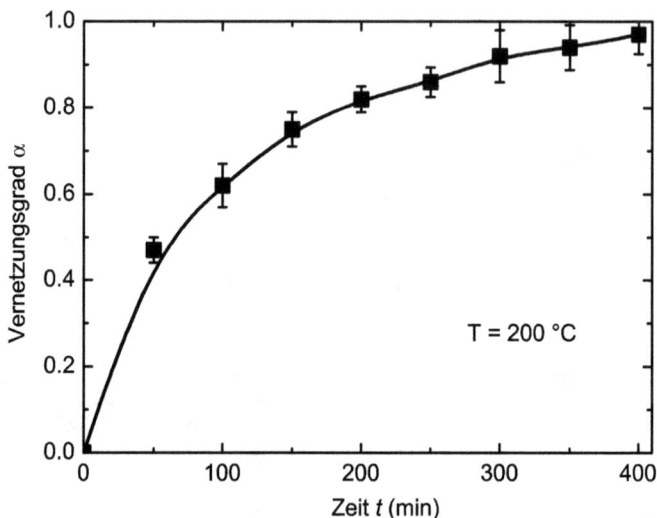

Abb. 4.3: Zeitlicher Verlauf des Vernetzungsgrades des Polysilsesquioxans Sil-res H44 bei 200 °C.

Abhängigkeit der Morphologie der Schäume von der Füllermenge. Die unterschiedliche Auswirkung der Füllerart zeigte der Vergleich der Füller Si/SiC und SiO_2 bei Verwendung der gleichen Füllermenge.

Abb. 4.5 zeigt die relative Dichte ρ_f als Funktion der Füllermenge von 35 bis 70 Ma.-% Si/SiC-Füller. Die relative Dichte beträgt 12 % bei einer Füllermenge von 35 Ma.-% und steigt auf 37 % bei 70 Ma.-% Füller. Ein größerer Fülleranteil führte zu Thermoplastschäumen mit unregelmäßiger, nicht reproduzierbarer Struktur. Der Verlauf von ρ_f läßt sich über eine exponentielle Abhängigkeit vom prozentualen Fülleranteil V_F (in Ma.-%) ausdrücken:

$$\rho_f = A + B \cdot \exp\left(\frac{V_F}{C}\right) \qquad [\%] \qquad (4.3)$$

Die Parameter A, B und C sind geringfügig abhängig von der Füllerart. Für Si/SiC-gefüllte Schäume (Versätze S30 - S70) betrugen $A = 6$, $B = 0.4$

Abb. 4.4: Quarzgefüllte (Versatz Q50) Duroplastschäume nach dem Aufschäumen bei 270 °C und anschließender mechanischer Bearbeitung.

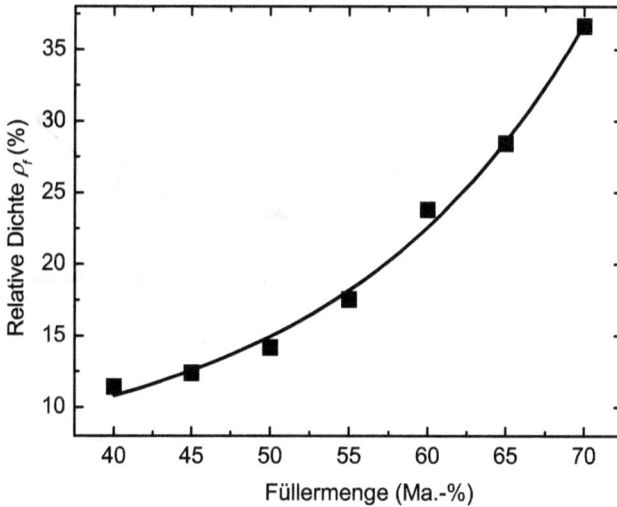

Abb. 4.5: Relative Dichte von Si/SiC-gefüllten Keramikschäumen als Funktion der Füllermenge.

und $C = 16$, für SiO_2-gefüllte Schäume waren in geringer Abweichung $A = 6$, $B = 0.5$ und $C = 17$.

Der Verlauf der mittleren Stegdicke und des mittleren Zellendurchmessers in Abhängigkeit der Füllermenge ist in Abb. 4.6 für Keramikschäume der Versätze S30-S70 dargestellt. Bei einer Füllermenge von 30-60 Ma.-% blieben die Stegdicke und der Zellendurchmesser im Fehlerintervall konstant bei 0.2-0.3 mm bzw. 1.0 ± 0.25 mm. Ab 60 Ma.-% Füller stiegen sowohl die mittlere Stegdicke als auch der mittlere Zellendurchmesser exponentiell an. Im gleichen Maß vergrößerte sich auch der Fehlerbereich beider Parameter. Über den gesamten Bereich war der prozentuale Fehler des mittleren Zellendurchmessers und der mittleren Stegdicke gleich, von 20-25 % bei einer Füllermenge von 30 Ma.-% steigend auf 50 % bei 70 Ma.-% Füller.

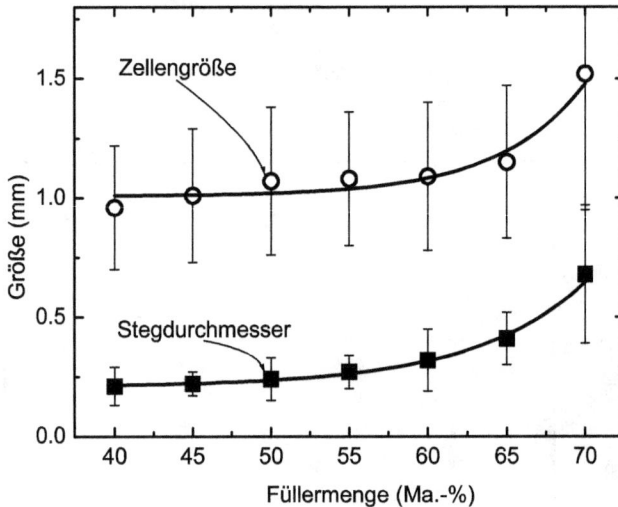

Abb. 4.6: Mittlere Stegdicke und mittlerer Zellendurchmesser von Si/SiC-gefüllten Keramikschäumen in Abhängigkeit der Füllermenge.

Analog zu Gl. 4.3 läßt sich die Abhängigkeit der Stegdicke t und des Zellendurchmessers D analytisch über eine Exponentialfunktion beschreiben. Für das Füllersystem Si/SiC ergab sich:

$$t(V_F) = 0.2 + 2 \cdot 10^{-5} \cdot \exp\left(\frac{V_F}{7.1}\right) \qquad \text{[mm]} \qquad (4.4)$$

$$D(V_F) = 1.0 + 12 \cdot 10^{-5} \cdot \exp\left(\frac{V_F}{5.5}\right) \qquad \text{[mm]} \qquad (4.5)$$

Die Füllerart wies einen signifikanten Einfluß auf den Zellendurchmesser auf, wohingegen die Stegdicke nicht merklich durch den Füllertyp beeinflußt wurde. Abb. 4.7 zeigt die Verteilungen von Si/SiC- und SiO_2-gefüllten Keramikschäumen mit 50 Ma.-% Füller. Der Zellendurchmesser war breit verteilt mit einem Maximum bei 2.1 mm und einer Schulter bei 1.3 mm für S50. Der Keramikschaum aus Q50 hatte mit einem Maximum der Zellendurchmesserverteilung bei 1.4 mm mit einer Schulter bei 0.6 mm nahezu Zellen halber Größe im Vergleich zu Si/SiC-gefüllten Schäumen. Dementgegen ist die Stegdicke schmal verteilt und hat mit Maximalwerten von 0.3 mm und 0.2 mm für Si/SiC- bzw. SiO_2-gefüllten Schäumen eine vergleichbare Größe.

Die Änderung der relativen Dichte sowie der Stegdicke und des Zelldurchmessers hatte direkten Einfluß auf die Morphologie des Schaums. Dies wird ersichtlich durch die gleichzeitige Änderung des Oberflächen/Volumen-Verhältnisses, der Konnektivitätsdichte und des Struktur-Modell-Indexes. Abb. 4.8 zeigt die Abhängigkeit dieser Größen von der Füllermenge.

Die Konnektivitätsdichte CD war bei niedrigen Füllerbeladungen < 55 Ma.-% konstant bei $CD \simeq 2\,\text{mm}^{-3}$ und sank bei höheren Fülleranteilen exponentiell bis auf Null bei der maximal erzielbaren Füllermenge von 70 Ma.-%. Der Strukturmodell-Index SMI sank mit zunehmendem Fülleranteil von 3 bei 30 Ma.-% Si/SiC auf < 0 für den Keramikschaum aus Versatz S70. Dies bedeutet eine zunehmende Irregularität der Schaumzellen mit höherem Fülleranteil. Der Verlauf des Oberflächen/Volumen-Verhältnisses zeigte eine vergleichbare Charakteristik. Von 14 mm^{-1} bei 30 Ma.-% Füller sank der Wert auf < 4 mm^{-1} bei 70 Ma.-% Si/SiC. Der Verlauf der histomorphometrischen Kenngrößen Konnektivitätsdichte CD, SMI und Oberfläche/Volumen-Verhältnis S/V läßt sich analytisch über einen Fit der Meßwerte an die Logarithmusfunktion beschreiben. Für Si/SiC-gefüllte Keramikschäume gilt:

73

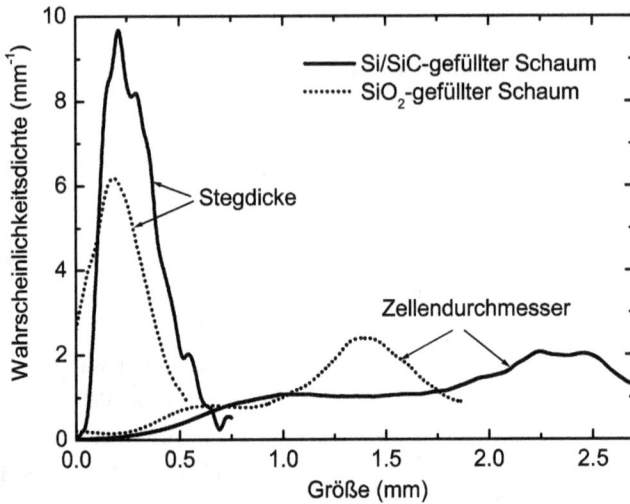

Abb. 4.7: Stegdicken- und Zellgrößenverteilungen von SiO_2- und Si/SiC-gefüllten Keramikschäumen.

$$CD = \ln(22 - 0.2 \cdot V_F) \qquad [\text{mm}^{-3}] \qquad (4.6)$$

$$SMI = \ln(35 - 0.5 \cdot V_F) \qquad (4.7)$$

$$\frac{S}{V} = \ln\left(3 \cdot 10^4 - 660 \cdot V_F\right) \qquad [\text{mm}^{-1}] \qquad (4.8)$$

Die relative Dichte, die Größe der Stege sowie die Interkonnektivität, der Durchmesser und die Form der Zellen beeinflussen direkt die Länge und die Gewundenheit des Pfades beim Durchströmen des Schaums mit Gas. Dementsprechend beeinflusste die Füllermenge über diese Parameter die Gaspermeabilität der Schaumkeramik. Abb. 4.9 zeigt den Druckabfall Δp in Abhängigkeit des Luftstroms q beim Durchströmen von zylindrischen Proben ($h = 10$ mm, $r = 15$ mm) mit Luft bei Raumtemperatur. Bei $q < 0.8$ $^{\text{m}^3}/\text{h}$ war der Verlauf exponentiell ansteigend, ab $q = 0.8$ $^{\text{m}^3}/\text{h}$ ist das $^{\Delta P}/q$-Verhältnis konstant. Die bei niedrigen Masseströmen störenden Faktoren wie z.B. Klinkenberg-Effekte

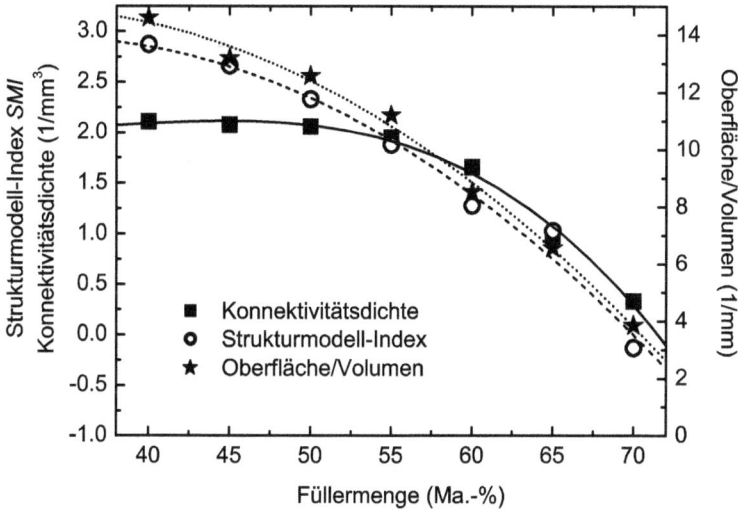

Abb. 4.8: Strukturmodell-Index, Konnektivitätsdichte und Oberfläche/Volumen-Verhältnis von Si/SiC gefüllten Keramikschäumen in Abhängigkeit von der Füllermenge.

werden somit vernachlässigbar klein und aus $\Delta P/q$ kann nach Gl. 3.9 die Permeabilität k berechnet werden.

Für Schäume des Versatzes S30 ergab sich eine Permeabilität von 330 D, für Schäume mit 50 und 70 Ma.-% Füller betrug $k = 204$ D und $k = 37$ D.

Einfluß der Temperatur auf die Struktur

Durch Variation der Aufschäumtemperatur war eine gradierte Porenstruktur einstellbar. Die relative Dichte $\rho_f(y)$ kann als Funktion des Gradienten $g(y)$ ausgedrückt werden:

$$\rho_f(g) = \rho_f(0) + (\rho_f(h) - \rho_f(0)) \cdot g(y)) \tag{4.9}$$

Der Gradient g definiert sich mit der Probenhöhe h (hier: $h = 35$ mm) über

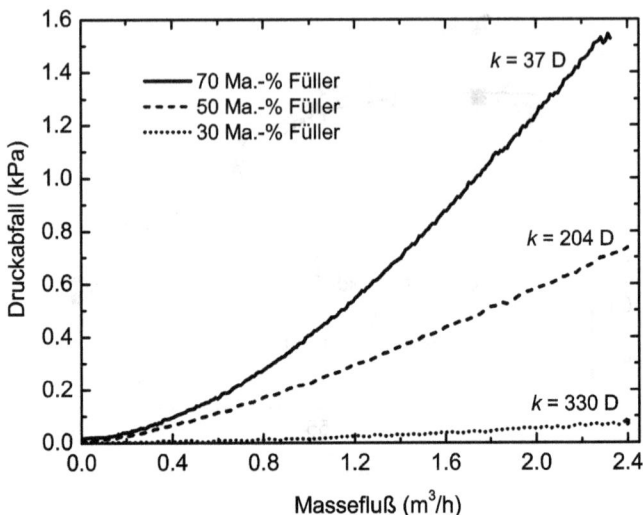

Abb. 4.9: Druckabfall durch einen Si/SiC-gefüllten Keramikschaum in Abhängigkeit von der Füllermenge als Funktion des Gasflusses.

$$g(y) = \left(\frac{y}{h}\right)^{m} \tag{4.10}$$

Abb. 4.10 zeigt eine 3D-CT-Rekonstruktion und das Realbild eines Keramikschaums des Versatzes S65 bei einer Aufschäumtemperatur von 245 °C. $g(y)$ definiert sich von 0 an der Probenoberfläche ($y = 0$) bis 1 ($y = 35$ mm) am Boden. Sowohl im Realbild als auch in der rekonstruierten CT-Darstellung der Schnittfläche war eine gleichbleibende Größe der Zellfenster k auffällig. k war mit 0.3 mm $\pm$ 0.2 mm weitgehend höhenunabhängig. Der Verlauf der relativen Dichte ρ_f über den auf die Probenhöhe normierten Ort y/h ist in Abb. 4.11 dargestellt.

$g(y)$ war für beide Aufschäumtemperaturen von 245 °C und 260 °C linear, daher war $m = 1$. Die Steigung des Porositätsgradienten war temperaturabhängig. Bei der Aufschäumtemperatur von 245 °C war $\rho_f(0) = 0.52$ und $\rho_f(1) = 0.07$,

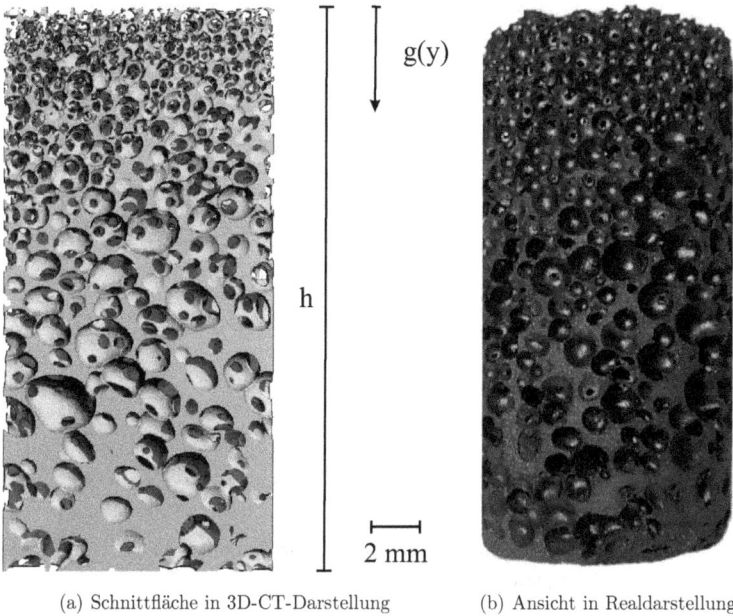

(a) Schnittfläche in 3D-CT-Darstellung   (b) Ansicht in Realdarstellung

Abb. 4.10: Gradierte Porenstruktur von Si/SiC-gefüllten Schäumen bei einer Aufschäumtemperatur von 245 °C.

dagegen waren die entsprechenden Werte der relativen Dichte an den Randbereichen für 260 °C 0.30 und 0.24. Aus Gleichung 4.9 ließ sich die Gesamtporosität des Schaums berechnen:

$$V_P = 1 - \frac{1}{h} \cdot \int_0^h \rho_f(y)\, dy \qquad (4.11)$$

V_P ergab sich zu 71.5 % für das Aufschäumen bei 260 °C und 70.5 % bei 245 °C. Die vergleichbaren Werte implizieren, daß die Menge an freigesetzten gasförmigen Polykondensationsprodukten, die zur Ausbildung der Schaumstruktur führten, annähernd temperaturunabhängig war. Der Gradient der Po-

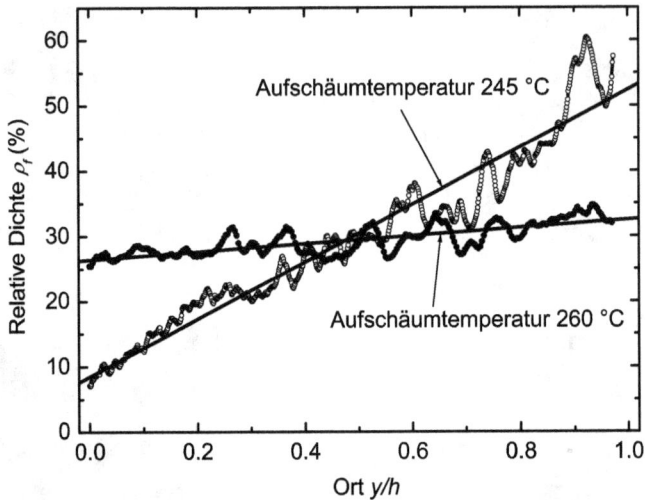

Abb. 4.11: Verlauf der relativen Dichte über die Schaumhöhe in Abhängigkeit der Aufschäumtemperatur.

rosität ließ sich durch Anpassen der Aufschäumtemperatur einstellen, ohne dabei die mittlere relative Dichte ρ_f zu verändern.

Die Konnektivitätsdichte CD, das Oberflächen/Volumen-Verhältnis und der Strukturmodell-Index SMI sowie die mittlere Stegdicke und der mittlere Zellendurchmesser von bei 245 °C aufgeschäumten S65 wurden in Beziehung zu g und ρ_f gesetzt. Abb. 4.12 zeigt die Abhängigkeit des mittleren Zellendurchmessers und der mittleren Stegdicke von der relativen Dichte ρ_f und des Gradienten $g(y)$. Die mittlere Stegdicke t zeigte einen exponentiellen Anstieg mit zunehmender relativen Dichte:

$$t(g) = 0.2 \cdot \exp\left(\frac{g}{2.1}\right) \qquad [\text{mm}] \qquad (4.12)$$

Der mittlere Zellendurchmesser D stieg mit zunehmender relativer Dichte linear an ($D(g = 0) = 1.05\,\text{mm}$), blieb ab $g = 0.55$ bis $g = 0.80$ konstant bei $D = 1.6\,\text{mm}$ und fiel im Bereich hoher relativer Dichte auf $D = 1.2\,\text{mm}$ ab.

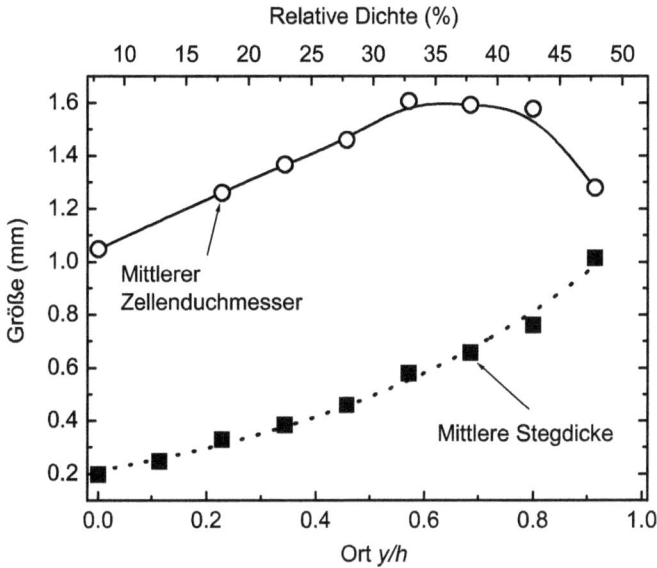

Abb. 4.12: Mittlere Stegdicke und mittlerer Zellendurchmesser als Funktion der relativen Dichte.

Zusätzlich trat mit zunehmendem g vermehrt Koaleszenz der Zellen auf. Dies bestätigte der Verlauf des SMI. Bei $g = 0$ wurde ein SMI of 3 angenommen, der nahezu ideal kugelförmige Schaumzellen beschreibt. Der Wert des SMI verringerte sich linear bis auf $SMI = -1$ bei $\rho_f = 0.45$ ($g = 0.8$):

$$SMI(g) = 3 - 4.7 \cdot g \qquad (4.13)$$

$$SMI(\rho_f) = 3.7 - 8.3 \cdot \rho_f \qquad (4.14)$$

Dies kennzeichnet eine zunehmende Abweichung von der Kugelform der Zellen. Die auftretende Porenkoaleszenz wird durch negative SMI-Werte angezeigt. Bei $g = 1$ ist $SMI = -2.7$. Diese stark negative Abweichung des linearen Fits aus Gleichung 4.14 indiziert eine massive Porenkoaleszenz von Schaumzellen unregelmäßiger Struktur. Der überwiegende Anteil an konkaver Schaumzellengrenzfläche, wie es bei Koaleszenzen auftritt, wurde durch negative *SMI*-Werte quantifiziert. Die unregelmäßige Form der Zellen wird durch mikroskopische und tomographische Analyse bestätigt, Abb. 4.10.

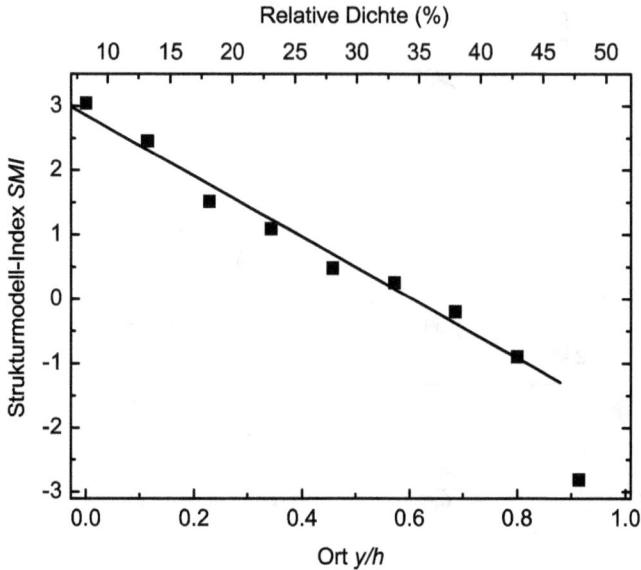

Abb. 4.13: Strukturmodell-Index als Funktion der relativen Dichte im Keramikschaum mit gradierter Porosität.

Abb. 4.14 zeigt das Oberflächen/Volumenverhältnis S/V und die Konnektivitätsdichte CD in Abhängigkeit der relativen Dichte ρ_f und des Porositätsgradienten g. S/V sinkt von 16 mm^{-1} bei $g = 0$ auf 2 mm^{-1} am Boden des Schaums bei $g = 1$. Durch eine Anpassung der Meßwerte an die Exponentialfunktion nach der Gauß'schen Methode der kleinsten Quadrate läßt sich der Verlauf des Oberflächen/Volumen-Verhältnisses beschreiben:

$$S/V(\rho_f) = 1.53 + 22.5 \cdot \exp\left(-\frac{\rho_f}{0.16}\right) \qquad [\text{mm}^{-1}] \qquad (4.15)$$

Die Konnektivitätsdichte CD zeigte einen vergleichbaren Verlauf. Analog Gl. 4.15 läßt sich der Verlauf von CD durch Gl. 4.16 ausdrücken:

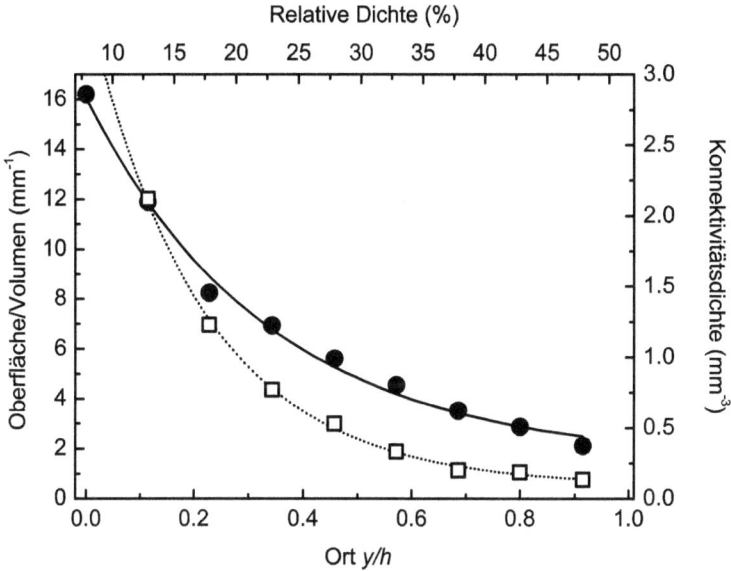

Abb. 4.14: Oberfläche/Volumen-Verhältnis und Konnektivitätsdichte in Abhängigkeit der relativen Dichte.

$$CD(\rho_f) = 0.09 + 6.81 \cdot \exp\left(-\frac{\rho_f}{0.10}\right) \qquad [\text{mm}^{-3}] \qquad (4.16)$$

Die offenzellige Struktur bei $g = 0$ bedingte einen hohen CD-Wert von > 3 mm^{-3}. Die zunehmende relative Dichte führte zum exponentiellen Abfall auf $CD = 0.2\,\text{mm}^{-3}$ bei $g = 1$.

4.1.2 Pyrolyse

Die Umsetzung der duroplastischen Polymermatrix zur Keramik im Temperaturbereich bis 900 °C ging mit einen Masseverlust einher. Abb. 4.15 zeigt den thermogravimetrisch bestimmten Masseverlust von 20 mg vollständig vernetztem, ungefülltem Silres H44 bei einer konstanten Aufheizrate von 5 °C/min als Funktion der Temperatur in Abhängigkeit von der Pyrolyseatmosphäre.

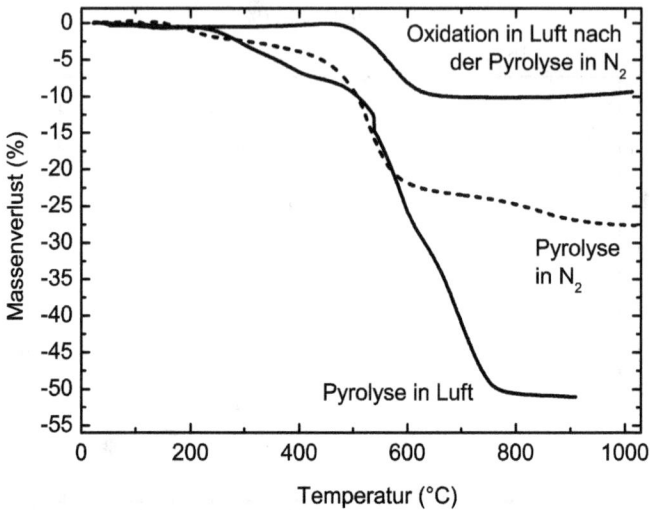

Abb. 4.15: Thermogravimetrische Analyse von Silres H44 in Luft und N_2 und nach anschließender Oxidation in Luft.

Bei der Pyrolyse in Luft trat eine Masseabnahme ab 350 °C auf, der Masseverlust bis 500 °C betrug < 10 Ma.-%. Im Temperaturbereich von 500 bis 750 °C verlor die Probe weitere 40 % an Masse. Ab 800 °C blieb die Probenmasse konstant mit einem Gesamtmasseverlust von 50-55 %. Wurde die Pyrolyse in Stickstoffatmosphäre durchgeführt, so war bis 600 °C und 20 % Masseverlust ein vergleichbarer Verlauf zu verzeichnen. Bei Temperaturen > 600 °C war der Masseverlust jedoch merklich langsamer und geringer als bei der Pyrolyse in Luft. Bis 1000 °C betrug der Gesamtmasseverlust während der N_2-Pyrolyse $<$ 30 %. Durch anschließende Oxidation verloren bei 1000 °C in N_2-Atmosphäre pyrolysierte Proben im Temperaturbereich von 500 bis 650 °C 10 % an Masse, ab 800 °C trat eine leichte Zunahme der Masse auf. Der gesamte Masseverlust durch Pyrolyse in N_2-Atmosphäre und anschließender Oxidation betrug 36 % und ist somit 15-20 Prozentpunkte geringer als bei direkter Pyrolyse in Luft.

4.1.3 Schäume mit Oxidfüllern

Strukturstabile Keramikschäume mit oxidischen Füllern konnten durch Pyrolyse in Luft im Temperaturbereich von 800 bis 1600 °C hergestellt werden. Abb. 4.16 zeigt beispielhaft einen Hydroxylapatit-gefüllten Grünschaum sowie Al- und SiO_2-gefüllte, an Luft pyrolysierte Keramikschaumscheiben.

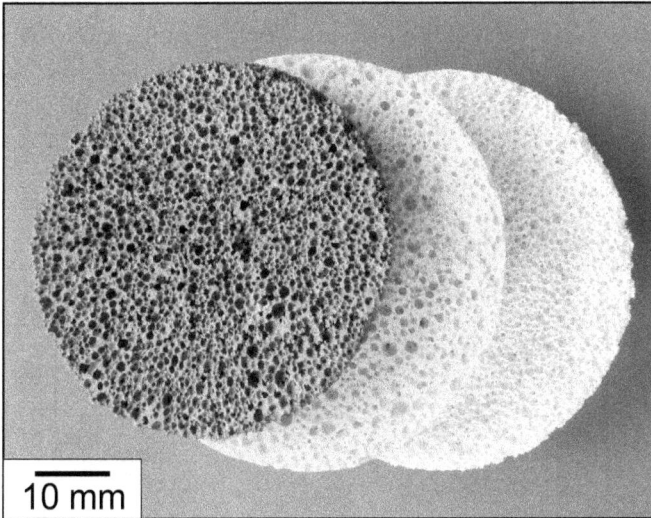

Abb. 4.16: Oxidische Polymerkeramikschäume. Von links: Aluminium-gefüllt und bei 1000 °C in Luft pyrolysiert; Hydroxylapatit-gefüllt, Grünschaum; Quarz-gefüllt und bei 1000 °C in Luft pyrolysiert.

Als kristalline Phasen wurden bei quarzgefüllten Schäumen bis 1000 °C β-Quarz, ab 1200 °C zunehmend und ab 1400 °C ausschließlich β-Cristobalit detektiert. Al_2O_3-gefüllte Schäume enthielten bis 1000 °C α-Al_2O_3, ab 1200 °C kristallisierte die polymerabgeleitete Matrix zu SiO_2 (Cristobalit). Die Bildung von Mullit 3 $Al_2O_3 \cdot$ 2 SiO_2 wurde ab 1400 °C diffraktometrisch nachgewiesen. Bei den Hydroxylapatit-gefüllten Schäumen erfolgte ab 1000 °C die Umwandlung in $Ca_3(PO_4)_2$ (β-Tricalciumphosphat), das ab 1200 °C als alleinige kristalline Phase vorlag. Im Material lag weniger als 0.2 Mol-% freier Kohlenstoff vor, entsprechend war die Farbe der Schäume abhängig vom Füller weiß bei Al_2O_3-gefüllten, beige bis weiß bei SiO_2-gefüllten und hellblau bis weiß bei HAP-gefüllten Keramikschäumen. Die Stegdichte des K50-Schaums betrug 2.91 g/cm^3, des Q50-Schaums 2.75 g/cm^3 und des H50-Schaums 2.81 g/cm^3.

Struktur

Den Masseverlust und die lineare Schwindung von HAP- und Quarz-gefüllten Keramikschäumen der Versätze H50 bzw. Q50 in Abhängigkeit der Pyrolysetemperatur zeigt Abb. 4.17. Der Masseverlust der HAP-gefüllten Schäume lag im Bereich von 18 bis 20 % und zeigte eine Tendenz zu vermehrtem Masseverlust mit höherer Pyrolysetemperatur. Die Werte für quarzgefüllte Schäume betrugen 18 % bei 100 °C bis 22 % bei 1600 °C.

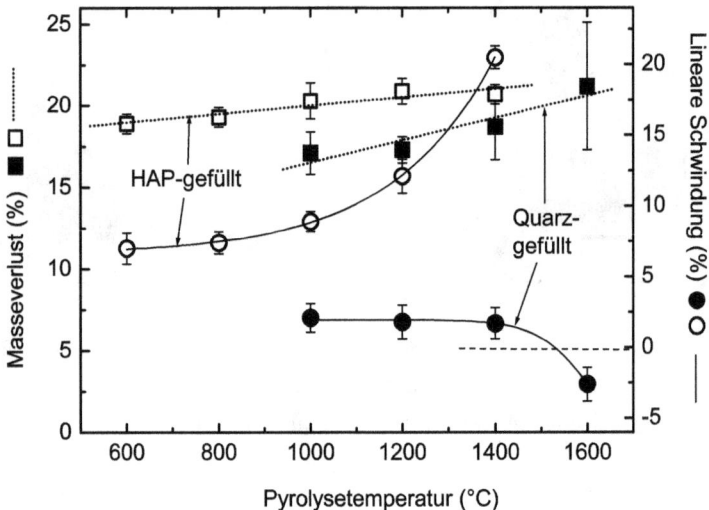

Abb. 4.17: Masseverlust und lineare Schwindung von Hydroxylapatit- und Quarz-gefüllten Keramikschäumen als Funktion der Pyrolysetemperatur.

Der Masseverlust war geringer als es der Volumenanteil des Polymers (74.2 % bei HAP-gefüllten und 70.7 % bei quarzgefüllten Schäumen) vermuten läßt. Unter der Voraussetzung von Nullschwindung der reinen Füller ergibt sich nach

der Mischungsregel über die Volumenanteile eine Schwindung von 36 % bzw.
39 %. Die gemessenen Schwindungen betrugen davon jedoch nur die Hälfte.
Anders als auf den Masseverlust zeigte die Füllerart einen signifikanten Einfluß auf die lineare Schwindung. Bei Hyroxylapatit-gefüllten Schäumen betrug
die Schwindung 7 % bei einer Pyrolysetemperatur von 600 °C und stieg exponentiell auf über 20 % bei 1400 °C. Schäume des Versatzes Q50 hatten bis
1400 °C eine vergleichsweise geringe Schwindung von 2 %. Bei Pyrolysetemperaturen > 1400 °C kam es zu einer Volumenzunahme, die lineare Schwindung
betrug -3 % bei 1600 °C. Bei einer Pyrolysetemperatur von 1500-1550 °C war
eine net-shape Pyrolyse (Nullschwindung) möglich.

Abb. 4.18 zeigt die Werte des Strukturmodell-Index und des Oberfläche/Volumen-Verhältnisses der oxidischen Schäume der Versätze K50, H50 und Q50.
Durch unterschiedliche Pyrolysetemperaturen ergaben sich Schwankungen der
relativen Dichte, des SMI-Wertes und des Oberfläche/Volumenherältnisses innerhalb eines Versatzes. Diese Schwankungen lagen bei $\simeq$ 10 %.

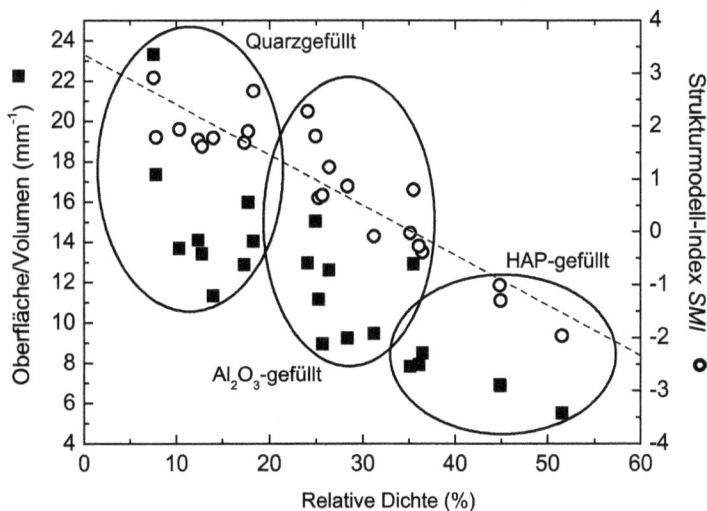

Abb. 4.18: Oberfläche/Volumen-Verhältnis und Strukturmodell-Index von
SiO$_2$-, Al$_2$O$_3$- und Ca$_5$(PO$_4$)$_3$OH-gefüllten Keramischäume als
Funktion der relativen Dichte.

Die quarzgefüllten Schäume wiesen die geringste relative Dichte ($\rho_f = 5$ – 15 %) und die höchsten SMI- ($SMI = 1.5 - 3$) und S/V-Werte ($S/V=11$–18 mm^{-1}) auf. Die Hyrdoxylapatit-gefüllten Schäume waren merklich dichter ($\rho_f = 35$-55 %) mit $SMI-$ und S/V-Werten von $SMI= -2 - -0.5$ und $S/V= 5 - 9$ mm^{-1}. Die entsprechenden Werte der Al_2O_3-gefüllten Schäume lagen zwischen diesen Extremen. Unabhängig von der Füllerart wurde der empirische Zusammenhang zwischen relativer Dichte und SMI bzw. S/V-Verhältnis (Gl. 4.14 und 4.15) bestätigt. Die unterschiedliche relative Dichte wurde durch die Ausbildung von Stegen unterschiedlicher Dicke und Schaumzellen unterschiedlicher Form und Größe hervorgerufen. Die mittlere Stegdicken für H50, K50 und Q50-Schäume betrugen 0.30 mm, 0.15 mm und 0.23 mm, die mittlere Schaumzellendurchmesser waren entsprechend 0.7 mm, 1.2 mm und 1.3 mm, Tab. 4.2.

Abb. 4.19 zeigt Proben der Versätze H50 und S50 für verschiedene Pyrolysetemperaturen. Auffällig ist die regelmäßigere Struktur sowie die Größenzunahme bei steigender Pyrolysetemperatur der quarzgefüllten Schäume. Die Hydroxylapatit-gefüllten Keramikschäume wiesen eine unregelmäßige Struktur auf und zeigten eine merkliche Schwindung mit steigender Pyrolysetemperatur. Die quantitativen CT-Meßwerte finden durch die optische Analyse Bestätigung.

Eigenschaften

Die Druckfestigkeiten der Schäume in Abhängigkeit von Füllerart und Pyrolysetemperatur sind in Tab. 4.1 zusammengefasst. Die Druckfestigkeiten σ^* des K50-Schaums schwanken um 1 MPa, die des Q50-Schaums waren geringer zwischen 200 und 600 kPa. Die HAP-gefüllten Schäume wiesen eine Festigkeit < 500 kPa bei Temperaturen unterhalb 1000 °C auf. Mit zunehmender Pyrolysetemperatur zeigten die H50-Schäume steigende Festigkeiten bis auf > 2 MPa bei 1400 °C. Auffällig bei allen oxidischen Schäumen ist die starke Streuung der Meßwerte mit einem Fehler von bis zu 80 %. Dies resultierte in charakteristische Weibull-Modul m von 0.6, 0.9 und 1.6 bei Al_2O_3-, Quarz- und HAP-gefüllten Schäumen.

Nach Gl. 2.29 [10] läßt sich aus der relativen Dichte ρ_f und der Schaumdruckfestigkeit σ^* offenzelliger Keramikschäume die Druckfestigkeit des dichten Stegmaterials σ_s berechnen:

(a) Hydroxylapatit/$Ca_5(PO_4)_3OH$-gefüllte Keramikschäume

(b) Quarz/SiO_2-gefüllte Keramikschäume

Abb. 4.19: Keramikschäume gleicher Ausgangsgröße nach der Pyrolyse an Luft bei 600 - 1600 °C.

Tab. 4.1: Druckfestigkeiten von Al_2O_3-, SiO_2- und $Ca_5(PO_4)_3OH$-gefüllten Keramikschäumen in Abhängigkeit der Pyrolysetemperatur. Alle Werte sind in kPa angegeben.

Temperatur (°C)	Al_2O_3	SiO_2	HAP
600			340 ± 188
800			498 ± 195
1000	867 ± 323		824 ± 483
1200	1343 ± 671	198 ± 173	802 ± 540
1400	1017 ± 713	626 ± 542	2104 ± 1720
1600		462 ± 374	

$$\frac{\sigma^\star}{\sigma_s} = C_1 \cdot \rho_f^{m_1} \tag{4.17}$$

Für das Verhältnis des E-Moduls des Schaums $E^\star$ zum E-Modul des dichten Stegmaterials E_s gilt analog:

$$\frac{E^\star}{E_s} = C_2 \cdot \rho_f^{m_2} \tag{4.18}$$

Die empirischen Konstanten C_1 und C_2 für offenzellige Keramikschäume sind $C_1 = 0.3$ und $C_2 = 1.0$. Die Exponenten m_1 und m_2 betragen $m_1 = 1.3$ und $m_2 = 1.4$ [10]. Für Al_2O_3 gefüllte Schäume war $\sigma_s = 89.4 \pm 45.0$ MPa und $E_s = 918 \pm 498$ MPa. Die entsprechenden Werte für quarz- bzw. HAP-gefüllte Schäume betrugen $\sigma_s = 21.1 \pm 18.5$ MPa und $E_s = 508 \pm 153$ MPa bzw. $\sigma_s = 17.8 \pm 5.1$ MPa und 372 ± 137 MPa.

Die Bruchzähigkeit $K_{Ic}^\star$ läßt sich an hochporösen zellularen Keramiken direkt nicht exakt bestimmen. Bei Annahme des Modells von Gibson und Ashby [10] besteht ein Zusammenhang zwischen $K_{Ic}^\star$ und der Schaumdruckfestigkeit $\sigma^\star$ sowie der Steglänge l:

$$K^\star_{Ic} = C_3 \cdot \sigma^\star \cdot \sqrt{l} \qquad (4.19)$$

C_3 wurde durch Anpassen an experimentelle Daten zu $C_3 = 0.65 \cdot \sqrt{\pi}$ bestimmt [10]. Die Rißzähigkeiten berechneten sich zu 127 ± 42 kPa $\cdot \sqrt{m}$, 41 ± 37 kPa $\cdot \sqrt{m}$ und 212 ± 61 kPa $\cdot \sqrt{m}$ für Schäume der Versätze K50, Q50 und H50.

Die strukturellen und mechanischen Eigenschaften der Bauteile und des dichten Stegmaterials von Keramikschäumen der Versätze K50, Q50 und H50 sind in Tabelle 4.2 zusammengefasst.

Tab. 4.2: Eigenschaften von Al_2O_3-, SiO_2- und HAP-gefüllten Keramikschäumen.

Füller	Al_2O_3	SiO_2	HAP
Pyrolysetemperatur (°C)	1200	1000	1200
Relative Dichte ρ_f (%)	17.8	13.0	36.9
Mittlere Stegdicke (mm)	0.15 ± 0.06	0.23 ± 0.11	0.29 ± 0.14
Mittlerer Zellendurchmesser (mm)	1.19 ± 0.42	1.31 ± 0.47	0.70 ± 0.41
Oberfläche/Volumen ($1/mm$)	12.9	13.7	7.61
Strukturmodell-Index SMI	2.3	1.9	-0.3
Schaum-E-Modul $E^\star$ (MPa)	29.1 ± 15.8	8.6 ± 2.6	50.6 ± 18.6
Steg-E-Modul E_s (MPa)	918 ± 498	508 ± 153	372 ± 137
Schaum-Bruchfestigkeit $\sigma^\star$(kPa)	1343 ± 676	198 ± 173	802 ± 540
Steg-Bruchfestigkeit σ_s (MPa)	89.4 ± 45.0	21.1 ± 18.5	17.8 ± 5.1
Bruchzähigkeit $K^\star_{Ic}$ (kPa $\cdot$ m$^{1/2}$)	127 ± 42	41 ± 37	212 ± 61

4.1.4 Schäume mit nichtoxidischen Füllern

Durch Pyrolyse von gefüllten Duroplastschäumen der Versätze S30-S70, M50 in Stickstoffatmosphäre im Temperaturbereich von 600 bis 1600 °C gelang die Herstellung von Keramikschäumen mit nichtoxidischen Füllern. Die Schäume zeichneten sich aus durch eine homogene Struktur über das gesamte Körpervolumen. Die Körpergröße war aufgrund der technologischen Randbedingungen in vertikaler Richtung auf 150 mm, in horizontaler Richtung auf 250 · 250 mm^2 beschränkt. Abb. 4.20 zeigt einen Keramikschaum der Ausgangszusammensetzung S65 in der Größe 200 · 200 · 100 mm^3 ohne Bearbeitung nach der Pyrolyse in Stickstoffatmosphäre bei 1000 °C. Die zellulare Struktur war bei Proben dieser Größe mit der von Schäumen deutlich kleinerer Ausmaße identisch. Dies verdeutlichte die Möglichkeit des problemlosen Variation der Schaumkörpergröße, ein Upscaling des Schaumherstellungsprozesses zum Technikumsmaßstab erscheint ohne signifikante Variation des Processings möglich.

Abb. 4.20: Si/SiC-gefüllter Polymerkeramikschaum nach der Pyrolyse in N$_2$ bei 1000 °C.

Röntgendiffraktometrisch waren bis zu einer Pyrolysetemperatur von 1200 °C nur die jeweilige Füllstoffphase nachweisbar. Oberhalb 1200 °C konnte bei Schäumen des Versatzes Q50 kristallines β-SiC und bei Schäumen aus S65 SiO$_2$ (β-Cristobalit) detektiert werden.

Struktur

Die Duroplast-Keramik-Umwandlung durch die Pyrolyse ließ die Morphologie der Schäume weitgehend unverändert. So zeigten auch die pyrolysierten Schäume die gleiche prinzipielle Abhängigkeit (SMI, Stegdicke, Zellendurchmesser, Oberfläche/Volumen-Verhältnis) vom Füllergehalt. Abb. 4.21 zeigt dreidimensionale μCT-Rekonstruktionen von bei 1000 °C in N_2-Atmosphäre pyrolysierten Si/SiC-gefüllten Schäumen mit vier verschiedenen Fülleranteilen. In Übereinstimmung mit den Gleichungen 4.3, 4.5 und 4.8 ist die zunehmende Abweichung von der ideal runden Zellenform sowie die zunehmende relative Dichte mit steigendem Fülleranteil erkennbar.

Die während der Pyrolyse in inerter Atmosphäre aufgetrete Strukturveränderung wies eine signifikante Abhängigkeit von der Menge des Füllers auf. Abb. 4.22 zeigt die lineare Schwindung und den Masseverlust der Si/SiC-gefüllten Schäume der Versätze S30 bis S70 bei der N_2-Pyrolyse für 4 h bei 1000 °C. Sowohl der Masseverlust Δm als auch die lineare Schwindung l/l_0 zeigten eine lineare Abhängigkeit vom Fülleranteil $m_{\text{Füller}}/m_{\text{gesamt}}$.

$$\frac{l}{l_0} \;=\; 12.4\,\% - 0.17 \cdot \left(\frac{m_{\text{Füller}}}{m_{\text{gesamt}}} \right) \tag{4.20}$$

$$\Delta m \;=\; 13.2\,\% - 0.16 \cdot \left(\frac{m_{\text{Füller}}}{m_{\text{gesamt}}} \right) \tag{4.21}$$

Dieser Zusammenhang ist gültig im Bereich von 30 bis 70 Ma.-% Füller. Wie der Vergleich mit ungefülltem Silres H44 zeigt (Abb. 4.15, $\Delta m > 25$ %), ist eine lineare Extrapolation des Masseverlustes bis 0 Ma.-% Füllergehalt nicht möglich.

Wie bei an Luft pyrolysierten Schäumen mit oxidischen Füllern zeigte auch bei den in Stickstoffatmosphäre pyrolysierten Schäumen die Pyrolysetemperatur einen signifikanten Einfluß auf die lineare Schwindung und den Masseverlust. Abb. 4.23 zeigt die Schwindung und den Masseverlust des Versatzes S35 in Abhängigkeit der Pyrolysetemperatur.

Der Masseverlust betrug < 5 % bei einer Pyrolysetemperatur von 600 °C und stieg bis auf 14 Ma.-% bei 1600 °C an. Damit ist der Masseverlust merklich

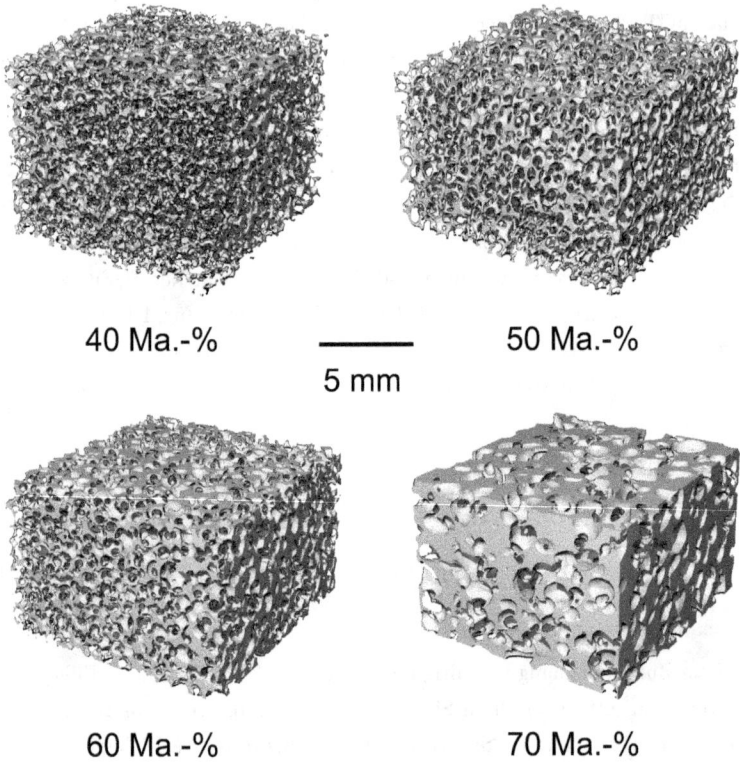

40 Ma.-%   ——   50 Ma.-%

5 mm

60 Ma.-%   70 Ma.-%

Abb. 4.21: 3D-µCT-Aufnahmen von Si/SiC-gefüllten Keramikschäumen mit unterschiedlichem Füllergehalt.

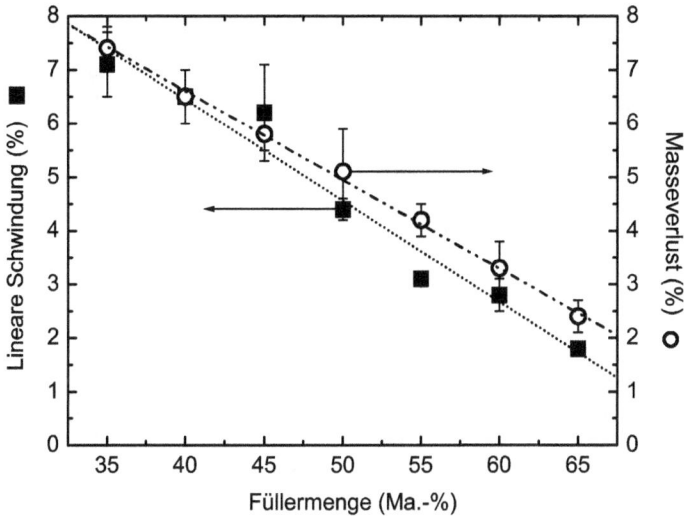

Abb. 4.22: Lineare Schwindung und Masseverlust von Si/SiC-gefüllten Keramikschäumen als Funktion der Füllermenge.

geringer als bei den oxidischen Keramikschäumen gleichen Fülleranteils (15–22 Ma.-%, Abb. 4.17). Die lineare Schwindung war bis 1300 °C annähernd konstant bei 12–15 % und stieg danach exponentiell auf 40 % bei 1600 °C an. Diese Werte liegen merklich über den vergleichbaren Schwindungen der quarz- (-2–4 %) und HAP-gefüllten Schäume (7–20 %).

Eigenschaften

Mechanische Eigenschaften. Die bei 1000 °C pyrolysierten Keramikschäume des Versatzes S65 zeigten eine hohe mechanische Zuverlässigkeit. Abb. 4.24 zeigt die Weibull-Auftragung der Druck- und Biegefestigkeit bei Raumtemperatur. Die Druckfestigkeit wies eine charakteristische Festigkeit σ_0 von 4.5 MPa und einen Weibull-Modul $m = 8$ auf. Auffällig ist der geringe Unterschied zwischen der Biege- und Druckfestigkeit der Keramikschäume; die entsprechenden Werte der Biegefestigkeit betrugen $\sigma_0 = 4.4$ MPa und $m = 13$.

Der E-Modul war 5.60 ± 0.15 GPa und der Schermodul 2.58 ± 0.48 GPa. Die nach Gl. 4.17 und 4.18 berechneten Druckfestigkeiten σ_s und Elastizitäts-

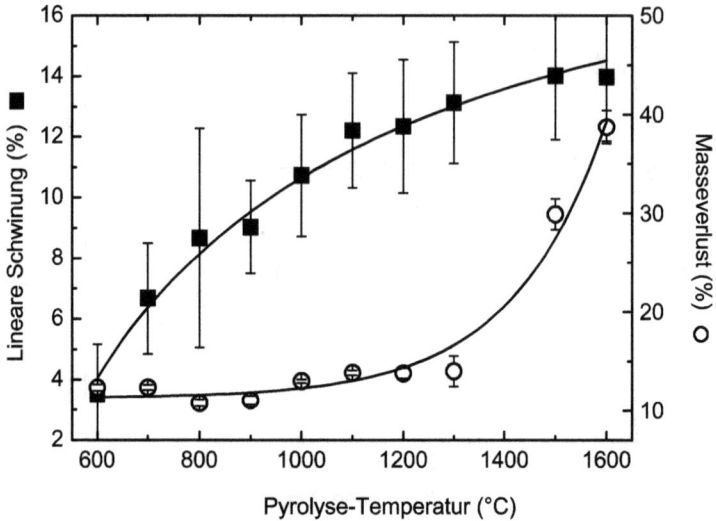

Abb. 4.23: Lineare Schwindung und Masseverlust von Si/SiC-gefüllten Keramikschäumen als Funktion der Pyrolysetemperatur.

modul E_s des dichten Stegmaterials betrugen $\sigma_s = 80.5 \pm 3.4$ MPa und $E_s = 35.6 \pm 2.1$ GPa. Die Bruchzähigkeit des Schaums wurde aus dem mittleren Zellendurchmesser $l = 1.1 \pm 0.2$ mm und der Druckfestigkeit des Schaums σ^* nach Gl. 4.19 berechnet. Es ergab sich ein Wert von $K_{Ic}^* = 164 \pm 70$ kPa·$\sqrt{\mathrm{m}}$.

Mit zunehmender Prüftemperatur wurde die Biegefestigkeit der bei 1000 °C pyrolysierten Proben größer, Abb. 4.25. Ausgehend von 4.4 MPa bei Raumtemperatur stieg die Biegefestigkeit auf 9 MPa bei 1000 °C an. Oberhalb 1100 °C war ein Abfall auf 8.5 MPa zu beobachten. Die gleiche prinzipielle Abhängigkeit von der Prüftemperatur zeigten auch der elastische Modul und der Schermodul, Abb. 4.26. Der E-Modul von 5.7 GPa bei Raumtemperatur stieg um 45 % auf 8.2 GPa bei 1100 °C. Bei 1200 °C war E = 5.6 GPa und damit niedriger als der Wert bei Raumtemperatur. Die Streuung der Meßwerte (Standardabweichung < 5 %) war deutlich geringer als bei der Biegefestigkeit und dem Schermodul (jeweils > 10 %). Der maximale Schermodul wurde bereits bei 700 °C gemessen. Der Wert von 3.5 GPa blieb bis 1100 °C konstant. Bei 1200 °C sank der

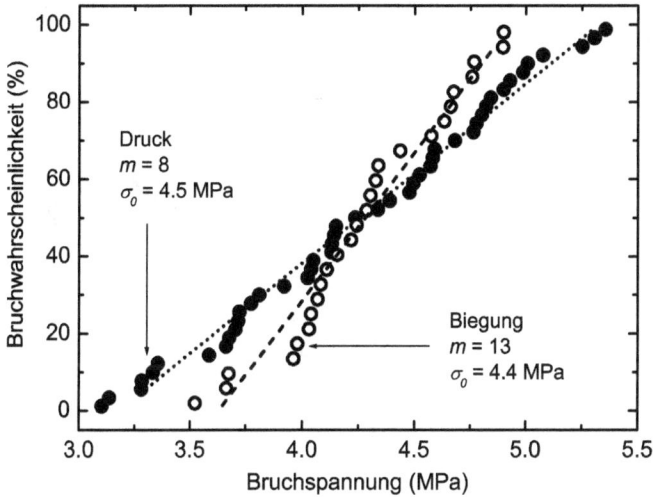

Abb. 4.24: Weibull-Diagramm der Druck- und Biegefestigkeit von Si/SiC-gefüllten Keramikschäumen.

Schermodul um 40 % auf 2.2 GPa und damit unter den Raumtemperatur-Wert von 2.6 GPa ab.

Aus dem Elastizitäts- und dem Schermodul läßt sich die Poisson-Querkontraktionszahl des Schaums $\nu^\star$ berechnen:

$$\nu^\star = \frac{E}{2 \cdot G} - 1 \tag{4.22}$$

Im Temperaturbereich bis 1000 °C schwankte $\nu^\star$ zwischen 0.07 und 0.15. Oberhalb 1000 °C war $\nu^\star$ annähernd konstant bei 0.20. Nach der Theorie von Gibson und Ashby [10] ist die Querkontraktionszahl von Schäumen unabhängig von der relativen Dichte ρ_f und schwankt bei offenzelligen Schäumen üblicherweise zwischen 0.20 und 0.40. Die hier gemessenen Werte liegen weit unterhalb der erwarteten Werte.

Aus dem E-Modul und der Biegefestigkeit $\sigma^\star$ läßt sich die Biegebruchdehnung $\epsilon^\star$ des Schaums nach $\epsilon^\star = E/\sigma^\star$ berechnen. Die Bruchdehnung war bis 400 °C

0.08 %, stieg im Temperaturbereich von 600 bis 1100 °C leicht an auf einen konstanten Wert von $\epsilon^\star = 0.11$ %. Die Bruchdehung betrug bei 1200 °C 0.16 %.

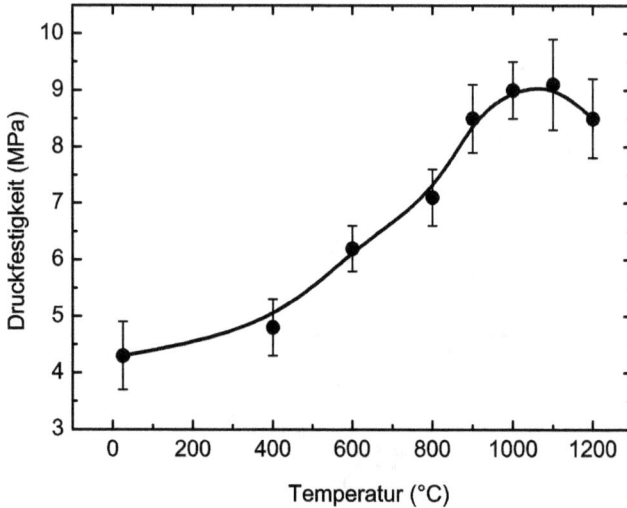

Abb. 4.25: Festigkeit von Si/SiC-gefülltem Keramikschaum in Abhängigkeit der Temperatur.

Unter der Voraussetzung der Gültigkeit der theoretischen Beziehungen von Gibson und Ashby [10] im Hochtemperaturbereich berechnen sich die maximalen Druckspannung σ_s und E-Modul E_s des dichten Stegmaterials zu $\sigma_{s,max} = 170 \pm 31$ MPa und $E_{s,max} = 51.9 \pm 10.4$ GPa bei 1100 °C. Die Bruchzähigkeit verdoppelte sich dabei von Raumtemperatur auf 1100 °C mit $K^\star_{Ic,max} = 335 \pm 140$ kPa·$\sqrt{\mathrm{m}}$.

Thermische Eigenschaften. Der thermische Ausdehnungskoeffizient (TAK) von füllerfreien Keramikschäumen nach der Pyrolyse in Stickstoff-Atmosphäre bei 1000 °C betrug $3.17 \cdot 10^{-6}$ K^{-1}. Dieser Wert stimmt gut mit Literaturwerten überein (TAK(Si-O-C-Glas) = $3.14 \cdot 10^{-6}$ K^{-1} [56]). Die füllerhaltigen Keramikschäume wiesen höhere TAKs auf. Bei den Si/SiC-gefüllten Schäumen (TAK(SiC, 200-1000 °C)=$4.5 \cdot 10^{-6}$ K^{-1}, TAK(Si, 200-1000 °C)=$3.2 \cdot 10^{-6}$ K^{-1}) der Versätze S35-S70 variierte der TAK von $4.1 \cdot 10^{-6}$ bis $4.7 \cdot 10^{-6}$ K^{-1}.

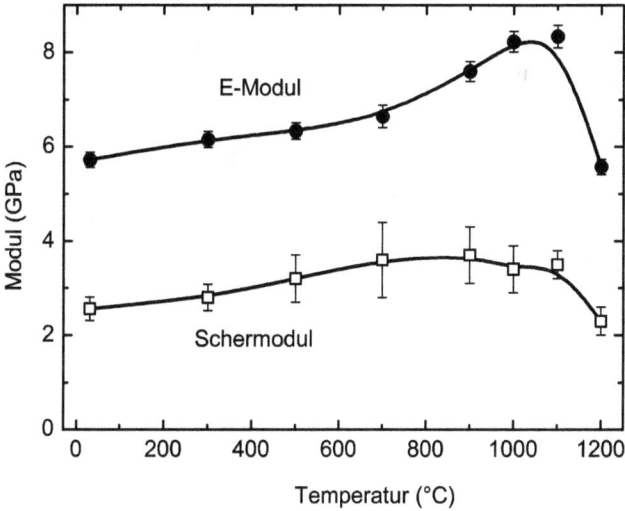

Abb. 4.26: Scher- und E-Modul von Si/SiC-gefülltem Keramikschaum als
Funktion der Temperatur.

Der lineare TAK von M50-Schäumen betrug $4.9 \cdot 10^{-6}$ K^{-1}, von quarzgefüllten
Schäumen entsprechend $4.7 \cdot 10^{-6}$ K^{-1}.

Die thermische Leitfähigkeit bei Raumtemperatur der Schäume der Versätze
M50, Q50 oder S35 bis S70 variierte mit der relativen Dichte ρ_f zwischen 0.45
± 0.05 W/m·K bei $\rho_f = 0.40$ und 0.15 ± 0.06 W/m·K bei $\rho_f = 0.10$. Eine
systematische Abhängigkeit von der Füllerart oder -menge ließ sich nicht er-
kennen. Die thermische Leitfähigkeit eines Schaums setzt sich zusammen aus
der Wärmeleitung durch das dichte Stegmaterial, der Wärmeleitung über die
luftgefüllten Schaumzellen, durch Konvektion in den Zellen und durch Strahlung an den Zellwänden. Der Anteil des Schaummaterials $\lambda^\star$ berechnet sich aus
der Leitfähigkeit des Stegmaterials λ_s und der relativen Dichte ρ_f [10]:

$$\lambda^\star = C \cdot \lambda_s \cdot \rho_f \qquad (4.23)$$

Hierbei bezeichnet C den geometrieabhängigen Effizienzfaktor. λ_s des Keramikschaums aus S65 mit 60 Vol.-% Si-O-C Glas ($\lambda = 1.1$ W/m·K) und 40 Vol.-% Si/SiC-Füller (SiC: 125 W/m·K, Si: 124 W/m·K) ergibt sich nach der Mischungsregel näherungsweise zu 50.6 W/m·K. Der Effizienzfaktor C berechnet sich aus der relativen Dichte von 0.27 und der thermischen Leitfähigkeit des Schaums von 0.36 ± 0.07 W/m·K zu 0.026 ± 0.005. Die Effizienzfaktoren von $MoSi_2$- oder SiO_2-gefüllten Keramikschäumen sind mit 0.031 bzw. 0.024 im gleichen Bereich.

Abb. 4.27 zeigt die Auswirkung harten Thermoschocks durch Abschrecken in Wasser bei einer Temperaturdifferenz von 1100 und 1400 °C. Dargestellt sind die Schadensparameter D_σ und D_E für bis zu 10 Thermoschockzyklen.

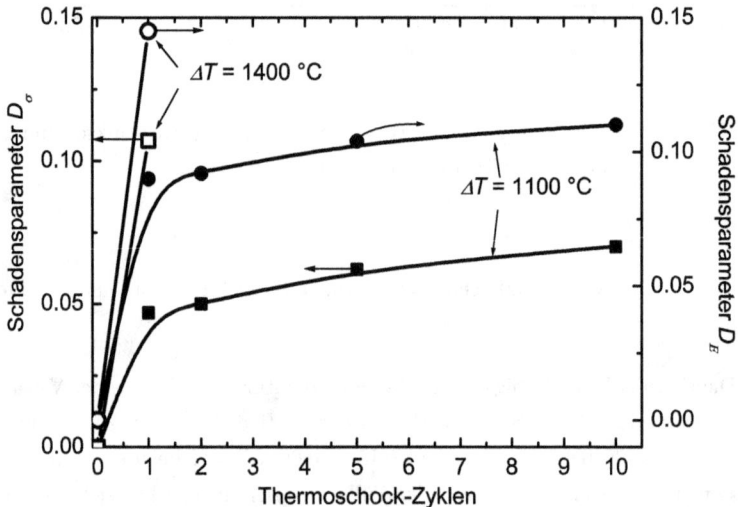

Abb. 4.27: Schadensparameter D_σ und D_E in Abhängigkeit der Thermoschocktemperaturdifferenz und der Anzahl der Thermoschock-Zyklen.

Beim Thermoschock von 1100 °C reduzierte sich die Biegebruchfestigkeit des Schaums um 4.5 %. Mit ansteigender Zyklenzahl erhöhte sich D_σ nur noch gering bis auf 7 % bei 10 Zyklen. Der E-Modul reduzierte sich durch einen 1100 °C-Thermoschock um 9 %. Analog zur Bruchfestigkeit sank der E-Modul bei Wiederholung des Thermoschocks nur geringfügig. Bei 10 Thermoschockzyklen betrug der Schadensparameter D_E=12 %. Die Schädigung bei Erhöhung der Temperaturdifferenz auf 1400 °C war stärker als bei 1100 °C. Die Schadensparameter stiegen um jeweils 5 Prozentpunkte auf D_σ=11 % und D_E=14 %.

Abb. 4.28 zeigt den Masseverlust bei der Oxidation an Luft bei 500 °C und oberhalb von 1000 °C. Hierbei wurden die Schaumproben innerhalb von 100 min auf die Oxidationstemperatur aufgeheizt und anschließend die Masseveränderung über die Zeit bei konstanter Temperatur ermittelt.

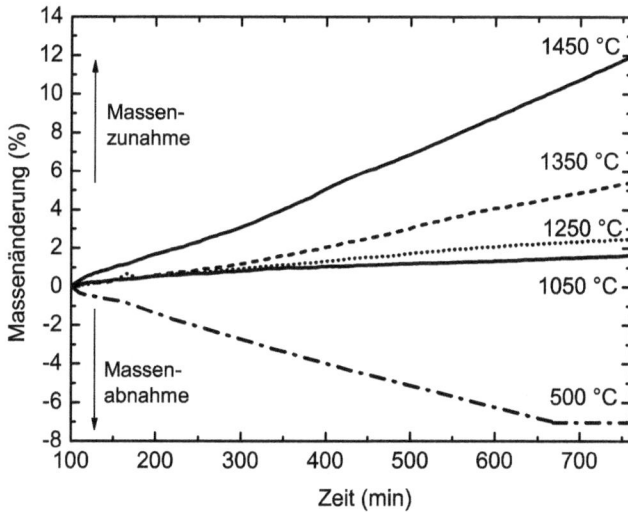

Abb. 4.28: Massezunahme von Si/SiC-gefülltem Keramikschaum während der Oxidation in Luft bei Temperaturen > 1000 °C.

Bei der Oxidation bei 500 °C trat ein Masseverlust auf. Dieser verlief linear mit der Oxidationsdauer bis zu einem Wert von etwa 7 Ma.-%, der nach 11 Stunden erreicht wurde. Anschließend war keine Masseänderung mehr feststellbar.

Die Keramikschäume zeigten eine erhöhte Anfälligkeit gegenüber Oxidation im Temperaturbereich oberhalb von 1000 °C. Mit zunehmender Temperatur trat eine beschleunigte Massezunahme auf. Bei allen Oxidationsversuchen oberhalb 1000 °C blieb dm/dt bei gleichbleibender Temperatur bis zu einem Sättigungspunkt von 15 Ma.-% konstant. Dieser Wert wurde bei einer Oxidationstemperatur von 1450 °C innerhalb von 15 Stunden erreicht, bei 1350 °C nach 30 Stunden, bei 1250 °C nach 70 Stunden und bei 1050 °C nach 120 Stunden. Unterhalb von 950 °C war keine Massenzunahme detektierbar.

War der Sättigungspunkt erreicht, blieb die Masse der Probe dauerhaft konstant. Die Rate der Massezunahme zeigt eine exponentielle Abhängigkeit von der Oxidationstemperatur. Durch Anpassen der Meßwerte an die exponentielle Wachstumsfunktion läßt sich die Rate der Massenänderung beschreiben durch:

$$\frac{dm}{dt} = 3 \cdot 10^{-5} \cdot \exp\left(\frac{T}{137\ °C}\right) \qquad \left[\frac{\%}{h}\right] \qquad (4.24)$$

Dabei ist T die Oxidationstemperatur in °C.

Die Oxidation hatte direkten Einfluß auf die Druckfestigkeit des Schaums. Abb. 4.29 zeigt die Festigkeit von bei 1000 °C in N_2-Atmosphäre pyrolysierten Schäume des Versatzes S65 nach der Oxidation in Luft bei 1000 °C.

Schon nach kurzen Oxidationszeiten von wenigen Minuten war eine signifikante Reduzierung der Druckfestigkeit meßbar. Nach 1 Minute war die Festigkeit von ursprünglich 4.5 MPa auf 4.2 MPa und nach 10 Minuten bereits auf 3.7 MPa abgesunken. Nach 1000 Minuten betrug die Druckfestigkeit des Schaums $\sigma^* =$ 2.8 MPa, entsprechend 64 % des Wertes des nicht oxidierten Keramikschaums. Bei Oxidationszeiten > 1000 min blieb die Druckfestigkeit konstant.

Elektrische Leitfähigkeit. Der spezifische Widerstand der Keramikschäume war über 14 Größenordnungen einstellbar, Abb. 4.30. Bei 600 °C pyrolysierte Proben wiesen einen spezifischen Widerstand von 10^{11} bis 10^{13} $\Omega \cdot$cm auf. Es war dabei generell unerheblich, ob die Probe mit Füllern hoher elektrischer Leitfähigkeit (z.B. $MoSi_2$, spez. Widerstand : 10^{-4} $\Omega \cdot$ cm), mit elektrisch isolierenden Füllerpulvern oder füllerfrei hergestellt wurden. Je nach Füller variierte der spezifische Widerstand nur um eine Größenordnung. Ab einer Pyrolysetemperatur von 800 °C setzte eine Abnahme des spezifischen elektrischen Widerstands ein. Bei 1400 °C wurden Werte von 10^{-1} bis 10^0 $\Omega \cdot$ cm gemessen. Diese Werte blie-

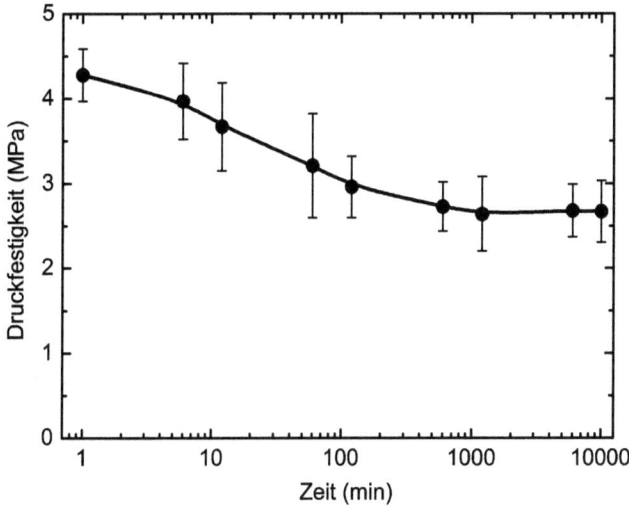

Abb. 4.29: Druckfestigkeit von Si/SiC-gefülltem Keramikschaum nach der Oxidation bei 1000 °C an Luft als Funktion der Oxidationdauer.

ben bis 1600 °C konstant und stiegen ab 1650 °C wieder bis auf $5 \cdot 10^0 \, \Omega \cdot \text{cm}$ an.

Messungen der elektrischen Leitfähigkeit unterschiedlich lang bei 500 °C oxidierter bei 1000 °C pyrolysierter Keramikschäume des Versatzes S65 ergaben eine lineare Abhängigkeit des spezifischen Widerstands von der Oxidationsdauer. Ausgehend von einem spezifischen Widerstand ϱ direkt nach der Pyrolyse von $7.7 \cdot 10^6 \, \Omega \cdot \text{cm}$ ergab sich nach einer Oxidation von t min ein spezifischer Widerstand von:

$$\varrho\,(t) = 7.7 \cdot 10^6 + 1.8 \cdot 10^5 \cdot t \qquad [\Omega \cdot \text{cm}] \qquad (4.25)$$

Die empirische Abhängigkeit der Gleichung 4.25 ist gültig für $t < 600$ min und einer Oxidationstemperatur von 500 °C. Andere Temperaturen ergaben eine vergleichbare lineare Abhängigkeit. Dabei war der Steigungsfaktor bei hö-

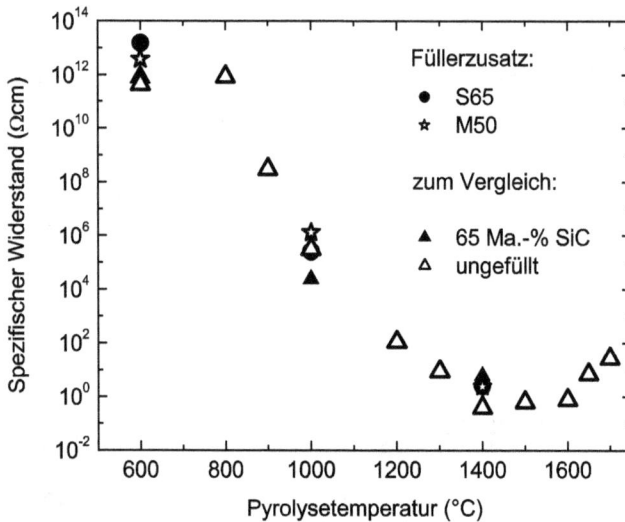

Abb. 4.30: Spezifischer Widerstand von ungefüllten und füllerhaltigen Keramikschäumen als Funktion der Pyrolysetemperatur.

heren Temperaturen größer ($2.1 \cdot 10^6$ bei 600 °C) und entsprechend kleiner bei niedrigeren Temperaturen ($4.1 \cdot 10^4$ bei 400 °C).

4.2 Leichtbaustrukturen

Struktur

Abb. 4.31 zeigt ein keramisches Sandwich-Leichtbauelement, das nach dem Verfahren aus Abb. 3.2 hergestellt wurde. Die lineare Schwindung während der Pyrolyse des Schaumkerns betrug 3.2 %, die der Deckfolien 2.7 %. Die Schwindung des Sandwich-Bauteils betrug 2.9 %. Der thermische Ausdehnungskoeffizient (TAK) des Schaumkerns betrug im Temperaturbereich von 200 bis 1000 °C $3.2 \cdot 10^{-6} \, \text{K}^{-1}$. Der TAK der Deckschichten war mit $3.4 \cdot 10^{-6} \, \text{K}^{-1}$ nahezu identisch. Dies ermöglichte eine verzugsfreie und delaminationsfreie Pyrolyse bis zu 1600 °C.

Abb. 4.31: Polymerabgeleitete Keramik-Sandwichstruktur.

Die Zellen des Schaumkerns hatten eine plättchenförmige Struktur. Dies wurde durch einen SMI-Wert von 1.0 angezeigt. Der Grad der Anisotropie DA von 1.05 bestätigte eine verhältnismäßig niedrige Anisotropie des Schaumkerns. Die Stegdicke betrug 0.44 ± 0.19 mm und der mittlere Zellendurchmesser 1.30 ± 0.36 mm. Trotz der dicken Stege wies der Schaumkern eine hohe Interkonnektivitätsdichte von 0.9 mm^{-3} auf. Im Gegensatz zu Keramikschäumen der gleichen Zusammensetzung wiesen die Schaumkerne der Sandwichstrukturen nach dem Aufschäumen bei 270 °C einen Gradienten der relativen Dichte auf, Abb. 4.32. Wurde das Sandwich ohne obere Deckschicht aufgeschäumt, entsprach der Schaumkern dem Keramikschaum des Versatzes S65 mit einer relativen Dichte $\rho_f = 0.27$. Mit aufgelegter Deckschicht während des Aufschäumens stellte sich ein linearer Gradient der relativen Dichte mit $\rho_f = 0.40$ am Boden und $\rho_f = 0.08$ unterhalb der oberen Deckschicht ein. Der Mittelwert der relativen Dichte betrug 0.21 und war somit 20 % geringer als beim Aufschäumen ohne abdeckende Schicht.

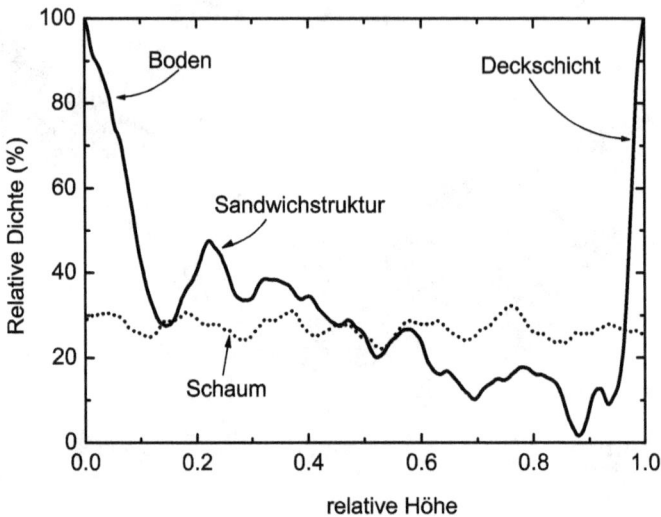

Abb. 4.32: Relativer Dichteverlauf einer Sandwichstruktur und eines Si/SiC-gefüllten Keramikschaums über die relative Höhe.

Mechanische Eigenschaften

Die Druckfestigkeit des bei 1000 °C pyrolysierten Schaumkerns eines Sandwich-elements ohne obere Abdeckung (d.h. mit frei aufgeschäumtem Schaumkern) betrug 4.30 ± 0.6 MPa, die Biegefestigkeit 4.25 ± 0.4 MPa. Diese Werte entsprachen den Festigkeiten der Schäume des Versatzes S65, Abb. 4.24. Der E-Modul war 5.35 ± 0.2 GPa und der Schermodul 2.7 ± 0.55 GPa. Die Biegefestigkeit mit beidseitigen Deckschichten betrug 3.2 ± 0.9 MPa.

Die gemessene Druckfestigkeit des ohne obere Deckschicht aufgeschäumten Kerns ($\rho_f = 0.27$) ergab eine berechnete Stegdruckfestigkeit von $\sigma_s = 80.5 \pm 10.4$ MPa. Geht man von einem unveränderten Wert für σ_s aus, so erwartet man nach Gleichung 4.17 für den mit oberer Deckschicht aufgeschäumten Kern ($\rho_f = 0.21$) eine Festigkeit von $\sigma^\star = 3.2 \pm 0.4$ MPa. Dies entspricht dem Meßwert des Sandwichpanels.

Die Deckschichten (Dicke $t_f = 0.61$ mm) erzielten nach der Pyrolyse bei 1000 °C eine Biegefestigkeit von 72 ± 18 MPa. Durch die geringe Biegefestigkeit der Deckschichten läßt sich deren Beitrag zur Gesamtbiegefestigkeit des Sandwichs vernachlässigen, die Festigkeit der Sandwich-Struktur wurde allein durch den Schaumkern bestimmt.

4.3 Komposite mit Durchdringungsgefüge

Quarzgefüllte Schäume und Schäume mit nichtoxidischen Füllern der Versätze K50, Q50 und S65 wurden mit den Magnesium-Legierungen AZ31 und AZ91 infiltriert. Nachdem keine spontane Benetzung von AZ31 und AZ91 auf den Keramikschäumen stattfand (Benetzungswinkel $\gamma = 125 - 150°$), mußte über den Squeeze-Casting Prozeß ein externer Druck von 86 MPa aufgebracht und bis zur Erstarrung der Mg-Legierung aufrecht erhalten werden. Dadurch war eine vollständige Infiltration der offenzelligen Keramikschäume gewährleistet. Abb. 4.33 zeigt ein Komposit mit einem Durchdringungsgefüge aus AZ91 und des Keramikschaumskeletts. Die Restporosität der Komposite war $\ll$ 1 Vol.-%.

Struktur und Reaktionsphasen

Durch Röntgendiffraktometrie konnte die Bildung neuer Phasen an der Grenzfläche der Keramik- und Metall-Phase nachgewiesen werden. Bei AZ31 infiltrierten Al_2O_3-gefüllten Schäumen wurde Spinell ($MgAl_2O_4$) als hauptsächliches Reaktionsprodukt neben geringen Mengen an Cordierit ($Mg_2Al_4Si_5O_{18}$) und elementarem Silizium detektiert. Der Spinell lag in Form idiomorpher Kristalle mit einem Durchmesser im Bereich von 20 bis 30 µm vor. Die an die Keramik gebundene Metallphase bestand neben Mg und der intermetallischen γ-Phase $Al_{12}Mg_{17}$ aus Spuren von MgO und Mg_2Si.

Abb. 4.34 zeigt eine angeätzte Schnittfläche des Verbundes aus SiO_2-gefülltem Schaum und AZ91. Sowohl in den hellen als auch den dunklen Bereichen der Keramik wurden Mg_2Si, MgO, SiO_2 und $Al_{12}Mg_{17}$ nachgewiesen. Im Metall (runde, glänzende Bereiche in Abb. 4.34) ließ sich Mg, Mg_2Si und MgO nachweisen.

Die interessantesten Aspekte lieferte die Infiltration von Si/SiC-gefüllten Keramikschäumen (S65) mit AZ91. Die Infiltration des bei 1000 °C in Stickstoffatmosphäre pyrolysierten Keramikschaums lieferte ein Komposit ohne ausgeprägte Bildung einer reaktiven Grenzschicht wodurch eine Delamination zwi-

Abb. 4.33: Komposit mit Durchdringungsgefüge aus mit AZ91-infiltriertem Si/SiC gefüllten Keramikschaum.

schen Metallphase und Keramikskelett auftrat. Die Spaltbreite zwischen Keramik und Metall betrug je nach Größe der Schaumzelle zwischen 5 und 30 µm. Durch die Phasenseparation war eine mechanische Bearbeitung und Probenpräparation aufgrund ausbrechender Metallkugeln (entsprechend der Größe der Schaumzellen) nur schwer durchzuführen. Die Bestimmung der mechanischen Eigenschaften war an diesen Proben nicht möglich. Wurde der Si/SiC-gefüllte Keramikschaum in Luft pyrolysiert oder nach der Stickstoffpyrolyse und vor der Infilration bei 1000 °C in Luft oxidiert, konnte die Delamination vermieden werden. Durch die Oxidation des Si/SiC-gefüllten Schaums entstand eine dem quarzgefüllten Schaum vergleichbare SiO_2-reiche Oberflächenschicht, die durch Bildung von Reaktionsprodukten ein Ablösen des Metalls vom Keramikskelett verhinderte. Die Stärke der oxidierten Schicht war abhängig von der Oxidationsdauer zwischen wenigen µm bei Oxidationszeiten unter 5 min bis hin zu 200

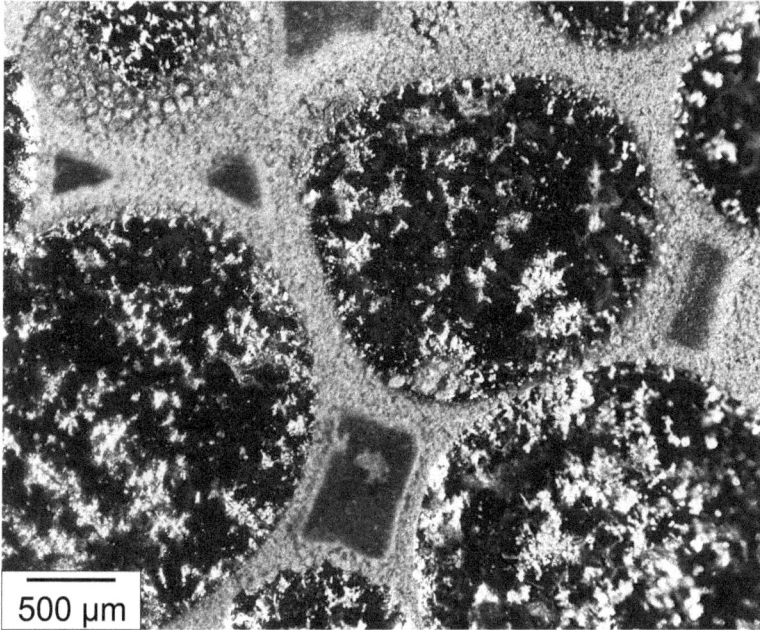

Abb. 4.34: Angeätzte Schnittfläche eines mit AZ31 infiltrierten SiO_2-gefüllten Keramikschaums (lichtmikroskopische Aufnahme).

µm bei 24 h. Die mittlere Dicke bei 8 h Oxidation betrug 40 µm. Wurde in Luft pyrolysiert, entsprach die Zusammensetzung des Keramikskeletts der Oberflächenschicht bei pyrolysierten/oxidierten Schäumen. Ausscheidungen von Mg_2Si und $Al_{12}Mg_{17}$ wurden in der Mg-Phase nachgewiesen. Si, SiC, MgO und geringe Mengen an Mg_2Si wurden als kristalline Bestandteile der keramischen Phase gefunden. Die lokal auflösenden GADDS-Analysen zeigten um 0.7 % kleinere Zellparameter der Mg-Phase im Vergleich zu reinem Mg. $Al_{12}Mg_{17}$ wies geringfügig größere ($\simeq$ 1 %) Zellparameter auf. Dies deutet auf die Entstehung von Eigenspannungen sowohl in der Keramik als auch der Metallphase während des Abkühlens nach dem Squeeze Casting hin.

Eigenschaften

Druckfestigkeit und elastische Moduln. Tabelle 4.3 fasst die Werte des E-Moduls sowie der Streckgrenze und der Druckfestigkeit der Al_2O_3- und SiO_2-gefülltem Keramikschaum-IPCs und der unverstärkten Mg-Legierungen AZ31 und AZ91 zusammen.

Tab. 4.3: Elastizitätsmodul, Streckgrenze $R_{p0.2}$ und Bruchspannung σ_f der unverstärkten Mg-Legierungen AZ91 und AZ91 und der schaumverstärkten Komposite bei Raumtemperatur und 135 °C. Die Schäume waren mit Al_2O_3 (K50) bzw. Quarz (Q50) gefüllt.

Probe	Temperatur (°C)	E-Modul (GPa)	$R_{p0.2}$ (MPa)	σ_f (MPa)
AZ31	25	37	72	220
AZ91	25	45	—	240
K50/AZ31	25	56	164	250
Q50/AZ91	25	62	—	245
AZ31	135	—	65	180
AZ91	135	42	—	220
K50/AZ31	135	55	165	210
Q50/AZ91	135	—	—	225

Sowohl bei Raumtemperatur als auch bei 135 °C wurde eine bedeutende Erhöhung der Streckgrenze um mehr als 100 % und eine signifikante Verbesserung der Druckfestigkeit um etwa 10 % erzielt. Die unverstärkten Mg-Legierungen wiesen eine hohe Bruchdehnung von mehr als 20 % bei Raumtemperatur und 135 °C auf. AZ91 hat gegenüber AZ31 eine 10 % höhere Bruchfestigkeit und einen 25 % höheren Wert des E-Moduls. Abb. 4.35 zeigt den Verlauf der wahren Spannung über die wahre Dehnung von AZ31 und mit K50- bzw. Q50-schaumverstärktem AZ31.

Die unterschiedliche Vorbehandlung der Si/SiC-gefüllten Keramikschäume vor der AZ91-Infiltration ergab stark unterschiedlich ausgeprägte mechanische Eigenschaften. Abb. 4.36 zeigt das wahre Spannungs - wahre Dehnungsdiagramm bei Raumtemperatur von unverstärktem AZ91 und von Kompositen aus AZ91 und Si/SiC-gefüllten Keramikschäumen, die in Luft pyrolysiert bzw. in Stickstoffatmosphäre pyrolysiert und anschließend oxidiert wurden. Abb. 4.37

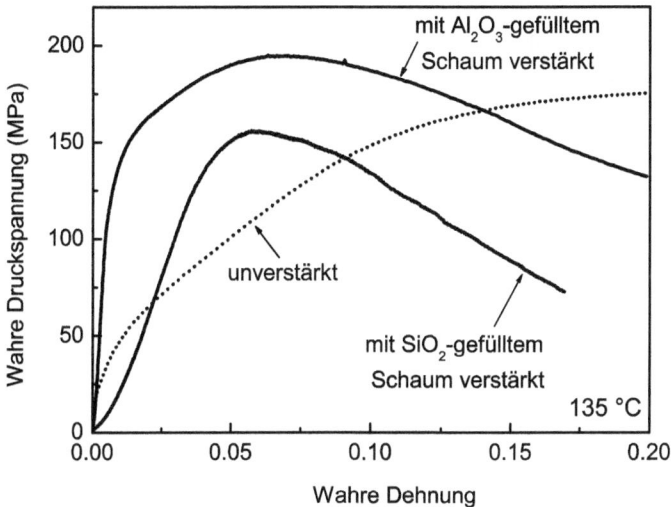

Abb. 4.35: Spannungs–Dehnungs-Diagramm bei 135 °C von AZ31 und AZ31-Keramikschaum-IPCs.

und 4.38 zeigt die entsprechenden Kurven bei 135 °C und 200 °C. Die IPCs zeigten bei allen Meßtemperaturen einen starken Anstieg des E-Moduls und der Bruchfestigkeit sowie eine merkliche Reduzierung der Streckgrenze und der Gleichmaßstauchung im Vergleich zur unverstärkten Mg-Legierung AZ91.

Die Druckfestigkeit des Komposits, das mit dem in Luft pyrolysierten Schaum hergestellt wurde, ist bei Raumtemperatur niedriger, bei 135 °C gleich und bei 200 °C merklich höher als das unverstärkte AZ91. Der Abfall der Druckfestigkeit mit steigender Temperatur ist somit deutlich geringer als für AZ91. Der Verstärkungseffekt war bei den Kompositen, die mit dem an Stickstoff pyrolysierten und anschließend oxidierten Schäumen hergestellt wurden, deutlich ausgeprägter. Bereits bei Raumtemperatur ist die Druckfestigkeit mit 360 MPa um 40 % höher als die Druckfestigkeit von AZ91. Die Druckfestigkeit bei 135 °C ist mit 345 MPa nur wenig geringer als bei Raumtemperatur und bereits mehr als doppelt so hoch wie beim unverstärkten AZ91. Diese Verbesserung ist bei 200 °C noch deutlicher ausgeprägt. Während AZ91 nur noch eine Festigkeit

109

von 128 MPa aufwies, ist die Druckfestigkeit des IPCs mit 228 MPa um 80 %
höher. In diesem Temperaturbereich ist auch die Druckfestigkeit der IPC-Probe
mit an Luft pyrolysiertem Schaum (191 MPa) gegenüber dem Wert von AZ91
merklich höher.

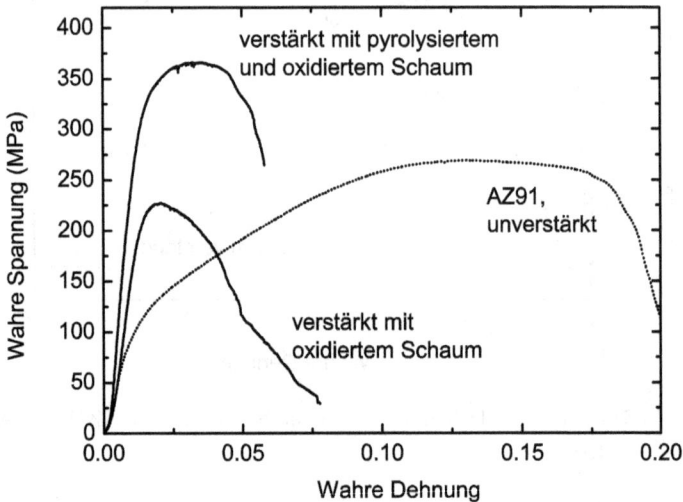

Abb. 4.36: Spannungs–Dehnungs-Diagramm bei Raumtemperatur von AZ91
und AZ91-Si/SiC-gefülltem Keramikschaum-IPCs.

Die E-Moduln der Komposite bei Raumtemperatur war mit 66 GPa für
das IPC mit oxidiertem Schaum bzw. 69 GPa für das IPC mit pyrolysier-
tem/oxidiertem Schaum nahezu gleich und lag 50 % höher als der E-Modul
des unverstärktem AZ91 (E(AZ91) = 43 GPa). Der Abfall des E-Moduls mit
steigender Temperatur war bei den Kompositen wesentlich geringer als beim
AZ91. So war bei 135 °C und 200 °C der E-Modul 64 GPa bzw. 67 GPa und 63
GPa bzw. 66 GPa. Der E-Modul von AZ91 war 38 GPa bei 135 °C, bei 200 °C
war mit der RBT-Technik der E-Modul nicht mehr bestimmbar. Der $E-$Modul
lag bei beiden IPCs bei 300 °C noch über 60 GPa.

Die Verstärkung von AZ91 mit Keramikschäumen erhöhte den Schermodul G
in zum E-Modul vergleichbarer Weise, Abb 4.40. Bei Raumtemperatur betrug G
= 17 GPa für AZ91, die IPCs mit in Luft pyrolysiertem bzw. in N_2-Atmosphäre

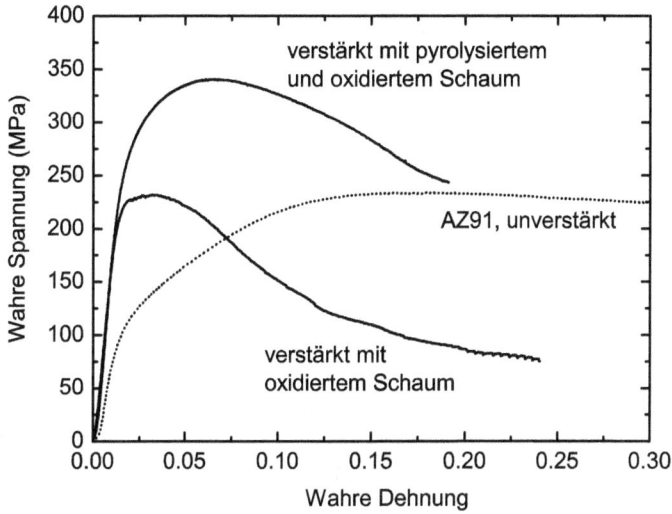

Abb. 4.37: Spannungs–Dehnungs-Diagramm bei 135 °C von AZ91 und AZ91-Si/SiC-gefülltem Keramikschaum-IPCs.

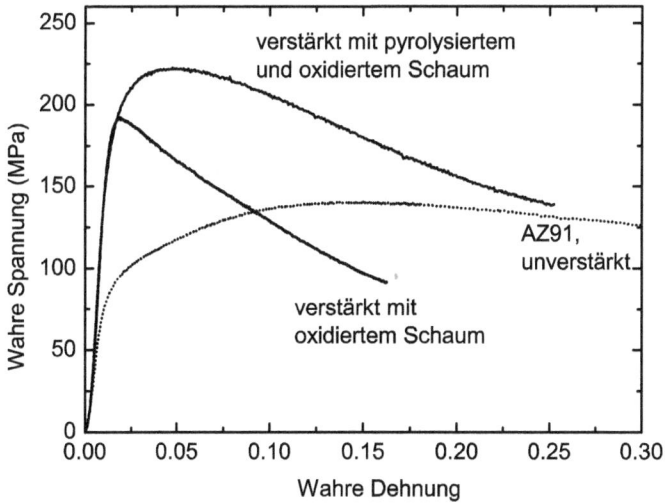

Abb. 4.38: Spannungs–Dehnungs-Diagramm bei 200 °C von AZ91 und AZ91-Si/SiC-gefülltem Keramikschaum-IPCs.

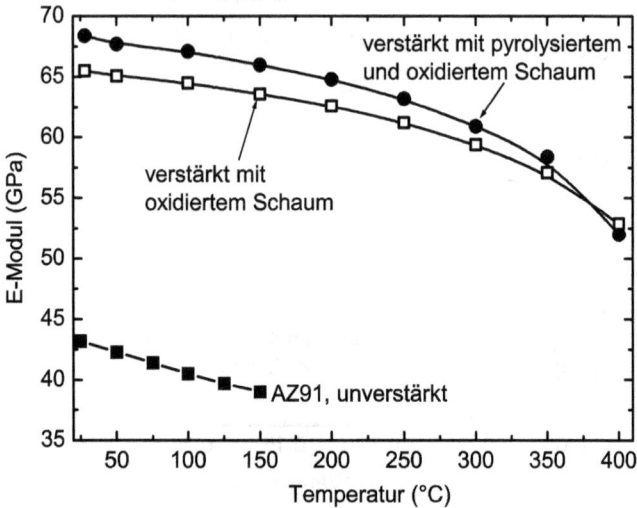

Abb. 4.39: E-Modul von keramikschaumverstärktem AZ91 in Abhängigkeit von der Temperatur.

pyrolysierten und nachträglich oxidiertem Schaum 28.5 GPa bzw. 28.8 GPa und somit rund 70 % höher als bei AZ91. Der Abfall des G-Moduls mit steigender Temperatur war bei dem IPC mit pyrolysiertem/oxidiertem Schaum geringer als bei dem IPC mit durchoxidierem Schaum. Der Wert des Schermoduls nahm mit der Temperatur linear ab und läßt sich ausdrücken durch:

$$G(T) = G_0 - m \cdot T \qquad (4.26)$$

Dabei ist T die Temperatur in °C und $G_0 = 29$ GPa für beide Komposite. Der Wert für m betrug 0.010 für das IPC mit pyrolysiertem/oxidiertem Schaum und 0.016 für das IPC mit oxidiertem Schaum im Temperaturbereich bis 300 °C. Dieses Komposit zeigte dem E-Modul vergleichbar auch beim Schermodul einen zunehmend stärkeren Abfall im Hochtemperaturbereich ab 300 °C. Der Verlauf beim pyrolysierten/oxidierten Schaum-IPC blieb dagegen bis 400 °C konstant.

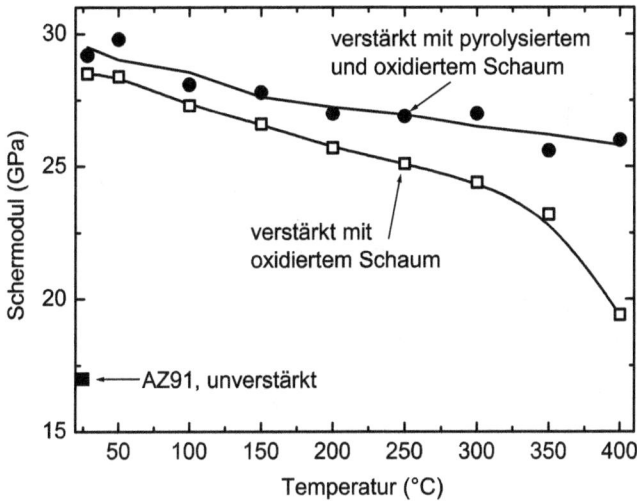

Abb. 4.40: Schermodul von keramikschaumverstärktem AZ91 in Abhängigkeit von der Temperatur.

Nach Gleichung 4.22 läßt sich die Poisson-Querkontraktionszahl ν der Komposite aus dem Elastizitäts- und dem Schermodul berechnen. Abb. 4.41 zeigt den Verlauf der Querkontraktionszahl $\nu^\star$ des Keramikschaums des Versatzes S65 sowie von AZ91 und den beiden Kompositen mit Durchdringungsgefüge in Abhängigkeit der Temperatur. Waren bis ca. 200 °C die Werte der Poisson-Zahl für beide Komposite auf vergleichbarem Niveau von 0.15 bis 0.20, so wichen mit zunehmender Temperatur die Werte verstärkt voneinander ab. Die Poisson-Zahl des in Luft pyrolysierten Schaums stieg an und erreichte bei 400 °C mit 0.36 ± 0.03 den Wert des unverstärkten AZ91. Der Komposit mit pyrolysiertem/oxidiertem Schaum zeigte mit steigender Temperatur einen Abfall der Poisson-Zahl. Ab 350 °C wurde der Wert des nicht infiltrierten Keramikschaums S65 von 0.1 unterschritten.

Der Einfluß der keramischen Phase auf die Querkontraktionszahl des Komposits bei Temperaturen < 200 °C überwog signifikant den Einfluß der AZ91-Phase. Nach der Mischungsregel über die Volumenanteile der keramischen und metallischen Phasen errechnet sich ein Wert von 0.28. Die Hashin-Shtrikman-

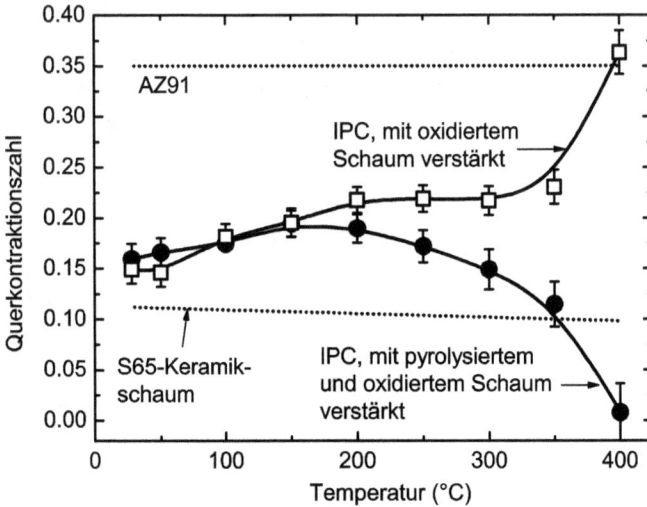

Abb. 4.41: Poisson-Querkontraktionszahl von AZ91, dem Si/SiC-gefüllten Keramikschaum und den IPCs mit oxidiertem bzw. pyrolysiertem/oxidiertem Keramikschaum.

Abschätzung [156] nach Gl. 4.27 liefert mit einer Ober- und Untergrenze von 0.25 und 0.12 ein realistisches Intervall für die Poisson-Zahl:

$$E_c^o = E_2 \cdot \left(1 + \frac{3 \cdot V_1 (E_2 - E_1)}{3 \cdot E_2 + V_2 (E_2 - E_1)}\right)$$

$$E_c^u = E_1 \cdot \left(1 + \frac{3 \cdot V_2 (E_2 - E_1)}{3 \cdot E_1 + V_1 (E_2 - E_1)}\right) \tag{4.27}$$

E_c^o und E_c^u sind die obere und untere Eigenschaftsgrenze des Komposits, E_1 und E_2 sind die Eigenschaften der Phasen 1 und 2 sowie V_1 und V_2 die entsprechenden Volumenanteile.

Die Meßwerte unterhalb von 350 °C lagen innerhalb der Hashin-Shtrikman-Grenzen.

Kriechbeständigkeit. Die Verbesserung der mechanischen Eigenschaften der schaumverstärkten Komposite im Vergleich zu unverstärktem AZ31 und AZ91 wurde durch die Ergebnisse der Kriechversuche bestätigt. Abb. 4.42 zeigt die wahre Dehnung über die Zeit von unverstärktem und mit quarz- bzw. Al_2O_3-gefülltem Schaum verstärktem AZ31 bei 135 °C und einer Druckbelastung von 100 MPa. Beide IPCs wiesen deutlich verbesserte Kriecheigenschaften im Vergleich zu AZ31 auf. Die Dehnung nach 100 Stunden betrug beim IPC mit quarzgefülltem Keramikschaum nur ein Drittel, beim IPC mit Al_2O_3-gefülltem Keramikschaum nur ein Achtel der Dehnung des unverstärkten AZ31.

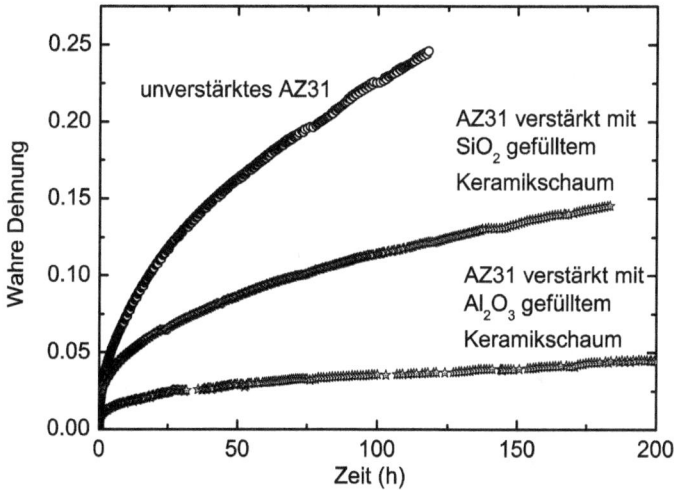

Abb. 4.42: Dehnung–Zeit-Kurve von unverstärktem AZ31 und mit Keramikschaum verstärktem AZ31.

Entsprechend ist die Kriechrate des IPCs mit Keramikschaum aus K50 mit einem Minimum von $2 \cdot 10^{-9}$ s^{-1} eine Größenordnung geringer als von AZ31 ($3 \cdot 10^{-8}$ s^{-1}), Abb. 4.43. Aufgrund der Dauer des Kriechversuches war die Bestimmung der stationären Kriechrate nicht möglich. Der Verlauf legt jedoch die Vermutung nahe, daß mit dem Wert von $2 \cdot 10^{-9}$ s^{-1} der Wert des stationären Kriechens erreicht wurde.

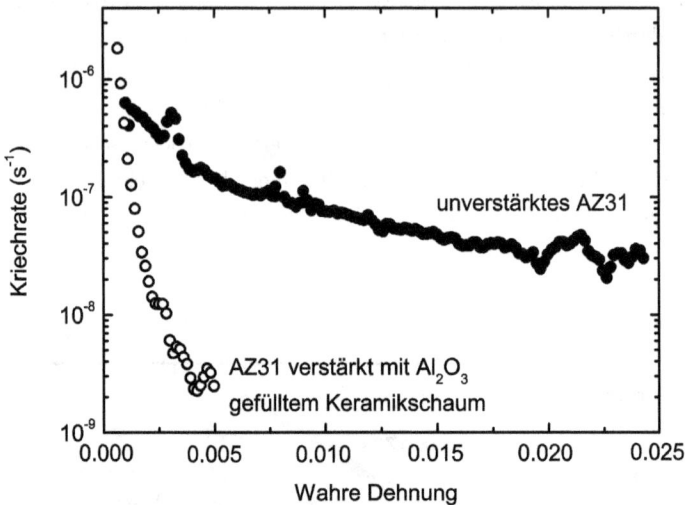

Abb. 4.43: Kriechrate über die wahre Dehnung von AZ31 und mit Al_2O_3-verstärktem AZ31 bei 135 °C.

Die Abbildungen 4.44 zeigen die entsprechenden Ergebnisse der Kriechversuche am Komposit, das aus dem pyrolysierten/oxidierten Si/SiC-gefüllten Keramikschaum und AZ91 hergestellt wurde, im Vergleich zu unverstärktem AZ91 bei einer Druckbelastung von 100 MPa. Aufgrund der mehrwöchigen Dauer der Kriechversuche bei AZ31-Kompositen wurde bei den AZ91-Versuchen eine Temperatur von 200 °C gewählt.

Das Kriechen ist bei 200 °C wesentlich stärker als bei 135 °C. Bereits innerhalb von 5 Stunden trat bei dem unverstärktem AZ91 eine Dehnung um 20 % auf, bei AZ31 und 135 °C und gleicher Drucklast von 100 MPa wurde dieser Wert erst nach 76 Stunden erreicht. Dementsprechend ist die minimale Kriechrate von $8 \cdot 10^{-6}$ s^{-1} um mehr als zwei Größenordnungen höher als bei 135 °C. Stationäres Kriechen trat zwischen 7 und 9 % wahrer Dehnung auf. Bei höheren Verformungen trat beschleunigtes Kriechen auf, bei 15 % Dehnung betrug die Kriechrate bereits $> 10^{-5}$ s^{-1}. Die Verstärkungswirkung durch den Si/SiC-gefüllten Keramikschaum ist deutlich ausgeprägter als bei AZ31, das

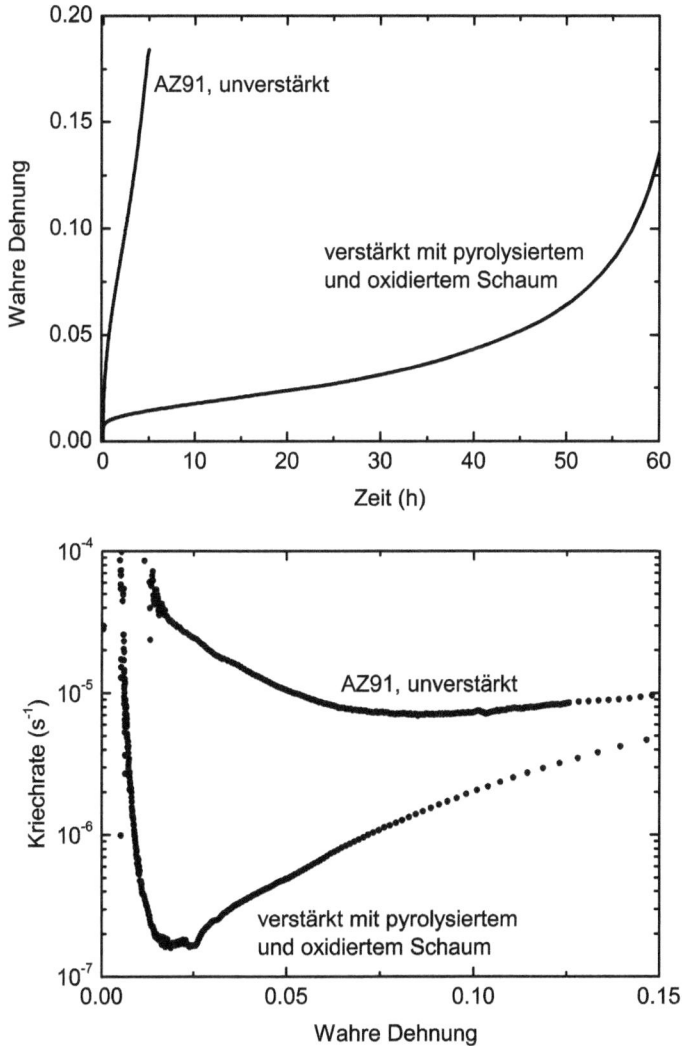

Abb. 4.44: Kriechverhalten von unverstärktem AZ91 und dem mit Si/SiC-gefüllten, pyrolysierten/oxidiertem Schaum verstärkten AZ91 bei 200 °C und einer konstanten Druckbelastung von 100 MPa.

117

mit Al_2O_3-gefüllten Keramikschäumen verstärkt wurde. Die Kriechrate war 80 mal geringer als bei unverstärktem AZ91, die minimale Kriechrate im stationären Kriechzustand betrug $1.8 \cdot 10^{-7}$ s^{-1}. Ab einer Dehnung von 3 % stieg die Kriechrate stark an und näherte sich zunehmend dem Wert des unverstärkten AZ91.

5 Diskussion

5.1 Schaumbildung

Die Schaumbildung basiert auf einem komplexen Zusammenspiel sich gegenseitig beeinflussender temperatur- und zeitabhängiger Prozesse. Die Anzahl und Größe der Schaumzellen wird durch die Nukleationsrate der Gasblasen und deren Wachstum bestimmt. Die dabei einhergehende Vernetzung des Polymers ermöglicht die Stabilisierung der ausgebildeten Schaumstruktur. Die Schaumherstellung über die *in situ* Schäumung von Polysilsesquioxan wird nicht durch das Erreichen eines stabilen oder metastabilen Gleichgewichts ermöglicht, sondern durch das kinetische Einfrieren der Reaktions- und Verlangsamung der Stofftransportprozesse.

5.1.1 Viskosität und Polymervernetzung

Die Temperaturabhängigkeit der Viskosität von Polymerschmelzen folgt einer Arrhenius-Abhängigkeit [2, 44]:

$$\eta(T) = \eta_0 \cdot \exp\left(\frac{E_\eta}{R \cdot T}\right) \tag{5.1}$$

E_η ist die Aktivierungsenergie des viskosen Fließens. Wie Abb. 4.1 zeigt, nimmt mit steigender Temperatur die Viskosität der Polymerschmelze exponentiell ab. Beim Aufheizen mit 5 °C/min ist ab 120 °C das Polymer vollständig aufgeschmolzen und die einsetzende Polymervernetzung wird erst im Temperaturbereich oberhalb 250 °C signifikant. Der Verlauf des Graphen im Bereich von 120 °C bis 200 °C beschreibt daher die Temperaturabhängigkeit der Silres H44-Schmelze. Für die Aktivierungsenergie ergibt die Auswertung $E_\eta = 32$ kJ/mol. Dieser Wert ist vergleichbar zu dem anderer Silikonschmelzen, die im

Temperaturbereich unterhalb 300 °C üblicherweise Aktivierungsenergien von 10-100 $^{kJ}/_{mol}$ aufweisen. Die Viskostität der Polymerschmelze in Abhängigkeit der Temperatur beträgt mit $\eta_0 = 0.01$ somit:

$$\eta(T) = 0.01 \cdot \exp\left(\frac{32 \, ^{kJ}/_{mol}}{R \cdot T}\right) \tag{5.2}$$

Im Temperaturbereich oberhalb von 200 °C ist der Zeitabhängigkeit der Viskosität eine Temperaturabhängigkeit aufgrund de einsetzenden Polymervernetzung überlagert. Die Reaktionsrate der Polysilsesquioxan-Vernetzung läßt sich nach dem allgemein gültigen Ansatz von Borchardt und Daniel, Gl. 5.3 beschreiben [157]:

$$\frac{d\alpha}{dt} = k_\alpha(T) \cdot (1 - \alpha)^n \tag{5.3}$$

Dabei ist $^{d\alpha}/_{dt}$ die Reaktionsrate und α der Umsetzungsgrad (hier: Vernetzungsgrad des Polysilsesquioxans). n beschreibt die Reaktionsordnung und $k_\alpha(T)$ die spezifische Umsetzungsrate bei der Temperatur T. Diese kann durch eine Arrhenius-Abhängigkeit ausgedrückt werden:

$$k_\alpha(T) = k_0 \cdot \exp\left(\frac{-E_\alpha}{R \cdot T}\right) \tag{5.4}$$

k_0 ist hierin eine materialspezifische Konstante, E_α ist die Aktivierungsenergie der Vernetzungsreaktion. $R = 8.314$ $^{J}/_{mol}$ ist die Gaskonstante und T die Temperatur mit $[T] = 1$ K. Durch numerische Differentiation von $\alpha(t)$ nach der Meßzeit t läßt sich aus Abb. 4.3 die Reaktionsrate $^{d\alpha}/_{dt}$ bestimmen. Die Anpassung an Gl. 5.3 ergibt:

$$\frac{d\alpha}{dt} = 6 \cdot 10^{-5} \cdot (1 - \alpha)^{1.78} \tag{5.5}$$

Frühere Untersuchungen des Vernetzungsgrades vermuteten einen Wert der Reaktionsordnung zwischen $n = 1$ und $n = 2.5$ im Temperaturbereich von 200 - 300 °C [158]. Der hier bestimmte Wert von $n = 1.78$ liegt in diesem Intervall. Der ungerade Wert ergibt sich aus der Überlagerung mehrerer Reaktionen. Ebenso kann die Diffusion der Vernetzungsprodukte in der Polymerschmelze den Verlauf von $\alpha(t)$ beeinflussen [158].

Wie Abb. 4.2 zeigt, läuft die Vernetzung bei 270 °C 529-fach schneller ab als bei 220 °C. Vorausgesetzt, die Reaktionsordnung ist bei beiden Temperaturen nahezu unverändert, gilt:

$$k_\alpha(270\ °\text{C}) = 529 \cdot k_\alpha(220\ °\text{C}) \tag{5.6}$$

Unter Verwendung von Gl. 5.4 ergibt sich:

$$\exp\left(\frac{-E_\alpha}{R \cdot 543}\right) = 529 \cdot \exp\left(\frac{-E_\alpha}{R \cdot 493}\right) \tag{5.7}$$

Durch beidseitiges Logarithmieren und Zusammenfassen erhält man für die Aktivierungsenergie der Vernetzung von Silres H44, $E_\alpha = 32.7$ kJ/mol. Die Aktivierungsenergien der Vernetzung von Polymeren liegen je nach molarer Zusammensetzung im Bereich von < 5 kJ/mol bis über 300 kJ/mol und können durch Katalysatoren signifikant herabgesetzt werden. Die Vulkanisation von Kautschuk beispielsweise erfordert aufgrund der Aktivierungsenergie von ≈ 100 kJ/mol idealerweise Temperaturen über 150 °C und hohe Drücke.

Über Einsetzen von E_α und $k(200\ °\text{C})$ in Gl. 5.4 läßt sich die materialspezifische Konstante k_0 bestimmen:

$$6 \cdot 10^{-5} = k_0 \cdot 2.44 \cdot 10^{-4}$$
$$k_0 = 0.246 \tag{5.8}$$

Die Vernetzungsrate des Polysilsesquioxans Silres H44 wird somit beschrieben durch:

$$\frac{d\alpha}{dt} = 0.246 \cdot \exp\left(\frac{-32.7\,{}^{kJ}\!/\!_{mol}}{R \cdot T}\right) \cdot (1 - \alpha)^{1.78} \qquad (5.9)$$

Die Zeit- und Temperaturabhängigkeit der Polymerviskosität wurde analytisch mit einem modifizierten Ansatz nach Mooney [159] beschreiben, Gl. 5.10. Dessen analytische Funktion ist eine Erweiterung von Einsteins Viskositätsgleichung für unendlich verdünnte Suspensionen.

$$\eta(t, T) = \eta(T) \cdot \left(1 - \frac{\alpha(t, T)}{\alpha_0}\right)^{-\iota} \qquad (5.10)$$

α_0 ist der Vernetzungsgrad, bei dem kein viskoses Fließen mehr auftritt und wurde im weiteren auf $\alpha_0 = 0.8$ gesetzt. Durch Komination der Gleichungen 5.1, 5.9 und 5.10 sowie numerisches Anpassen der Graphen aus Abb. 4.2 ergab sich für den Exponenten $\iota = 2.2 \pm 0.4$. Dieser Wert stimmt gut mit dem Einstein-Koeffizienten $p = 2.5$ überein [160].

5.1.2 Blasenbildung und -wachstum

Das Aufheizen des Polymers auf Temperaturen über 220 °C bewirkt die Bildung von Schaumblasen. Wasser, Ethanol und Spuren von Benzen (Relikt aus dem Herstellungsprozeß) werden über die Polykondensationsreaktionen der Hydroxyl- und Ethoxylgruppen des Polyphenylmethylsilsesquioxans freigesetzt. Die Ausbildung der Schaumstruktur wird durch die Zeit- und Temperaturabhängigkeit von Blasenbildung, -wachstum und -migration und der gleichzeitigen Vernetzungsreaktionen gesteuert. Während die Blasenbildung eine niedrige Viskosität der Polymerschmelze voraussetzt, stabilisiert sich die Schaumstruktur durch das Ansteifen der Polymerschmelze. Allgemein kann die Bildung von Gasblasen durch homogene oder heterogene Keimbildung erfolgen [161]. Die Blasenbildungsrate der homogenen Keimbildung N_{hom} kann ausgedrückt werden durch:

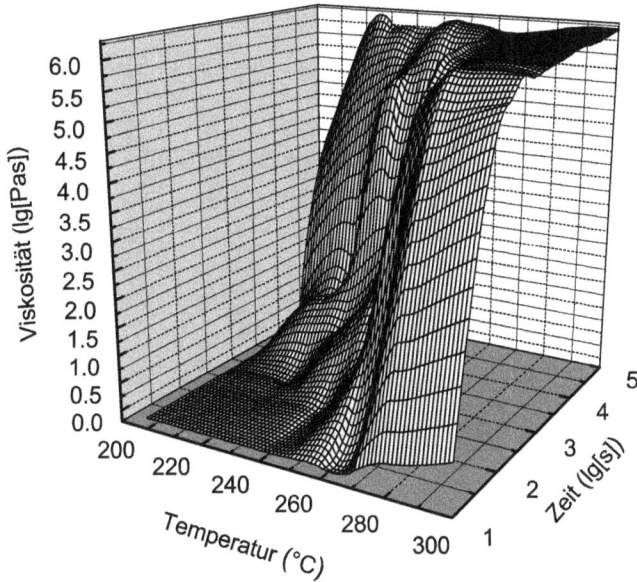

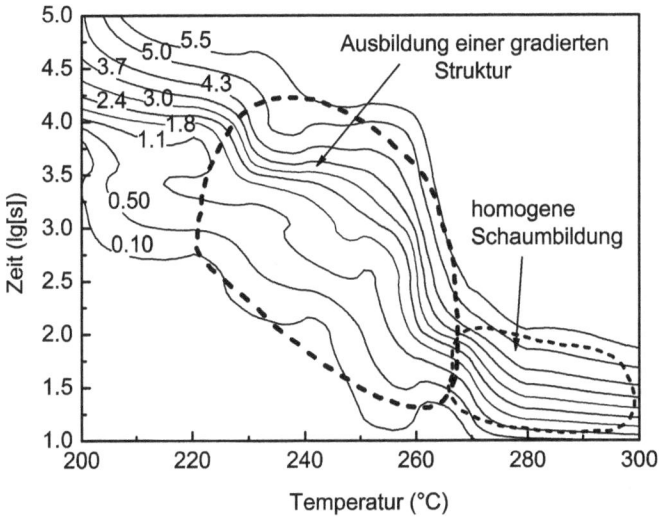

Abb. 5.1: Berechnete Viskosität der Polymerschmelze während der Schaumbildung in Abhängigkeit der Zeit und der Temperatur in 3D- und Konturdarstellung.

$$N_{hom} = C_0 \cdot f_0 \cdot \exp\left(\frac{-\Delta G_{hom}}{k \cdot T}\right) \qquad (5.11)$$

C_0 ist die Konzentration der gasförmigen Spezies, die den Nukleus ausbilden. f_0 ist der Frequenzfaktor der Gasmoleküle, die dem Nukleus beitreten, k ist die Boltzmannkonstante und T die Temperatur in K. Die Gibbs'sche freie Energie, ΔG_{hom}, hängt stark von der Oberflächenspannung der Grenzfläche zwischen Gasblase und Polymerschmelze, γ_{bp} und der Gasdruckdifferenz, Δp_{gd}, die nötig ist, damit Gas in die Blase diffundiert, ab:

$$\Delta G_{hom} = \frac{16 \cdot \pi \cdot \gamma_{bp}^3}{3 \cdot \Delta p_{gd}^2} \qquad (5.12)$$

Die Aktivierungsenergie ΔG_{het}, die zur Bildung eines Blasenkeims durch heterogene Keimbildung nötig ist, wird durch die Anwesenheit von Füllerpartikel herabgesetzt. Dies führt zu einer höheren Keimbildungsrate:

$$N_{het} = C_1 \cdot f_1 \cdot \exp\left(\frac{-\Delta G_{het}}{k \cdot T}\right) \qquad (5.13)$$

C_1 und f_1 sind die entsprechenden Werte aus Gleichung 5.11 für die heterogene Keimbildung. Die Gibbs'sche freie Energie der heterogenen Keimbildung, ΔG_{het}, hängt vom Benetzungswinkel Θ der Polymerschmelze/Gasblase/Füllerpartikel-Grenzfläche ab:

$$\frac{\Delta G_{het}}{\Delta G_{hom}} = \frac{1}{2} \cdot (2 + \cos\Theta) \cdot (1 - \cos\Theta)^2 \qquad (5.14)$$

Wie Sessile-Drop-Experimente bestätigten ist der Benetzungswinkel Θ für alle untersuchten Füller oberhalb des Schmelzpunktes von Silres H44 im System Silres H44/Füller < 90°. Mit steigender Temperatur wird Θ kleiner. Im Temperaturbereich von 220 bis 300 °C beträgt $\Theta = 13 - 15°$. $\Delta G_{het}/\Delta G_{hom} < 0.005$, sodaß die heterogene Keimbildung als dominierender Schaumzellenbildungsmechanismus angesehen werden kann.

Haben sich Blasen gebildet, vergrößern sich die Blasen aufgrund einsetzenden Zellwachstums. Mehrere theoretische Ansätze wurden zur Beschreibung der Dynamik des Blasenwachstums entwickelt [162–164]. Allgemein basiert das Blasenwachstum in viskoelastischen Flüssigkeiten auf Diffusionsmechanismen außerhalb des Gültigkeitsbereichs der Fickschen Gesetze. Komplexe Modelle unter Nutzung mehrerer Näherungen (*IDS*, infinitely dilute solute; *TBL*, thin layer boundary) beschreiben das Blasenwachstum annähernd exakt. Eine detailierte Übersicht dieser Modelle gibt [163]. Die Meßwerte von Han und Yoo [165] an gasgefüllten Polymerschmelzen konnten jedoch auch mit einem einfachen empirischen Ansatz beschrieben werden. Wird dabei die Löslichkeit von Gasblasen in der Polymerschmelze vernachlässigt, läßt sich der Blasenradius r_b bei konstanter Temperatur als Funktion der Zeit t ausdrücken [163]:

$$r_b(T,t) = 2 \cdot \beta \cdot \sqrt{D(T,t) \cdot t} \qquad (5.15)$$

β ist eine dimensionslose, temperaturabhängige Konstante. $D(T,t)$ ist der effektive Diffusionskoeffizient des Gases durch die Polymerschmelze in die Gasblase. Nach der Stokes-Einstein-Beziehung,

$$D(T,t) = \frac{k_B \cdot T}{6 \cdot \pi \cdot r_g \cdot \eta(T,t)} \qquad (5.16)$$

ist der Diffusionskoeffizient indirekt proportional zum Gasmolekülradius r_g (Wasser: 1.39 , Ethanol: 2.89) und der Viskosität η. k_B ist die Boltzmann-Konstante.

Durch Einsetzen der Gleichungen 5.10 und 5.16 in Gl. 5.15 und numerisches Integrieren (Maple V, Maplesoft Inc., Waterloo, ON, Kanada) über die Zeit t ließ sich der maximale Blasenradius als Funktion von t berechnen. Ein konstantes Wasser:Ethanol-Verhältnis des in die Blase diffundierenden Gases sowie ein gleichbleibender Druck im Gasblaseninneren wurde angenommen. Der kritische Blasenradius $r_b(t=0)$ wurde in Übereinstimmung mit experimentell bestimmten Werten [163] auf 0.2 µm gesetzt. Abb. 5.2 zeigt den zeitlichen Verlauf des relativen maximalen Radius der Blasengrößenverteilung bei 220 °C und 270 °C.

Die Blasengrößen wurden auf die Blasengröße bei vollständiger Vernetzung des Polysilsesquioxans bei sehr langen Zeiten $r_{max}(\alpha = 1) = r_{max}(t \to \infty)$ normiert. Die Werte von $r_{max}(t \to \infty)$ wurden durch µCT-Messungen mit 3.7 mm (bei 220 °CAufschäumtemperatur) und 3.1 mm (270 °C) bestimmt. Ab einem Vernetzungsgrad von $\alpha = 0.8$ und somit dem Ende viskosen Fließens ist ein deutlich verlangsamtes Blasenwachstum zu erwarten. Dies wird durch das Abknicken der 270 °C-Kurve impliziert.

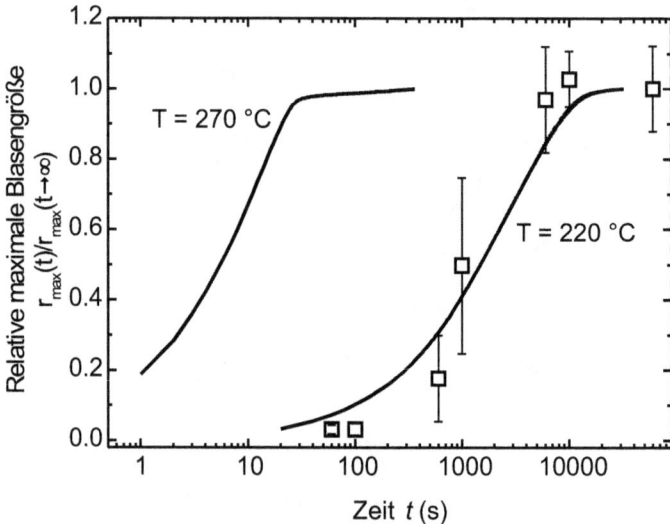

Abb. 5.2: Experimentell bestimmte relative maximale Blasengrößen während des Aufschäumens bei 220 °C als Funktion der Zeit. Die durchgezogenen Linien bei 220 °C und 270 °C wurden nach Gl. 5.15 berechnet.

Die Zeit- und Temperaturabhängigkeit der Blasengröße wurde experimentell überprüft. Dazu wurden Schaumproben nach einer Schäumzeit von 60, 100, 600, 1000, 6000, 10000 und 60000 s bei 220 °C dem Ofen entnommen, in einem Wasserbad schnell bis unterhalb der Erstarrungstemperatur abgekühlt und mittels µCT-Messungen die maximalen Blasendurchmesser bestimmt. Die Meßwerte stimmen mit der Modellvorstellung von $r_{max}(220 °C, t)$ gut überein, Abb. 5.2.

5.1.3 Homogene und gradierte Schäume

Eine schematische Darstellung der verschiedenen Stadien der Schaumbildung zeigt Abb. 5.3. Ein füllerhaltiger Duroplastschaum kann erzeugt werden, wenn das Gemenge aus Polymer und Füllerpulver im Temperaturbereich von 220 °C bis 300 °C aufgeschäumt wird. Der schnelle Anstieg der Viskosität mit über 1 $^{kPa \cdot s}/_{min}$ oberhalb von 260 °C verhindert das Aufsteigen der Gasblasen und die relative Dichte bleibt annähernd konstant über die Höhe des Schaums. Aufschäumen im Temperaturbereich von 270 °C – 300 °C ergibt eine homogene, isotrope Schaumstruktur. Beträgt die Schaumbildungstemperatur jedoch weniger als 260 °C, laufen die Vernetzungsreaktionen signifikant langsamer ab (Gl. 5.9) und die zu Beginn des Prozesses vorherrschende niedrige Viskosität führt zu merklichen Blasenwanderungs- und Sedimentationseffekten. Nach dem Gesetz von Stokes,

$$v_s = \frac{g}{18} \cdot \frac{\rho_1 - \rho_2}{\eta(t, T)} \cdot d^2 \tag{5.17}$$

ergibt sich die Sedimentationsgeschwindigkeit v_s aus dem Dichteunterschied der Füller ρ_1 und der Polymerschmelze ρ_2, der nach Gl. 5.10 zeit- und temperaturabhängigen Viskosität η und der Füllerkorngröße d. Im Fall der 16 µm großen SiC-Pulverteilchen ist die Sedimentationsgeschwindigkeit $\ll 1$ $^{mm}/_h$. Dies ist zu gering, um während der Vernetzungszeit (1 min. bis 2 h) signifikante Sedimentationseffekte der Füllerpulver zu verursachen.

Im Vergleich zu den Füllerteilchen steigen die Schaumblasen (1.0 mm bis 1.5 mm im Durchmesser) mit mehreren $^{mm}/_h$ bei einer Viskosität von 100 Pa·s. Vernetzungstemperaturen zwischen 220 °C und 260 °C führen zu einer gradierten Porosität im Durplastschaum. Blasenkeimbildung, -wachstum und -aufstieg zur Oberfläche finden anfangs gleichzeitig statt (Stufe II in Abb. 5.3 b). Die aufsteigenden Blasen sammeln sich an der Oberfläche (Stufe III). Die Geschwindigkeit der aufsteigenden Schaumblasen beträgt > 10 $^{mm}/_{min}$. Die Zellen in der oberen Schaumschicht können nicht weiter wachsen, da die Polymerschmelze mit lediglich 10 Vol.-% nur geringe Mengen an gasförmigen Vernetzungsprodukten enthält, die in die Schaumzellen diffundieren können. Aufgrund der begrenzten Zeit des Blasenaufstiegs an die Oberfläche ist die maximal erreichbare Bla-

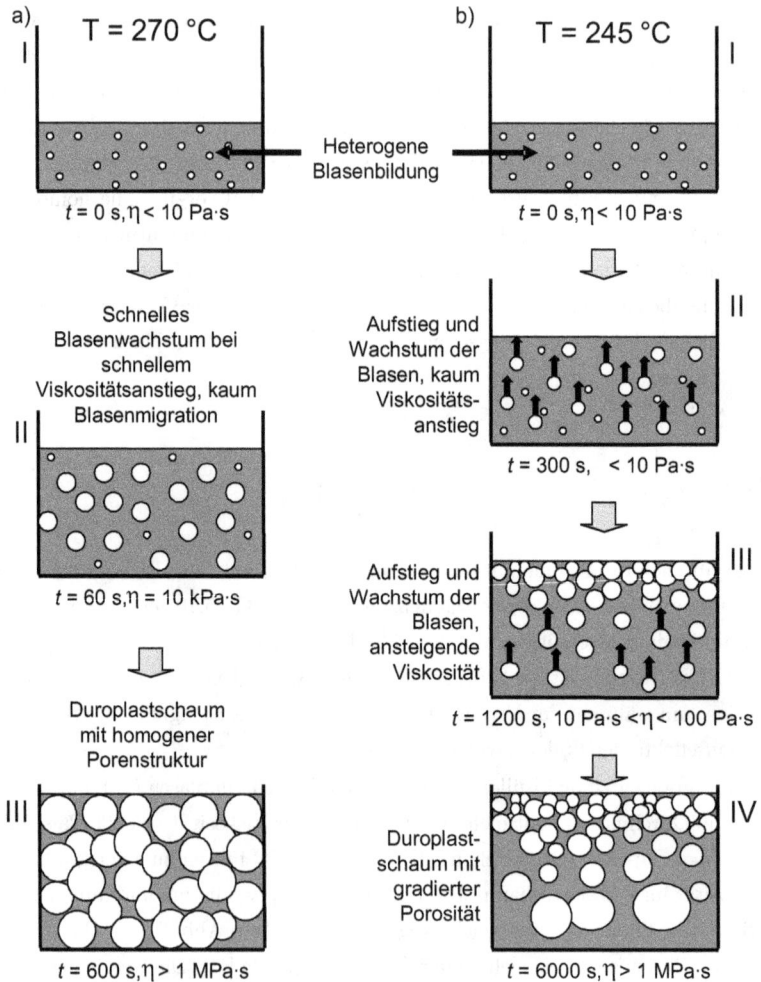

a) T = 270 °C

I

Heterogene
Blasenbildung

t = 0 s, η < 10 Pa·s

Schnelles
Blasenwachstum bei
schnellem
Viskositätsanstieg, kaum
Blasenmigration

II

t = 60 s, η = 10 kPa·s

Duroplastschaum
mit homogener
Porenstruktur

III

t = 600 s, η > 1 MPa·s

b) T = 245 °C

I

t = 0 s, η < 10 Pa·s

Aufstieg und
Wachstum der
Blasen, kaum
Viskositäts-
anstieg

II

t = 300 s, < 10 Pa·s

Aufstieg und
Wachstum der
Blasen,
ansteigende
Viskosität

III

t = 1200 s, 10 Pa·s < η < 100 Pa·s

Duroplast-
schaum mit
gradierter
Porosität

IV

t = 6000 s, η > 1 MPa·s

Abb. 5.3: Modellvorstellung zur Entstehung der Schaumstruktur mit gradierter Porosität.

sengröße 1.5 mm. Mit voranschreitender Vernetzung steigt die Viskosität der Polymerschmelze an und ein Aufstieg der Blasen wird verhindert. Bei einer Viskosität von 1 kPa·s ist die Geschwindigkeit der Gasblasen geringer als 0.2 $^{mm}/_{min}$. Die Blasen können jedoch weiter anwachsen, was den Gradienten des Zellendurchmessers über die Probenhöhe erklärt.

5.2 Struktur und Eigenschaften

Die Eigenschaften hochporöser zellularer Keramiken hängen sowohl von den Eigenschaften des Materials als auch von der relativen Dichte und der Topologie der Schäume ab [166]. Die Modellierung der Struktur-Eigenschafts-Beziehungen zellularer Keramiken basiert vielfach auf der Erstellung einer Einheitszelle, die translatorisch fortgesetzt wird und als beschreibende Größen die relative Dichte ρ_f, die Stegdicke und den Zellendurchmesser verwendet [10]. Anwendungsrelevant ist jedoch nicht nur die Auswahl des Materials und die Einstellung der relativen Dichte, sondern vielmehr auch das verwendete Verfahren zur Herstellung keramischer Schäume. Zur Charakterisierung wurden außer der relativen Dichte oftmals nur der *ppi*-Wert (pores per inch) genutzt. Neue Meßmethodiken (Röntgen-µCT, konfokale Lasermikroskopie, optische Bildanalyse, Kapillarfluß-porosimetrie, Visiocell-Verfahren) liefern jedoch detailiertere Angaben über die Schaumstruktur. So werden z.B. unterschiedliche Eigenschaften erklärbar, die bei Schaumkeramiken gleicher relativer Dichte und gleicher Zusammensetzung auftreten können.

Tab. 5.1 zeigt exemplarisch den Vergleich von hochporösen Keramiken (ρ_f = 0.25) dreier unterschiedlicher Herstellungsverfahren. Das Direktaufschäumverfahren gefüllter Polysiloxane am Beispiel eines Aluminium-gefüllten H44-Schaums (Masseverhältnis 1:1) wird einem Al_2O_3-Retikulatschaum (Ceralu, zur Verfügung gestellt von Drache Umwelttechnik GmbH, Diez) sowie einem Bauteil aus gesinterten Al_2O_3-Hohlkugeln (VITO, Belgien) gegenübergestellt. Das Herstellungsverfahren für beide Methoden ist in Kapitel 2.2.2 beschrieben.

Bestätigt wird der prinzipbedingte Unterschied des Stegquerschnitts. Die gesinterten Hohlkugeln und der polymerabgeleitete Schaum haben dichte Stege, der Retikulatschaum zeigt ein Porengerüst im Inneren der Stege anstelle der Polymervorform. Der *SMI*-Wert des polymerabgeleiteten Keramikschaums

Tab. 5.1: Vergleich der histomorphen Größen Strukturmodell-Index (SMI), Anisotropiegrad (DA) und Konnektivitätsdichte (CD) von unterschiedlich hergestellten Keramikschäumen gleicher relativer Dichte $\rho_f = 0.25$.

Verfahren	Polymerkeramik	Retikulat	Hohlkugeln
2D-CT			
3D-CT			
SMI	0.95	-2.30	-0.47
DA	1.08	1.18	1.03
CD [mm^{-3}]	5.20	0.20	0.30

liegt mit $SMI = 0.95$ merklich höher als der des Retikulatschaums ($SMI = -2.30$) oder der gesinterten Hohlkugeln ($SMI = -0.47$). Die direktaufgeschäumten Keramikschäume erzielen die Porosität durch Gasblasen, die annähernd kugelförmig sind. Daher ist bei diesem Verfahren generell ein hoher SMI-Wert zu erwarten. Der negative SMI-Wert für die gesinterten Hohlkugeln erscheint anfangs verwunderlich, da das Innere der Kugeln, wie die optische Bildanalyse bestätigt, nahezu ideal kugelförmig ist. Da die Zwischenräume jedoch auch der Gesamtporosität zuzuordnen sind, gehen diese auch in die Berechnung des SMI ein. Wegen der ausschließlich konkaven Grenzflächen der Poren zwischen den Hohlkugeln resultiert ein insgesamt negativer SMI-Wert. Retikulatschäume sind generell gekennzeichnet durch eine koaleszierende Struktur, nahezu jede Zelle ist mit benachbarten Zellen verbunden. Dies führt zur massiven Ausbildung konkaver Oberfläche, quantifiziert durch stark negative SMI-Werte (hier: -2.30).

Unterschiede werden auch im Anisotropiegrad (DA) und in der Konnektivitätsdichte (CD) beobachtet. Der Anisotropiegrad ist bei den gesinterten Hohlkugeln mit 1.03 merklich geringer als bei den anderen Verfahren. Dies ist ein Ergebnis der Herstellungsverfahren. Während die polymerabgeleiteten Keramiken und auch die Retikulatschäume über die Aufschäumrichtung (aus der Polymerschmelze bzw. beim Herstellen der Retikulatvorform) generell eine Vorzugsrichtung aufweisen, ist es prinzipiell möglich, vollständig isotrope Keramiken aus gesinterten Hohlkugeln herzustellen. Deren Meßwert von $DA = 1.03$, entsprechend einer 3 %-igen Abweichung von der Idealstruktur, ist bedingt durch das ungeregelte Einfüllen der Hohlkugeln in die Form [96]. Der augenfälligste Unterschied betrifft die Konnektivitätsdichte. Der Wert von $CD = 5.20$ des polymerabgeleiteten Schaums ist um das 15- bis 20-fache höher als die Werte der anderen Schäume. Die gleichmäßige Struktur und kleine Zellfensteröffnungen ergeben diese einzigartige strukturelle Eigenschaft.

Abb. 5.4 zeigt die Stegdicken- und Zellendurchmesserverteilungen in Abhängigkeit der Herstellungsmethode. Die Stegdickenverteilung ist sehr eng mit einer kleinen mittleren Stegdicke bei der polymerabgeleiteten Schaumkeramik. Im Gegensatz dazu ist der Retikulatschaum durch eine sehr breite Verteilung mit einer mittleren Stegdicke charakterisiert, die etwa dreimal so groß ist wie die des Polymerkeramikschaums. Ein vergleichbares Verhältnis zeigen auch die Zellendurchmesserverteilungen. Die Stegdicke der Keramik aus gesinterten Hohlkugeln ist bimodal verteilt mit Maxima bei 0.24 mm und 0.42 mm. Durch Vergleich mit dem Querschnitt der Keramik wird ersichtlich, daß die Werte der Dicke der Hohlkugeln (b in Abb. 5.4) und der Dicke der verbundenen Stellen (a) entsprechen. Auch ist die Wahrscheinlichkeitsdichte bei b mit 25 mm^{-1} etwa 4-mal so hoch wie bei a (≈ 7 mm^{-1}). Damit läßt sich der Anteil an verbundener Fläche im Verhältnis zur Gesamtoberfläche der Hohlkugeln abschätzen. Dieses Verhältnis beträgt hier 1:5.

Füllerhaltige polymerabgeleitete Keramikschäume zeichnen sich gegenüber konventionell hergestellten Keramikschäumen durch eine signifikant höhere Konnektivitätsdichte aus. In Kombination mit der geringen Anisotropie und nahezu kugelförmigen Schaumzellen ergibt sich eine Struktur, die diese Schäume für

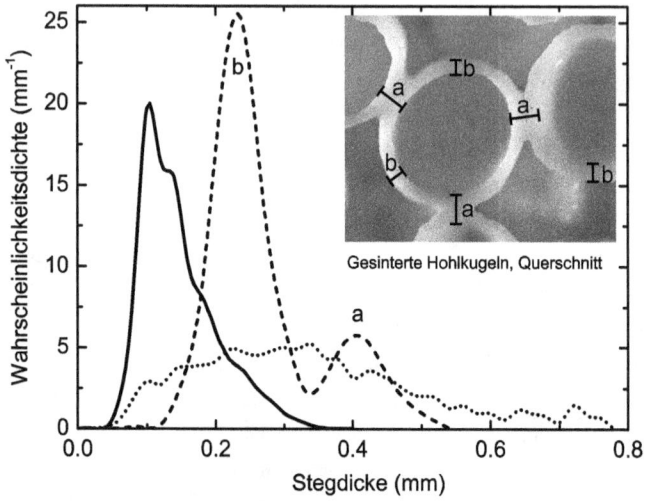

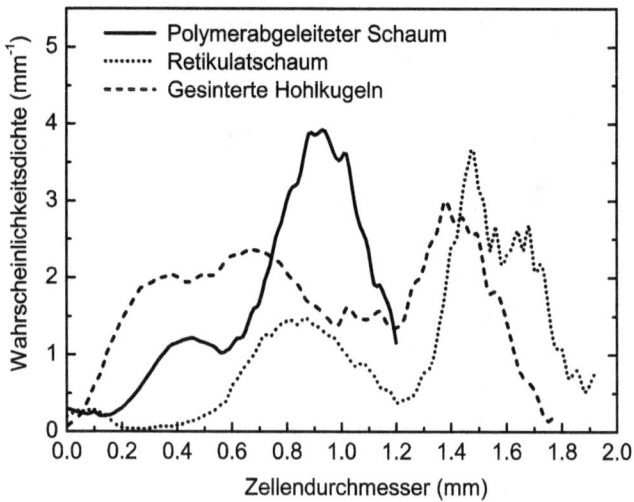

Abb. 5.4: Vergleich der Stegdicken- und Zelldurchmesserverteilungen hochporöser Keramiken.

neuartige Einsatzmöglichkeiten (z.B. als Verstärkungsskelett für Leichtmetalle) prädestiniert.

5.2.1 Gaspermeabilität

Die Permeabilität eines Mediums wird durch die empirischen Beziehungen von Darcy (Gl. 3.9) und Forchheimer, Gl. 5.18, beschrieben:

$$\frac{-dp}{dx} = \frac{\mu}{k} \cdot v + \frac{\rho}{k_2} \cdot v^2 \tag{5.18}$$

Die Forchheimer-Gleichung ist somit eine Erweiterung der Darcy-Gleichung und berücksichtigt die Dichte des durchströmenden Mediums ρ (hier: Luft). Sie findet durch Einbeziehung turbulenter Einflüsse insbesondere bei hohen Strömungsgeschwindigkeiten v Anwendung [167]. Im vorliegenden Fall langsamer Strömung (max. 2.4 m^3/h) durch hochporöse Körper genügen die Randbedingungen der Gültigkeit der Darcy-Beziehung, der Forchheimer-Parameter k_2 bleibt unberücksichtigt. Die Abhängigkeit der Permeabilität k eines Schaums wird aufgrund der Wechselwirkung des durchströmenden Mediums mit den Schaumstegen durch die Struktur, insbesondere die Porosität, die Zellengröße und die Stegdicke beeinflußt [168]. Obwohl keine direkte Beziehung erkennbar ist, zeigt der Vergleich von Permeabilitätswerten von Retikulatschäumen ungefähr gleicher relativer Dichte von 10-20 %, daß die Permeabilität mit abnehmendem Zellendurchmesser gleichgerichtet abnimmt. [12, 13, 167, 169–171]. Bei geringer relativer Zellenzahl (10-20 *ppi*) betrug der Zellendurchmesser 2 - 4 mm. k variierte zwischen 200 und 1000 D. Bei kleineren Zellen (40-80 *ppi*, Zellendurchmesser 0.2 - 1.5 mm) wurden Werte für k von 2 bis 100 D gemessen. Die polymerabgeleiteten Schäume aus den Versätzen S30, S50 und S70 (Zellendurchmesser 1.0 - 1.5 mm, $\rho_f = 10 - 35$ %) liegen mit $k = 37, 204$ und 330 in einem vergleichbaren Bereich.

Mehrere Modelle wurden erstellt, mit denen sich die Permebilität von Keramikschäumen aus den Strukturdaten berechnen läßt, ein Großteil davon wurde durch Anpassung des geologischen Modells von Ergun entwickelt [172]. Dieser bestimmte die Beziehung zwischen der Partikelgröße d_p, der Porosität $V_p = 1 - \rho_f$ und der Permeabilität von Pulverschüttungen:

$$k_{\text{Ergun}} = \frac{V_p^3 \cdot d_p^2}{150 \cdot \rho_f^2} \tag{5.19}$$

Verschiedene Ansätze korrelieren den Zellendurchmesser D mit d_p der Ergun-Gleichung. Eine differenzierte Beziehung liefert Du Plessis [11]. Damit ergibt sich:

$$k_{\text{Du Plessis}} = \frac{V_P^2 \cdot D^2}{36 \cdot \tau \cdot (\tau - 1)} \tag{5.20}$$

τ ist ein Maß für die Gewundenheit des Gaspfades durch den Schaum und läßt sich durch Anpassen der Meßwerte an Gl. 5.20 bestimmen oder über die Porosität abschätzen [11]:

$$\frac{1}{\tau} = \frac{3}{4 \cdot V_p} + \frac{\sqrt{9 - 8 \cdot V_p}}{2 \cdot V_p} \cdot$$
$$\cdot \cos\left(\frac{4 \cdot \pi}{3} + \frac{1}{3} \cos^{-1}\left[\frac{8 \cdot V_p^2 - 36 \cdot V_p + 27}{(9 - 8 \cdot V_p)^{\frac{3}{2}}}\right]\right) \tag{5.21}$$

Das Modell von Richardson (abgeleitet von Messungen an Al_2O_3- und ZrO_2-Retikulatschäumen) berücksichtigt die spezifische Schaumoberfläche S_0 [12]:

$$k_{\text{Richardson}} = \frac{1}{\Upsilon \cdot S_0^2} \cdot \frac{V_p^3}{\rho_f^2} \tag{5.22}$$

Υ ist ein empirisch bestimmter Parameter:

$$\Upsilon = 973 \cdot D^{0.743} \cdot \rho_f^{-0.0982} \tag{5.23}$$

Die spezifische Oberfläche des Schaums S_0 läßt sich nach der BET-Methode messen oder nach der Methode von Kozeny abschätzen [173]. Die Messungen an S30, S50 und S70-Schäumen ergaben $S_0 = 0.16$ m²/g, 0.15 m²/g und 0.08 m²/g. Der Vergleich der genannten Modelle mit experimentellen Meßwerten an SiC-Al$_2$O$_3$-Retikulatschäumen anderer Hersteller ergab eine Abweichung um bis > 100 %. Zur Anpassung lieferte Moreira eine modifizierte Fassung von Gleichung 5.19 [13]:

$$k_{\text{Moreira}} = \frac{V_p^3 \cdot D^{0.264}}{1360 \cdot \rho_f^2} \tag{5.24}$$

Die nach diesen Modellen berechneten Permeabilitätswerte k_x der Keramikschäume der Versätze S30, S50 und S70 sind in Tabelle 5.2 angegeben.

Tab. 5.2: Strukturdaten und Permeabilitätswerte der Keramikschäume S30, S50 und S70. Angegeben sind die nach den Modellen von Du Plessis [11], Richardson [12] und Moreira [13] berechneten Werte.

Probenbezeichnung		S30	S50	S70
Zellendurchmesser D	[mm]	0.95	1.10	1.55
Rel. Dichte ρ_f	[%]	0.10	0.14	0.37
Porosität V_p	[%]	0.90	0.86	0.63
Spez. Oberfläche S_0	[m²/g]	0.16	0.15	0.08
Gewundenheit τ	[-]	1.39	1.47	1.82
Permeabilität (Messwert) k	[D]	330	204	37
Permeabilität (Du Plessis) $k_{\text{Du Plessis}}$	[D]	378	272	67
Permeabilität (Richardson) $k_{\text{Richardson}}$	[D]	411	192	33
Permeabilität (Moreira) k_{Moreira}	[D]	853	395	24

Auffällig ist, daß sich mit allen Modellen eine signifikant höhere Permeabilität bei den Schäumen mit niedriger relativer Dichte berechnet. Während das Modell von Du Plessis beim S30-Schaum eine Abweichung von 15 % liefert, ergibt sich mit dem Moreira-Modell ein Wert, der 158 % über dem Meßwert liegt. Beim hochgefüllten Schaum S70 liegen die Werte aller Modelle in der gleichen

Größenordnung, die Abweichung beträgt hier 11 % (Richardson) bis 80 % (Du Plessis).

Direktaufgeschäumte Keramiken weisen im Gegensatz zu Retikulatschäumen eine Struktur auf, die gekennzeichnet ist durch wesentlich kugelförmigere Schaumzellen und kleinere Zellfenster, die die Zellen verbinden [168]. Es ist bekannt, daß diese strukturellen Unterschiede (z.B. von Retikulat- und Sol-Gel-abgeleiteten Keramikschäumen) die Permeabilität maßgeblich beeinflussen [174]. Allgemein weisen zellulare Keramiken, die nach Direktschäumverfahren hergestellt werden, eine niedrigere Permeabilität als Retikulatschäume auf. Modelle, die die Permeabilität und die Struktur direktaufgeschäumter Keramiken quantitativ beschreiben, sind bisher jedoch nicht bekannt [168]. Ein theoretisches Modell von Peng verknüpft die Gesamtporosität V_p mit den Strukturparametern einzelner Zellen [175]. Unter der Voraussetzung gleich großer Zellen, die in einer dichtesten Packung angeordnet sind und somit eine Koordinationszahl von 12 aufweisen, läßt sich die Porosität V_p durch das Verhältnis Ξ der Zellfensterdurchmessers d und des Zellendurchmessers D ausdrücken:

$$V_p = \frac{\pi}{\sqrt{2}} \cdot \left[\frac{3}{1-k^2} - \frac{3}{5} \cdot \left(\frac{1}{\sqrt{1-\Xi^2}} \right)^3 - 1 \right] \qquad (5.25)$$

Gl. 5.25 ist gültig für $\rho_f < 0.36$. Bei höheren relativen Dichten tritt keine Verbindung der Schaumzellen mehr auf, der Zellfensterdurchmesser ist dann $d = 0$. In einer realen, direktaufgeschäumten Keramik sind die Randbedingungen dieses Modells annähernd erfüllt, sodaß sich aus V_p und D der mittlere Zellfensterdurchmesser d berechnen läßt. Abb. 5.5 gibt die Permeabilität k und den Zellfensterdurchmesser d als Funktion der relativen Dichte ρ_f der Si/SiC-gefüllten Schäume mit gradierter Porosität an.

Die identische Abhängigkeit von d und k von ρ_f lassen einen direkten Zusammenhang zwischen dem Zellfensterdurchmesser d als Ursache und dem Druckabfall bzw. der Permeabilität k als Wirkung vermuten. Durch Anpassen der Meßwerte nach der Methode der kleinsten Quadrate läßt sich die Permeabilität k als Funktion des Zellfensterdurchmessers oder der mittleren Zellfensterfläche A_d berechnen:

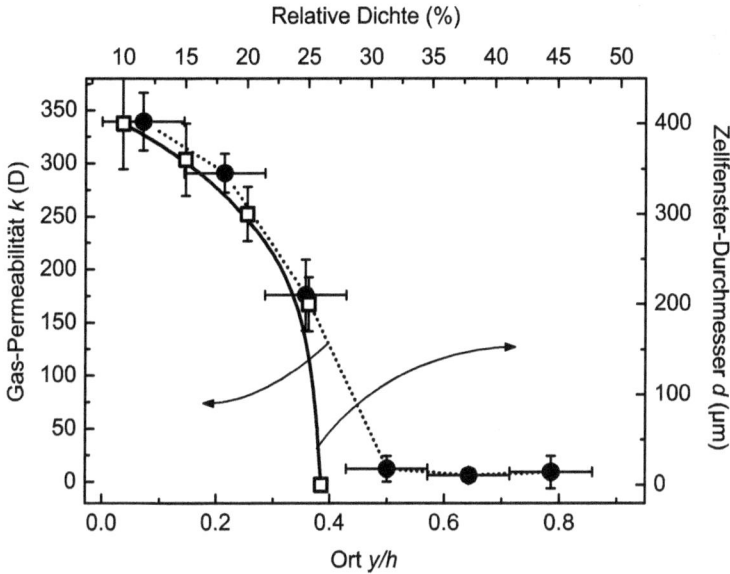

Abb. 5.5: Gaspermabilität und berechnete Zellfensterdurchmessungen in Abhängigkeit der relativen Dichte.

$$k = 9.1 \cdot 10^5 \cdot d \tag{5.26}$$

$$= \sqrt{1.053 \cdot A_d} \tag{5.27}$$

Aufgrund der geringen Dicke der Zellwände ist kein Kapillareinfluß zu beobachten. Dies würde sich in einer quadratischen Abhängigkeit des Zellfensterdurchmessers bzw. einer linearen Abhängigkeit der Zellfensterfläche ausdrücken [176].

5.2.2 Verformung und Bruch

Es existiert eine Vielzahl an Modellen, die die mechanischen Eigenschaften keramischer Schäume mit deren Struktur korrelieren. Diese basieren meist auf der empirischen Anpassung realer Eigenschaftswerte an die Modellvorstellungen einer idealisierten Schaumstruktur [177]. In der Literatur findet oftmals das Modell von Gibson und Ashby Anwendung, das die Mikromechanik einer Einheitszelle beschreibt. Die kubische Geometrie wird von Stegen der Dicke t und Länge l gebildet. Die Einheitszellen sind über die Seitenmitten miteinander verknüpft und ergeben so eine translatorische Forsetzung in alle Raumrichtungen. Dies ermöglicht, die Makroeigenschaften des Schaums durch die Mikroeigenschaften der geometrischen Einheitszelle auszudrücken [10]. So lassen sich alle Eigenschaften auf die Größen t und l zurückführen. Das Modell von Gibson und Ashby liefert Beziehungen zwischen den Eigenschaften des Schaums (Index *) und den Eigenschaften des Stegmaterials (Index $_s$). Der Parameter Φ ist hierbei der Anteil des Materials in den Stegen, (1-Φ) entspricht dem Anteil des Materials in den Zellwänden. Die relative Dichte offen- und geschlossenzelliger Schäume kann entsprechend über Gl. 5.28 ausgedrückt werden (t_f entspricht der Dicke der Zellwände):

$$\rho_f \stackrel{\text{offenzellig}}{=} C_1 \cdot \left(\frac{t}{l}\right)^2$$

$$\rho_f \stackrel{\text{geschlossenz.}}{=} C_2 \cdot \left(\frac{t}{l}\right)^2 + C_3 \left(\frac{t_f}{l}\right) \tag{5.28}$$

Die Konstanten $C_{1...3}$ ergeben sich empirisch und können für unterschiedliche Schäume stark variieren [10]. Die Bruchfestigkeit σ ist dagegen nur von ρ_f und Φ abhängig:

$$\frac{\sigma^\star}{\sigma_s} \stackrel{\text{offenzellig}}{=} 0.2 \cdot \rho_f^{\frac{3}{2}}$$

$$\frac{\sigma^\star}{\sigma_s} \stackrel{\text{geschlossenz.}}{=} 0.2 \cdot (\Phi \cdot \rho_f)^{\frac{3}{2}} + (1 - \Phi) \cdot \rho_f \tag{5.29}$$

Gleiches gilt auch für die elastischen Moduln E und G:

$$\frac{E^\star}{E_s} \overset{\text{offenzellig}}{=} \rho_f^2$$

$$\frac{E^\star}{E_s} \overset{\text{geschlossenz.}}{=} \Phi^2 \cdot \rho_f^2 + (1 - \Phi) \cdot \rho_f \tag{5.30}$$

$$\frac{G^\star}{E_s} \overset{\text{offenzellig}}{=} \frac{3}{8} \cdot \rho_f^2$$

$$\frac{G^\star}{E_s} \overset{\text{geschlossenz.}}{=} \frac{3}{8} \cdot \Phi^2 \cdot \rho_f^2 + \frac{3}{8} \cdot (1 - \Phi) \cdot \rho_f \tag{5.31}$$

Dies führt z.b. zu einem konstanten Wert der Poisson-Querkontraktionszahl $\nu = 1/3$. Dieser Wert von ν wurde oftmals experimentell bestätigt [10], jedoch ebenso in der Literatur mehrfach widerlegt [178]. Die hier untersuchten Schäume erzielten mit $\nu = 0.10$ - 0.11 nur ein Drittel des aus dem Modell abgeleiteten Wertes.

Diese Modellvorstellung ist stark vereinfachend. So berücksichtigt dieses Modell keine Anisotropieeffekte, mit zunehmender relativer Dichte wird die Abweichung von der idealen Struktur des Modells ebenfalls immer größer. Ebensowenig fließen Strukturgrößen wie das Oberflächen/Volumen-Verhältnis oder die reale Porenform ein [179, 180]. Neuere Ansätze wie *Minumum Solid Area* (*MSA*) Modelle [181–183] oder Abbildung realer Strukturen über Finite Elemente Simulationen erweitern die Gültigkeit diese Modelle auch auf Schäume mit höherer relativer Dichte und schließen so die Lücke zwischen den Gibson-Asbhy-Modellen und den Abhängigkeiten bei geringer Porosität (Gl. 2.14). Bei der weiteren Diskussion finden die Gibson-Ashby-Modelle Anwendung, da die auftretenden Fehler systematisch sind und sich die Modellvorstellung zur Beschreibung der Abhängigkeiten eignet. Zu bedenken ist dabei jedoch, daß diese das Verhalten durch teilweises Überschreiten der Gültigkeitsbereiche ($\rho_f > 50$ %) und der fehlenden Berücksichtigung der speziellen Struktur direktaufgeschäumter Keramiken nicht exakt beschreiben können.

Der Druckspannungs-Dehnungs(Stauchungs)-Verlauf von keramischen Schäumen setzt sich zusammen aus einem linear-elastischen Bereich, einem Bereich der Verformung bei gleichbleibender Spannung, gefolgt von einem Bereich stark ansteigender Spannung bei einsetzender Verdichtung des Schaums [10]. Alle untersuchten Schäume entsprechen diesem Verhalten. Abb. 5.6 zeigt beispielhaft Spannungs-Dehnungs-Kurven von Si/SiC-gefüllten Keramikschäumen.

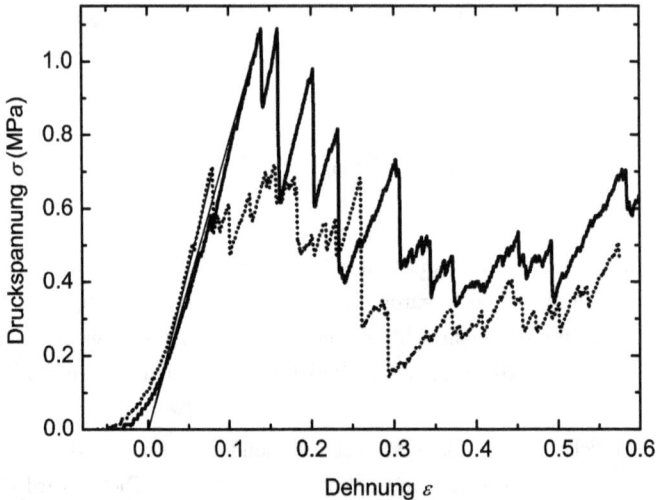

Abb. 5.6: Typische Spannungs-Dehnungs-Kurven von Si/SiC-gefüllten Keramikschäumen mit 65 Ma.-% Füller. Der nichtlineare Verlauf der Druckspannung (0.0 – 0.18 MPa) hat seine Ursache in der Einspannmethode. Der lineare Bereich der Kurve (> 0.18 MPa) wurde extrapoliert und entsprechend $\epsilon = 0$ gesetzt.

Die Steigung im linear elastischen Bereich entspricht dem elastischen Modul $E^\star$ des Schaums. Die Stauchung resultiert aus der Biegung von Stegen und dem Strecken der Zellfenster [10]. Bei Erreichen der Bruchfestigkeit $\sigma^\star$ brechen die ersten Stege. Das schrittweise, zeitversetzte Brechen einzelner Stege ergibt ein nichtkatastrophales Bruchverhalten mit einem Spannungsplateau über einen großen Dehnungsbereich [184]. Die Breite dieses Plateaus wird bestimmt durch die Porosität. Die bei ϵ_c einsetzende Verdichtung ergibt sich aus ρ_f:

$$\epsilon_c = 1 - \frac{\rho_f}{2} \tag{5.32}$$

Es berechnet sich ein Bereich für ϵ_c von 96 % bei $\rho_f = 0.08$ bis 80 % bei $\rho_f = 0.08$. Dadurch ergibt sich eine gegenüber dem dichten Material um bis zu zwei Größenordnungen höhere Brucharbeit. Fehler bzw. Unregelmäßigkeiten in der Struktur haben (trotz Bruchzähigkeiten $\ll 1$ MPa·m$^{0.5}$) nicht das sofortige Versagen des Bauteils zur Folge. Die Verdichtung des porengradierten Materials setzt dagegen bereits bei $\epsilon = 0.6$ ein. Nach Gl. 5.32 entspricht dies einer relativen Dichte von $\rho_f = 0.8$. Damit tritt die Verdichtung früher als erwartet ein. Bei einer mittleren relativen Dichte der porositätsgradierten Schäume von < 0.3 und einem Maximum von 0.6 erwartet man $\epsilon_c = 0.85$ bzw. 0.70. Nach Gl. 5.29 und 5.31 steigen die Druckfestigkeit und der E-Modul mit zunehmender relativer Dichte an. Dies erklärt den Verlauf der Spannungs-Dehnungs-Kurve an Keramikschäumen mit gradierter Porosität bei Druckbelastung, Abb. 5.7.

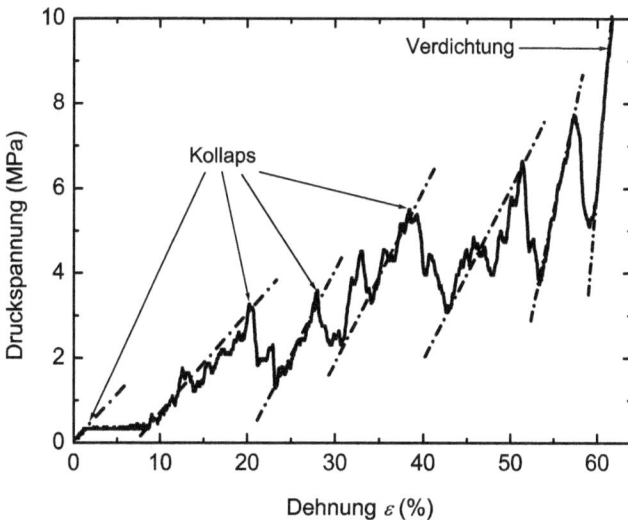

Abb. 5.7: Typische Druckspannungs–Dehnungs-Kurve von Keramikschäumen mit gradierter Porosität.

Bei niedrigen Spannungen im Bereich von 1 MPa ist die Druckfestigkeit des Schaums erreicht. Der flache Anstieg im linear-elastischen Bereich entspricht dabei dem E-Modul des Schaums bei einer relativen Dichte von $\rho_f = 0.1$. Im Gegensatz zu Schäumen mit homogener Struktur tritt anschließend jedoch kein

Plateau annähernd konstanter Spannung auf, sondern mit steigender Dehnung wurde auch ein Ansteigen der Spannung beobachtet, die in regelmäßen Abständen zu einem lokalen Versagen führte. Die Steigung von σ/ϵ nahm dabei zu. Wird eine homogene Mikrostruktur des Stegmaterials angenommen (was durch REM-Untersuchungen bestätigt wurde), so deuten die steigenden Werte auf eine zunehmende relative Dichte des belasteten Materials hin. Dies wurde experimentell durch Druckversuche an Schaumproben auch bestätigt, die schrittweise um den Bereich niedrigster relativer Dichte gekürzt wurden und somit unterschiedliche Werte für die minimale relative Dichte aufwiesen. Wie Abb. 5.8 zeigt, wurde die Druckfestigkeit des Schaums durch die geringste relative Dichte bestimmt. Abschätzungen an REM-Untersuchungen zeigen, daß sich mit zunehmender relativer Dichte ρ_f der Anteil an Materie in den Zellwänden Φ linear vergrößert. Mittels optischer Bildanalyse an Schliffproben und CT-Daten (vergl. Abb. 4.10) wurde für $\Phi = 0.45$ bei $\rho_f = 0.57$ ermittelt. Ausgehend von $\Phi = 0$ bei $\rho_f = 0$ ergibt sich:

$$\Phi(\rho_f) = 0.79 \cdot \rho_f \qquad (5.33)$$

Durch Einsetzen in Gleichung 5.29 erhält man:

$$\frac{\sigma^\star}{\sigma_s} = 0.14 \cdot \rho_f^3 - 0.79 \cdot \rho_f^2 + \rho_f \qquad (5.34)$$

Da $\Phi = \Phi(g(y))$ und ρ_f von der Temperatur T und der Höhe h des Schaums abhängig sind (Gl. 4.10), läßt sich $\sigma^\star$ durch gezielte Temperaturregelung und durch Anpassen der Schaumhöhe einstellen. Die Stegfestigkeit σ_s des Stegmaterials berechnet sich bei einer relativen Höhe von $y/h = 0$ zu 146 ± 32 MPa, bei $y/h = 1$ ist $\sigma_s = 103 \pm 33$ MPa. Dies ist in guter Übereinstimmung mit der Bruchfestigkeit von Schäumen mit homogener Struktur des Versatzes K50 (90 $\pm$ 45 MPa, Tab. 4.2) und der Bruchfestigkeit von dichtem Si-O-C Glass (153 MPa) [56].

Der theoretische Verlauf aus Gl. 5.34 als Funktion der relativen Dichte ρ_f ist in Abb. 5.8 dargestellt.

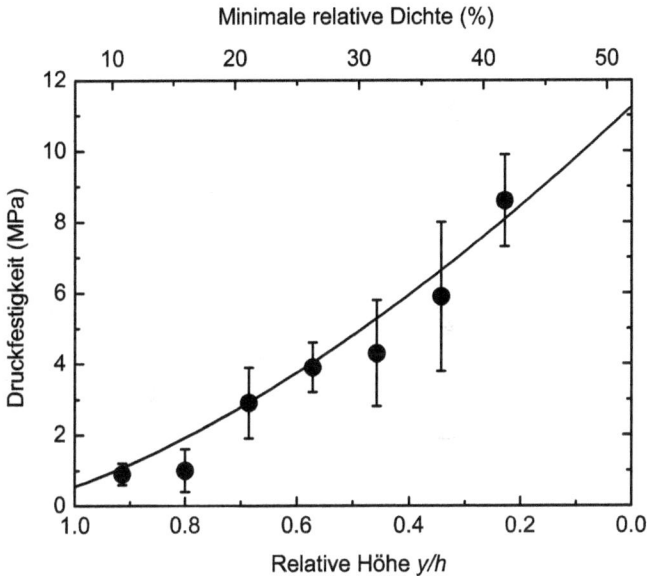

Abb. 5.8: Druckfestigkeit von Keramikschäumen mit gradierter Porosität in Abhängigkeit der minimalen relativen Dichte. Die Kurve zeigt den theoretischen Verlauf nach Gl. 5.34.

Die Meßwerte liegen in guter Übereinstimmung mit dem theoretischen Modell nach Gl. 5.34. Dies zeigt einerseits die Gültigkeit der Gibson-Ashby-Modellvorstellung für porositätsgradierte Schäume. Andererseits wird dadurch die Annahme bestätigt, daß das Bauteil lokal im Bereich geringster relativer Dichte versagt. Als Folge ist ein ausgeprägt anisotropes Bruchverhalten bei Biegebelastung der gradierten Schäume zu beobachten. Befindet sich der Bereich hoher relativer Dichte (Gradient $g > 0.3$) unter Zugbelastung, tritt ein Spannungs-Dehnungs-Verlauf auf, der denen von Schäumen mit homogener Porenstruktur entspricht. Die Spannung steigt linear mit ansteigender Dehnung bis zum Erreichen der Biegebruchfestigkeit σ^*. Bei Überschreiten von σ_f läuft der Riß vollständig durch das Bauteil. Wird der Schaum in entgegengesetzter Richtung belastet, tritt wie bei Druckbelastung ein stufenförmiger Verlauf (vergl. Abb. 5.7) auf.

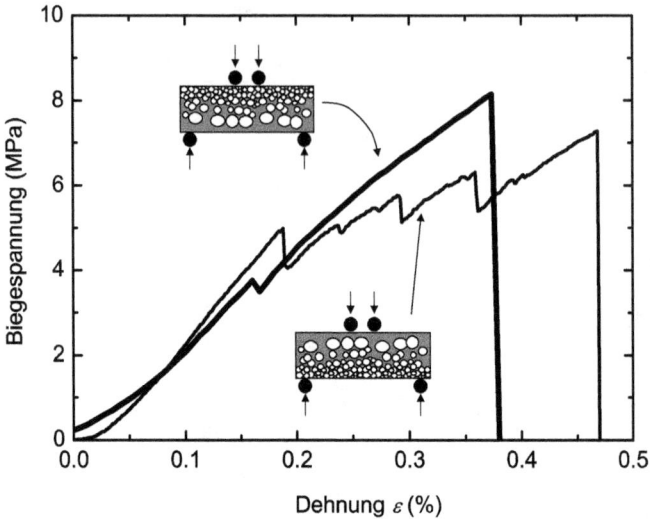

Abb. 5.9: Typische Biegespannungs–Dehnungskurven von Keramikschäumen mit gradierter Porosität.

Die Stegfestigkeit σ_s wird neben den Pyrolysebedingungen (und daher unterschiedlicher Phasenbildung) vornehmlich durch den Füllstoff beeinflußt. Die nach Gl. 5.29 bererchneten Stegfestigkeiten schwanken dabei zwischen 18 ± 5 MPa bei Hydroxylapatit-gefüllten und 90 ± 45 MPa bei Al_2O_3-gefüllten bzw. 81 ± 4 MPa bei SiC-gefüllten Schäumen. Alternativ läßt sich die Materialfestigkeit über die Festigkeiten der einzelnen Phasen abschätzen. Tabelle 5.3 gibt die theoretischen Biegefestigkeiten des Stegmaterials für vier Keramikschäume an.

Ausgehend von der Biegefestigkeit der Si-O-C-Matrix von $\sigma_{\text{Si-O-C}} = 150$ MPa [56] wurde die Festigkeit des Stegmaterials über die Volumenanteile der Füller- und Matrixphasen nach der Mischungsregel berechnet. Der unterschiedliche Masseverlust der Matrix durch die Pyrolyse in Luft (50 %) und Stickstoffatmosphäre (27 %, Abb. 4.15) wurde berücksichtigt. Die nach Gl. 5.29 berechneten Stegfestigkeiten σ_s sind wesentlich geringer als die aus der Zusammensetzung hergeleiteten theoretischen Werte. Für die Al_2O_3- und Si/SiC-gefüllten Schäume ist σ_s 30-40 % von $\sigma_{\text{theor.}}$. Das Verhältnis von $\sigma_s/\sigma_{\text{theor.}}$ beträgt für die

Tab. 5.3: Berechnung der theoretischen Stegfestigkeiten der Keramikschäume.

Bezeichnung	K50	Q50	H50	S65
Pyrolyse in	Luft	Luft	Luft	N_2
Vol.-% Si-O-C	64	55	59	52
Vol.-% Füller	36	45	41	48
$\sigma_{\text{Biegung, Füller}}$ (MPa)	320-400	45-120	120	320-410
aus Referenz	[185]	[186]	[187]	[185]
$\sigma_{\text{theor.}}$ (MPa)	210-240	100-135	138	230-275

Quarz (Q50)- und HAP (H50)-gefüllten Schäume lediglich 15-20 %. Diese Abweichung wird durch die Mikrostruktur des Stegmaterials bedingt. Abb. 5.10 zeigt mikroskopische Aufnahmen von Schäumen der Versätze Q50 und S65.

Auffällig ist die Häufung an Brüchen in den Stegen des quarzgefüllten Schaums. Nach der Griffith-Theorie reduziert ein Riß der Länge a die Festigkeit eines spröden Materials:

$$\sigma \propto \frac{1}{\sqrt{a}} \tag{5.35}$$

Das Stegmaterial des Q50-Schaums weist Risse bis zu mehreren mm Länge auf. Entsprechend erklärt sich die deutlich reduzierte Stegfestigkeit im Vergleich zum theoretischen Wert. Durch den Dichteanstieg der Matrixphase während der Pyrolyse von 1.1 g/cm^3 auf 1.86 g/cm^3 im H44-abgeleiteten Si-O-C [46] bei gleichzeitiger Schwindung < 2 % (Abb. 4.17) ist eine Rißbildung unvermeidlich. Gleichzeitig bildet sich bei der Pyrolyse von Polysiloxanen bis 1000 °C eine Porosität von 10-20 % [1]. Nach der Ryshkewitch-Duckworth-Beziehung (2.14) wird die Festigkeit bei einer Porosität von 10-20 % (mit dem Parameter $B = 6$) auf 0.55 bis 0.3 des Wertes des dichten Materials reduziert. Durch Ausbrand des freien Kohlenstoffs (Silres H44-abgeleitetes Si-O-C enthält > 70 Vol.-% Kohlenstoff [46]) wurde bei der Pyrolyse in Luft eine deutlich höherer Stegporosität erwartet. Dies wurde tendenziell durch BET-Mikroporositätsmessungen bestätigt. Für das Stegmaterial des Si/SiC-gefüllten Schaums wurden Bruchfestigkeiten von 70 - 150 MPa berechnet, die mit dem Meßwert von 81 ± 4 MPa gut

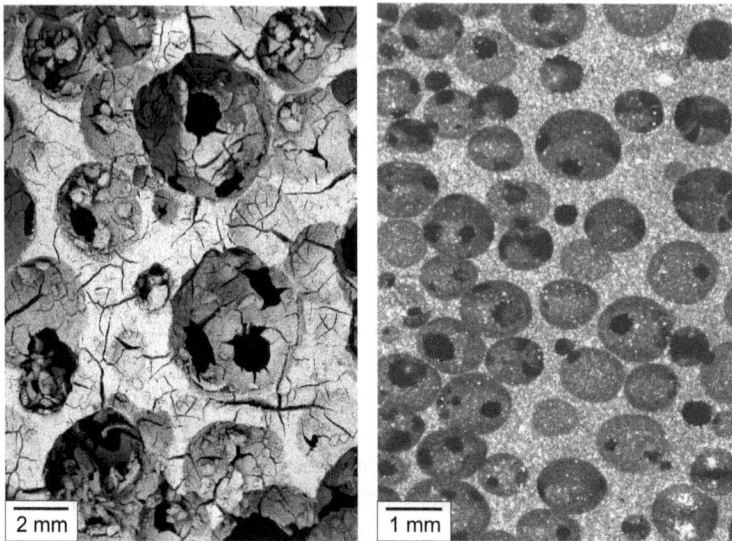

(a) SiO_2-gefüllt, REM-Aufnahme einer Bruchfläche

(b) Si/SiC-gefüllt, auflichtmikroskopische Aufnahme einer Schlifffläche

Abb. 5.10: Mikrostruktur von SiO_2- und Si/SiC-gefüllten polymerabgeleiteten Keramikschäumen.

übereinstimmen. Für die Al_2O_3-gefüllten Schäume liegen der berechnete Wert von 60-130 MPa und der Meßwert von 90 ± 45 MPa im selben Bereich. Bei den HAP- und quarzgefüllten Schäume liegen die gemessenen Werte 50 % unter den berechneten Werten.

Der Weibull-Modul m der Biege- und Druckfestigkeit keramischer Schäume ist üblicherweise sehr niedrig [10]. Dies bestätigen Messungen an füllerfreien Si-O-C-Schäumen, die bei Messungen an jeweils 5-10 Schaumproben Weibull-Moduln m zwischen 2.7 und 4.6 bei Druckbelastung und zwischen 4.4 und 15.0 bei Biegung ergaben. Die Probenanzahl war für eine statistisch gesicherte Aussage jedoch zu gering und zeigte nur Tendenzen [188]. Der Weibull-Modul der S65-Schäume beträgt 8 bzw. 11 und liegt damit merklich über dem durchschnittlichen Wert der ungefüllten Si-O-C-Schäume aus [188]. Die Biegefestigkeiten der füllerfreien Si-O-C-Schäume variierte zwischen 1.8 MPa ± 0.2 MPa bei einer relativen Dichte von $\rho_f = 0.13$ und 6.4 MPa $\pm$ 0.7 MPa bei $\rho_f = 0.26$. Die entsprechenden Werte der Druckfestigkeit betrugen 1.3 MPa $\pm$ 0.5 MPa bei ρ_f = 0.13 und 9.9 MPa $\pm$ 1.8 MPa bei $\rho_f = 0.26$. Bei unterschiedlichen Probengrößen ist der Volumeneffekt der Festigkeit nach Weibull zu berücksichtigen [189]. Aufgrund der höheren Wahrscheinlichkeit, einen Fehler in einem größeren Volumen zu finden, weicht die Festigkeit σ_2 eines Bauteils des Volumens V_2 von der Festigkeit σ_1 des Bauteils mit Volumen V_1 ab:

$$\sigma_2 = \sigma_1 \cdot \left(\frac{V_1}{V_2}\right)^{\frac{1}{m}} \tag{5.36}$$

Die Probengeometrie der Schäume aus Referenz [188] betrug $45 \cdot 6 \cdot 6$ mm^3. Die in dieser Arbeit gewählte Probengeometrie betrug $150 \cdot 30 \cdot 20$ mm^3, da nach [116] bei zellularen Strukturen in jeder Raumrichtung mindestens 10 Schaumzellen belastet werden sollten. Mit einem mittleren Weibull-Modul von $m = 5$ beträgt der Korrekturfaktor für das belastete Volumen 2.2. Entsprechend betragen die Festigkeiten der ungefüllten Schäume mit korrigiertem Volumen 0.8 MPa $\pm$ 0.1 MPa bei einer relativen Dichte von $\rho_f = 0.13$ und 2.9 MPa $\pm$ 0.3 MPa bei $\rho_f = 0.26$. Die Druckfestigkeit des S65-Schaums liegt mit 4.6 MPa $\pm$ 0.5 MPa bei $\rho_f = 0.27$ um 50 % höher im Vergleich zu ungefüllten Si-O-C-Schäumen. Der E-Modul des S65-Schaums entspricht mit 5.7 GPa $\pm$ 0.2 GPa dem Wert des Si-O-C-Schaums (6.05 GPa $\pm$ 0.46 GPa). Aus der Literatur bekannte Meßwerte des E-Moduls retikulierter SiC-Schäume liegen dagegen bei 2.0 bis 2.4 GPa, die Festigkeit beträgt 1.0 bis 5.5 MPa [20,190]. An Mullitkeramiken wurde $E = 1.0$ bis 5.0 GPa und Festigkeiten zwischen 1.4 und 2.0 MPa (Biegung) bzw. 1.4 und 4.9 MPa (Druck) gemessen [15].

Bei den ungefüllten Si-O-C-Schäumen wurde keine merkliche Steigerung der Festigkeit im Hochtemperaturbereich festgestellt [188]. Eine geringfügige Erhöhung der Druckfestigkeit bei 1200 °C wurde auf viskoelastische Deformation des Stegmaterials in diesem Temperaturbereich zurückgeführt. Dieses Verhalten steht im Gegensatz zu den Ergebnissen an den Si/SiC-gefüllten Schäumen, bei denen eine Steigerung der Druckfestigkeit um mehr als 100 % gemessen wurde. Es erscheint unwahrscheinlich, dieses Verhalten ausschließlich auf viskoelastische Effekte zurückzuführen. Kohlenstoff ist für gesteigerte mechanische

Eigenschaften bei hohen Temperaturen bekannt [191]. Die Erhöhung der Festigkeit mit steigender Temperatur läßt sich mutmaßlich dem in der Matrix eingelagerten Kohlenstoff zuordnen. Der Kohlenstoffanteil im Pyrolysat von Silres H44 beträgt 72.1 Mol-%, dies entspricht 21 Vol.-% im Stegmaterial des S65-Schaums. Das Stegmaterial aus [188] (Methyl-hydroxyl-Siloxan SR350, General Electric) besteht nach der Pyrolyse bei 1200 °C in Stickstoffatmosphäre aus 54.3 Mol-% SiO_2, 16.9 Mol-% SiC und 28.6 Mol-% C. Dies entspricht einem Volumen-Verhältnis von SiO_2 : SiC : C = 77 : 13.5 : 9.5. Somit ist weniger als die Hälfte an Kohlenstoff im Stegmaterial als bei den S65-Schäumen und der Verstärkungseffekt bei Hochtemperatur ist merklich geringer.

5.2.3 Thermische Eigenschaften

Thermische Leitfähigkeit. Die thermische Leitfähigkeit von Keramik ist hoch gegenüber Luft ($\lambda_{\text{Luft,20 °C}}= 0.026$ W/m·K, $\lambda_{\text{Luft,100 °C}}= 0.031$ W/m·K), dem üblichen Medium in den Schaumzellen. Die Leitfähigkeit von Keramiken überstreicht einen Bereich von 1 W/m·K (Cordierit) über mittlere Werte ($\lambda_{\text{Al}_2\text{O}_3}$ = 25-30 W/m·K) bis hin zu guten thermischen Leitern mit Werten über 100 W/m·K (z.B. gesintertes SiC). Daher kann generell der Beitrag der Luft zur Wärmeleitfähigkeit der Schaumkeramik vernachlässigt werden.

Der Einfluß der natürlichen Konvektion innerhalb der Zellen auf die Wärmeleitung von Keramikschäumen läßt sich über die Grashof-Zahl Gr abschätzen [10]:

$$Gr = \frac{g \cdot \beta \cdot \Delta T_c \cdot l^3 \cdot \rho^2}{\mu^2} \tag{5.37}$$

Hierbei ist g die Erdbeschleunigung, β der Volumenausdehungskoeffizient des Gases, ΔT_c die Temperaturdifferenz innerhalb einer Schaumzelle, l deren Durchmesser, ρ die Dichte und μ die dynamische Viskosität des Gases. Ist $Gr < 10000$, kann der Einfluß der Konvektion vernachlässigt werden. Gr wird maßgeblich vom Zellendurchmesser l beeinflusst. Daher läßt sich für jedes Gas ein kritischer Zellendurchmesser l_c bestimmen, oberhalb dessen der Beitrag der Konvektion zur Wärmeleitung im Schaum berücksichtigt werden muß. Für Luft beträgt $l_c \simeq$ 100 mm [10].

Im vorliegenden Fall ist $l < l_c$ und die effektive Wärmeleitfähigkeit des Schaums λ_{eff} ohne erzwungene Konvektion (wie sie z.b. bei Gasfluß durch den Schaum hervorgerufen wird) ergibt sich aus der Strahlung an der Oberfläche der Schaumzellen und der Wärmeleitung durch das Stegmaterial, ausgedrückt durch λ_r bzw. λ_s:

$$\lambda_{eff} = \lambda_r + \lambda_s \tag{5.38}$$

Aufgrund der Meßproblematik (die übliche Laserflash-Messung ist an Schaumkeramiken nicht möglich) gibt es wenig verläßliche Vergleichswerte der thermischen Leitfähigkeit von Keramikschäumen. Experimentelle Ergebnisse des Lehrstuhls für Strömungsmechanik der Universität Erlangen [192] ergaben für SiC-Retikulatschäume einer relativen Dichte von 0.24 eine effektive Leitfähigkeit von 0.1 bis 1.1 W/m·K. An offenzelligen Mullit/Al_2O_3-Feuerleichtsteinen (λ_s(Mullit) = 3.5 W/m·K) mit einer Porosität von >70 % wurden Werte von 0.3 bis 0.5 W/m·K gemessen [98]. Diese Werte liegen in der gleichen Größenordnung wie die thermische Leitfähigkeit der Schäume des Versatzes S65. Bei einer vergleichbaren relativen Dichte von 0.27 betrug λ_{eff}=0.25. Die Schaumstruktur führt zu einer Reduzierung der Wärmeleitfähigkeit um bis zu zwei Größenordnungen im Vergleich zum dichten Stegmaterial. Für Anwendungen mit Nutzung der thermischen Isolation ist daher weniger die Zusammensetzung des Stegmaterials als vielmehr die Porosität von ausschlaggebender Bedeutung.

Nach der Stefan-Boltzmann-Gleichung strahlt ein Punkt der Temperatur T_1 den Punkt der Temperatur T_0 mit dem Wärmefluß $\dot{q}_r^0$ an:

$$\dot{q}_r^0 = \epsilon_r \cdot \sigma \cdot (T_1^4 - T_0^4) \tag{5.39}$$

σ ist die Stefan-Boltzmann-Konstante und ϵ_r die Emissivität des Stegmaterials. Die thermische Strahlung wird beim Durchdringen eines keramischen Schaums der Dicke d und des material- und strukturabhängigen Extinktionskoeffizienten k geschwächt [193]:

$$\dot{q}_r(x) = \dot{q}_r^0 \cdot e^{-kx} \tag{5.40}$$

Nach dem Fourier-Gesetz des Wärmetransports, $\dot{q}_r = -\lambda \cdot \partial T / \partial x$, läßt sich unter Nutzung mehrerer Näherungen [193] der Strahlungsanteil mit Hilfe von Gl. 5.41 ausdrücken:

$$\lambda_r = 4x \cdot \epsilon \cdot \sigma \cdot T^3 \cdot e^{-kx} \tag{5.41}$$

T ist die mittlere Temperatur zwischen T_1 und T_0. Die thermische Leitfähigkeit von keramischen Werkstoffen sinkt zwar mit zunehmender Temperatur, jedoch ist aufgrund des stärkeren Beitrags der thermischen Strahlung zu erwarten, daß die thermische Leitfähigkeit mit steigender Temperatur zunimmt. Dies wurde auch durch Literaturdaten bestätigt [192]. Die für die Messung an Si/SiC-gefüllten Schäumen des Versatzes S65 verwendete Meßapparatur ermöglichte keine wesentliche Erhöhung der Meßtemperatur. Durch Vergleich der Strukturdaten mit Literaturwerten ist jedoch eine parabolische Zunahme mit steigender Temperatur wahrscheinlich.

Thermoschockverhalten. Ein thermischer Schock tritt auf, wenn bei lokal unterschiedlichen Temperaturen im Werkstoff aufgrund unterschiedlicher thermischer Dehnung Spannungen auftreten, die zur Schädigung bzw. dem Versagen des Bauteils führen können. Thermoschockverhalten wird durch mechanische (E-Modul, Bruchfestigkeit σ_f, Querkontraktionszahl ν) und thermische Materialgrößen (Thermischer Ausdehnungskoeffizient α) bestimmt. Hohe Bruchzähigkeiten und Festigkeiten erhöhen die Thermoschockbeständigkeit, hohe elastische Moduli und hohe Wärmeausdehnungskoeffizienten reduzieren diese [193]. Harter Thermoschock, d.h. ohne Berücksichtigung der Wärmeleitung, läßt sich über den Parameter R_1 beschreiben. Dieser entspricht etwa der maximalen Temperaturdifferenz ΔT_{max}, bei der gerade noch keine Schädigung eintritt:

$$R_1 = \frac{\sigma_c \cdot (1 - \nu)}{\alpha \cdot E} \approx \Delta T_{max} \tag{5.42}$$

Für das dichte Stegmaterial der Si/SiC-gefüllten Schäume des Versatzes S65 betragen die nach dem Modell von Gibson und Ashby berechneten Werte E_s = 35.6 GPa und σ_s = 80.5 MPa. Unter der Voraussetzung gleicher Werte für Querkontraktion (nach [10] gültig für alle Schäume) und den thermischen Ausdehnungskoeffizienten beträgt $R_{1,s}$ = 450 °C. $R_{1,s}$ ergibt eine gute Übereinstimmung mit Literaturwerten. Für dichte SiC-Keramik wurde R_1 = 460 °C experimentell bestimmt.

Für die Schäume ist bei Raumtemperatur $E^\star$ = 5.7 GPa, $\sigma^\star$ = 4.5 MPa, $\nu \leq$ 0.1 und $\alpha = 4.5 \cdot 10^{-6} \, \text{K}^{-1}$. Daraus wurde $R_1^\star$ = 160 °C berechnet. Der gleiche Wert ergibt sich auch nach der Beziehung zwischen $R_{1,s}$ und $R_1^\star$ aus [10]:

$$R_1^\star = \frac{0.2 \cdot R_{1,s}}{\sqrt{\rho_f}} \qquad (5.43)$$

Aufgrund der Möglichkeit hochporöser Schäume, Thermospannungen durch Stegbiegung aufzunehmen, ist grundsätzlich die maximal mögliche Temperaturdifferenz bei Schäumen höher als beim entsprechenden dichten Material [10]. Der berechnete Wert von $R_1^\star$ erscheint daher viel zu niedrig, deckt sich jedoch mit Werten von Keramikschäumen mit einer Porosität > 40 %. Shu et al. ermittelten an porösen SiC-Keramiken eine gleichbleibende Festigkeit bis 200 °C, gefolgt von einer exponentiellen Abnahme mit zunehmender Temperatur um 50 % der Ausgangsfestigkeit bei einem harten Thermoschock mit ΔT = 1000-1200 °C [194].

Thermoschockversuche an ungefüllten Si-O-C-Keramikschäumen ergaben eine Abnahme der Festigkeit um 10 bis 30 % und des E-Moduls um 5 bis 20 % bei ΔT = 1000-1200 °C [155]. Aufgrund ähnlicher Werte für Festigkeit, elastische Konstanten, thermische Dehnung und Querkontraktion zeigen die Meßwerte der gefüllten Schäume (S65) mit einem Abfall der Festigkeit um 5 bis 10 % und des E-Moduls um 10 bis 15 % ein vergleichbares Thermoschockverhalten. Während Shu keine weitere Schädigung mit einer zunehmenden Anzahl von Thermoschockzyklen beobachtete [194], trat bei Si-O-C-Schäumen wie auch an den S65-Schäumen eine geringe thermische Ermüdung auf. Colombo führt dies auf zunehmende Oxidation bzw. Ausbrand des Kohlenstoffs während des Aufheizens zurück, sodaß ein zunehmend poröseres Stegmaterial zu niedrigeren

500 µm

Abb. 5.11: Mikrostruktur von 10-fach thermogeschockten Si/SiC-gefüllten Keramikschäumen. Dickere Stege zeigten Rißbildung (s. Pfeile).

mechanischen Eigenschaften führt [155]. Dieses Verhalten findet sich auch bei den im Rahmen dieser Arbeit untersuchten gefüllten Schäumen wieder. Zusätzlich tritt eine Rißbildung in den Stegen auf, die festigkeitsreduzierend wirkt, Abb. 5.11. Die Bildung der Risse erfolgt beim ersten Thermoschock, weitere Zyklen erhöhen die Zahl der Risse nicht weiter. Dies erklärt den zunehmend abflachenden Verlauf der Schadensparameter D_σ und D_E nach dem ersten Zyklus, Abb. 4.27 [194].

5.2.4 Elektrische Leitfähigkeit

Die elektrische Leitfähigkeit von Si-O-C-Keramiken wird maßgeblich von der Zusammensetzung des Polymerprekursors und der Pyrolysetemperatur beeinflußt [82]. Der spezifische Widerstand von vernetztem Siloxan betrug $10^{12}\,\Omega\cdot$cm und sank auf $10^1\,\Omega\cdot$cm nach der Pyrolyse bei 1500 °C. Verantwortlich dafür ist die Ausbildung eines perkolierenden Netzwerks aus turbostratischem Kohlenstoff (bei hohem Kohlenstoffanteil im Polymer) oder die Formation von Kohlenstoffclustern (bei geringerem Kohlenstoffanteil), das mit steigender Pyrolysetemperatur verdichtet wird und so die elektrische Leitfähigkeit signifikant erhöht.

Die Leitfähigkeit von Schäumen wird neben der Leitfähigkeit des Stegmaterials vor allem durch die Struktur beeinfluß. Eine geringere relative Dichte ergibt eine entsprechend geringe materiegefüllte, leitfähige Querschnittsfläche und somit eine geringere Leitfähigkeit [195]. Nachdem die Querschnittsfläche (im Gegensatz z.B. zu *Honeycomb*-Strukturen) nicht konstant bleibt, kann die Modellbeschreibung von Gibson und Ashby, Gl. 5.44, in der als Strukturparameter nur die relative Dichte eingeht, nur eine Näherung liefern, die z.b. unterschiedliche Herstellungsverfahren und damit unterschiedliche Strukturen unberücksichtigt läßt [10]:

$$R^\star = C \cdot \frac{R_s}{\rho_f} \tag{5.44}$$

$R^\star$ und R_s sind die Widerstände des Schaums und des dichten Stegmaterials, C ist eine empirische Konstante. Verschiedene erweiterte Modelle zur Abschätzung der elektrischen Leitfähigkeit hochporöser Strukturen, basierend auf der Perkolationstheorie und auf der Theorie effektiver Medien (*effective media theory*) wurden publiziert [196, 197]. McLachlans Modell kombiniert beide Theorien und ist somit generell für Komposite anwendbar. Für den Schaum (Index m) mit den Phasen Luft (isolierend, Index i) und Stegmaterial (leitend, Index c) gilt allgemein [197]:

$$(1 - \rho_f) \cdot \frac{\sigma_i^{\frac{1}{s}} - \sigma_m^{\frac{1}{s}}}{\sigma_i^{\frac{1}{s}} + \left(\frac{1}{\Phi_c} - 1\right) \cdot \sigma_m^{\frac{1}{s}}} + \rho_f \cdot \frac{\sigma_c^{\frac{1}{t}} - \sigma_m^{\frac{1}{t}}}{\sigma_c^{\frac{1}{t}} + \left(\frac{1}{\Phi_c} - 1\right) \cdot \sigma_m^{\frac{1}{t}}} = 0 \tag{5.45}$$

Hier sind s und t empirische Parameter, die die isolierende und leitende Phase beschreiben, Φ_c ist der kritische Volumenanteil der leitenden Phase zur Ausbildung einer Perkolation und σ ist die Leitfähigkeit des Phase. Im Vergleich zum leitenden oder halbleitenden Stegmaterial ist die Leitfähigkeit der Luft in den Poren $\sigma_i \approx 0$. Mit dieser Näherung ergibt sich aus Gl. 5.45 für σ_m:

$$\sigma_m = \sigma_c \cdot \left[\frac{\frac{1}{\Phi_c} - \frac{1}{\rho_f} + 2}{\left(\frac{1}{\Phi_c} - 1 \right) \cdot \frac{1}{\rho_f}} \right]^t \qquad (5.46)$$

Die Parameter Φ_c und t sind abhängig von der Schaumstruktur, insbesondere vom Herstellverfahren [195]. Die Perkolationsgrenze Φ_c ist erreicht, sobald sich das Schaumgerüst selbst stabilisiert und liegt für Keramikschäume bei ≈ 0.02. Nachdem Φ_c sehr klein ist, zeigt sich ein nahezu linearer Verlauf von σ_m über der relativen Dichte ρ_f. Literaturwerte von t liegen zwischen 0.8 und 4.5 [198]. Es zeigt sich, daß die Veränderung von t nur geringen Einfluß auf die Leitfähigkeit hat [195]. Für die hier untersuchten Schäume lag t zwischen 2.2 und 2.6.

Eine experimentelle Bestätigung dieser Gleichung oder eine Vergleichsmöglichkeit findet sich nicht in der Literatur. Für Aluminiumschäume wurde von Mepura (Braunau-Ranshofen, Österreich) eine exponentielle Abhängigkeit nach Gl. 2.29 mit $n=1.5$ gefunden. Diese Werte gelten jedoch als statistisch ungesichert und die Gültigkeit für keramische Materialien ist zweifelhaft [10].

Eine phänomenologische Beschreibung leitfähiger polymerabgeleiteter Si-O-C-Schäume gibt [199]. Durch geringe Mengen an Kupfer (zugegeben in Form von < 1 Ma.-% Kupferacetat) gelang es, die Leitfähigkeit um 7 Größenordnungen zu erhöhen. Die Füllstoffe $MoSi_2$ und SiC veränderten die Leitfähigkeit in gleichem Maße erst bei Zugabe von 9 bzw. 30 Ma.-% Füller durch Ausbildung eines Perkolationsnetzwerkes der leitfähigeren Füllerpartikel. Der spezifische Widerstand bei 1200 °C pyrolysierter Proben betrug 10^0 bis 10^2 $\Omega\cdot$cm.

Diese Meßwerte stehen in Übereinstimmung zu den im Rahmen dieser Arbeit erzielten Daten. Bei 1200 °C wurde ebenfalls ein Wert von 10^2 $\Omega\cdot$cm gemessen, jedoch war dieser Wert unabhängig vom Füllstoff und konnte durch Erhöhen der Pyrolysetemperatur auf > 1400 °C auf < 10^0 $\Omega\cdot$cm gesenkt werden, Abb. 4.30.

Die Leitfähigkeit der füllerhaltigen Keramikschäume der Versätze S65 oder M50 unterschieden sich zu füllerfreien Schäumen aus Silres H44 im Temperaturbereich von 600 bis 1400 °C nur um maximal 3 Größenordnungen, Abb. 4.30. Hingegen war in Übereinstimmung mit dichten füllerfreien Si-O-C-Keramiken aus [82] eine massive Veränderung der Leitfähigkeit von der Pyrolysetemperatur festzustellen. Die maximale Leitfähigkeit wurde nach der Pyrolyse bei 1400 °C gemessen. Als Ursache der Leitfähigkeitsabnahme bei Temperaturen > 1600 °C wurde die in diesem Temperaturbereich einsetzende karbothermische Reduktion der SiO$_2$-Komponente angenommen, Gl. 2.13, mit der gleichzeitig eine Erhöhung der Stegporosität einsetzt. Diese konnte über den röntgendiffraktometrischen Nachweis von SiC ab >1500 °C bestätigt werden, der spezifische Widerstand nähert sich dem von SiC an.

Durch den Ausbrand des Kohlenstoffs während der Oxidation bei 500 °C nach Gl. 5.47,

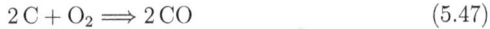

$$2\,C + O_2 \Longrightarrow 2\,CO \qquad (5.47)$$

kam es zu einem Masseverlust mit linearer Zeitabhängigkeit. Im gleichen Maß veränderte sich die Leitfähigkeit mit zunehmender Oxidationsdauer, Abb. 5.12. Dies indiziert, daß die Leitfähigkeit des Keramikschaums im Wesentlichen durch

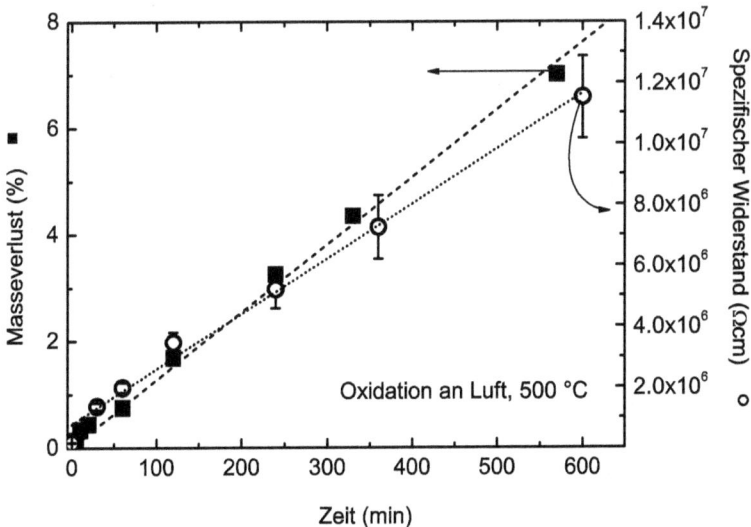

Abb. 5.12: Masseverlust und spezifischer elektrischer Widerstand der Si/SiC-gefüllten Keramikschäume als Funktion der Oxidationsdauer bei 500 °C in Luft.

die Ausbildung eines leitenden Kohlenstoffnetzwerks hervorgerufen wurde. Mit Gl. 4.25 ergibt sich für den spezifischen Widerstand ϱ empirisch:

$$\varrho = 7.7 \cdot 10^6 + 1.5 \cdot 10^6 \cdot \Delta m \qquad [\Omega \cdot cm] \qquad (5.48)$$

Dabei ist Δm der Masseverlust nach Gl. 5.47 in %. Durch das Ausheizen an Luft bei 500 °C wird das leitfähige Kohlenstoffnetzwerk graduell aufgelöst, wodurch sich die Leitfähigkeit des Schaums gezielt einstellen ließ.

5.3 Komplexe Strukturen

5.3.1 Sandwichstrukturen

Beim Aufschäumen der Sandwichstrukturen im experimentellen Aufbau nach Abb. 3.2 benetzt die Si/SiC-gefüllte Polymerschmelze die vernetzten Grünfolien im Temperaturbereich oberhalb 100 °C. Aufgrund ähnlicher Zusammensetzungen betrug der Benetzungswinkel $< 30°$ bei $T = 270$ °C. Im Gegesatz zu Schäumen ohne Deckschichten bildete sich bei den Sandwichstrukturen ein Schaumkern mit gradierter Porosität aus. Die auf der Oberseite abdeckende Folie verhinderte weitgehend ein Entweichen von Gasblasen. Diese Gasblasen sammelten sich unterhalb der Deckschicht an, es bildete sich ein Bereich geringerer relativer Dichte unterhalb der Deckschicht. Abb. 5.13 illustriert dieses Phänomen.

Durch die bei der Folienherstellung prozeßtechnisch bedingten Zusätze Ölsäure $C_{18}H_{34}O_2$ und Aluminiumacetylacetonat $C_{15}H_{21}AlO_6$ als Katalysator vernetzen diese bereits im Temperaturbereich unterhalb 200 °C. Ein Vernetzen mit dem Polymer des Schaumkerns ist nicht möglich, da bei Erreichen der Aufschäumtemperatur des Silres H44 der Schaumversätze die Deckfolien schon nahezu vollständig vernetzt vorliegen. Eine Verbindungsschicht konnte durch optische Mikroskopie oder REM-Aufnahmen nicht gefunden werden.

Für eine erfolgreiche Copyrolyse von Deckschichten und Schaumkern ist ein annähernd identisches Schwindungsverhalten und gleiche thermische Ausdehnungskoeffizienten erforderlich. Unterhalb 700 °C zeigten die Deckschichten und der Schaumkern noch viskoelastisches Verhalten, wodurch Spannungen durch

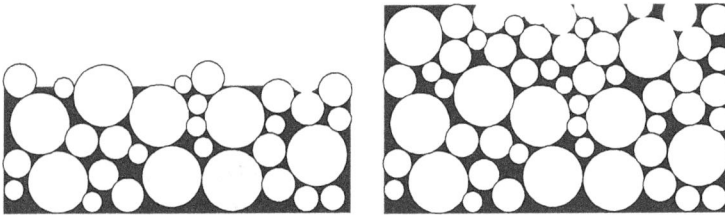

(a) Blasen bei der Schaumentstehung.   (b) Aufplatzen an der Oberfläche.

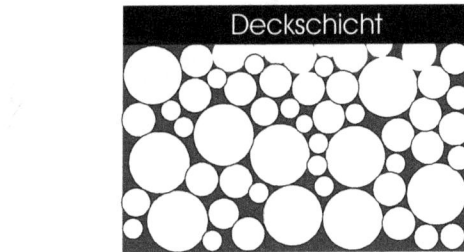

(c) Aufplatzen unterhalb der Deckfolie.

Abb. 5.13: Schema der Entwicklung des Porositätsgradienten in der Sandwichstruktur.

unterschiedliche Schwindung teilweise ausgeglichen werden konnten. Nach Abschluß der Polymer-Keramik-Umwandlung war das nicht mehr möglich, sodaß die Anpassung des Schwindungsverhaltens im Hochtemperaturbereich essentiell war. Bei vorgegebener Zusammensetzung der Deckfolien erfolgte die Anpassung über die Zusammensetzung des Schaumkerns. Die Schwindung des Schaums ließ sich über die Füllermenge einstellen, Abb. 4.22. Bei Verwendung von 65 Ma.-% Si/SiC-Füller sind die thermischen Ausdehnungskoeffizienten der Folien ($3.4 \cdot 10^{-6} \, \mathrm{K}^{-1}$) und des Schaumkerns ($3.2 \cdot 10^{-6} \, \mathrm{K}^{-1}$) nach der Pyrolyse bei 1000 °C nahezu identisch. Damit entspricht die Füllermenge des Schaums (40.7 Vol.-%) annähernd der der Folien (40.0 Vol.-%). Die Schwindungen wichen oberhalb von 500 °C um weniger als 0.5 % voneinander ab, Abb. 5.14.

Dies ermöglichte die verzugfreie Herstellung keramischer Sandwichstrukturen in einem Prozeßschritt, Abb. 4.31.

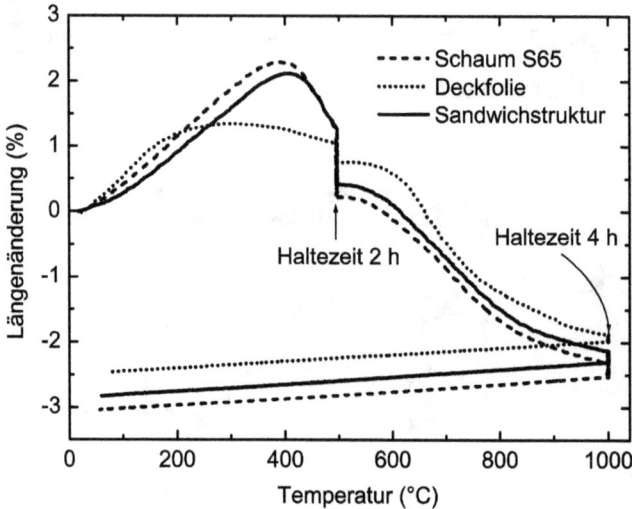

Abb. 5.14: Längenänderung des Schaums S65, der Folien und des Sandwich-elements aus S65 und zweier Folien während der Pyrolyse (Thermogravimetrische Messung).

Die dynamische Steifigkeit des Sandwichelements nach Gl. 2.43 betrug $D = 1.3$ kN/mm. Dieser Wert ist vergleichbar mit Sandwichstrukturen aus Polyurethanschäumen, die mit Aluminiumplatten bedeckt sind ($D = 1.0$ kN/mm). Die bekannte Biegesteifigkeit ermöglicht die Bestimmung der Normal- und Scherspannungen in den Komponenten des Sandwichelements [200]. Die Dehnung ϵ im Abstand y von der neutralen Achse ist

$$\epsilon = \frac{M \cdot y}{D} \qquad (5.49)$$

Nach dem Hooke'schen Gesetz ergeben sich mit den E-Modul die Normalspannungen in der Deckfolie σ_f und im Schaumkern σ_c mit:

$$\sigma_f = \frac{M \cdot y \cdot E_f}{D} \qquad (5.50)$$

$$\sigma_c = \frac{M \cdot y \cdot E_c}{D} \qquad (5.51)$$

Bei der Biegebelastung tritt im Sandwichkern auch eine Scherspannung τ auf. Diese ergibt sich aus der Scherkraft F_τ [201]:

$$\tau_c = \frac{F_\tau}{D} \cdot \left[\frac{E_f \cdot (t_f^2 + t_f \cdot t_c)}{2} + \frac{E_c}{2} \cdot \left(\frac{t_c^2}{4} - y^2 \right) \right] \qquad (5.52)$$

Sowohl Normal- als auch Scherspannungen können bei Biegung einer Sandwichstruktur vergleichbar hohe Werte annehmen. Es ist daher sinnvoll, über den Mohr'schen Spannungskreis Hauptspannungen σ_1 zu ermitteln:

$$\sigma_{1c} = \frac{\sigma_c}{2} + \sqrt{\left(\frac{\sigma_c}{2} \right)^2 + \tau_c^2} \qquad (5.53)$$

Die Hauptspannung σ_{1f} in den Deckschichten ist wegen der geringen Dicke und daher vernachlässigbaren Scherspannung näherungsweise gleich der Normalspannung σ_c [202]. Bei keramischen Sandwichstrukturen ließen sich die auftretenden Maximalspannungen in den Schaumkernen und den Deckschichten durch Gleichsetzen der Bruchfestigkeit des Sandwiches mit Gl. 5.50 und 5.53 abschätzen [200].

Ein Sandwichelement kann wegen der komplexen Struktur und möglicher unterschiedlicher Zusammensetzungen vielfältige Versagensmechanismen aufweisen (z.B. Riß im Schaumkern, Bruch der Grenzflächen, Zerquetschen des Kerns, Ablösen an der Grenzschicht). Entsprechend unterschiedlich ist der Rißverlauf im Bauteil und das Spannungs-Dehnungs-Verhalten [10, 200]. Einen typischen Rißverlauf der direktaufgeschäumten Sandwichstrukturen zeigt Abb. 5.15. Bei Biegebelastung trat anfangs ein Riß in der unteren (zugbelasteten) Deckschicht auf. Mit ansteigender Last trat eine Rißumlenkung entlang der Grenzfläche zwischen Deckschicht und Schaumkern und schließlich quer durch den Schaumkern

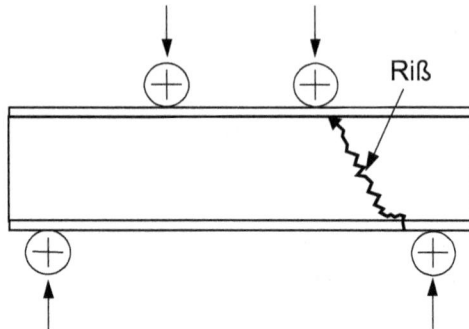

Abb. 5.15: Rißverlauf bei Biegebelastung keramischer Sandwichstrukturen.

auf. Der Winkel des Risses zur Normalenrichtung des Sandwichflächen Θ_p betrug $30 \pm 4°$. Das Verhältnis der Scher- und Normalspannungen läßt sich durch Θ_p beschreiben [203]:

$$\tan(2 \cdot \Theta_p) = \frac{2 \cdot \tau_c}{\sigma_c} \tag{5.54}$$

Demnach betrug das mittlere Scher-/Normalspannung-Verhältnis 0.86. Eingesetzt in Gl. 5.53 ließ sich $\sigma_c = 0.67 \cdot \sigma_{1c}$ und $\tau_c = 0.58 \cdot \sigma_{1c}$ berechnen. Dies entspricht $\sigma_c = 2.2$ MPa ± 0.6 MPa und $\tau_c = 1.9$ MPa ± 0.5 MPa.

Ein vergleichbarer Rißverlauf wurde auch an keramischen Sandwichstrukturen nachgewiesen, bei denen ein Al_2O_3-Retikulatschaum mit Deckschichten gleicher Zusammensetzung mit Hilfe eines Zements verbunden wurde [200]. Der Schaumkern wies eine relative Dichte von $\rho_f = 0.20$, eine Biegefestigkeit von 3.44 ± 0.55 MPa, einen Weibull-Modul $m = 7.0$, einen E-Modul von 7.69 ± 1.06 GPa und einen Schermodul von $G = 3.28 \pm 0.36$ GPa auf. Diese Werte entsprechen im Wesentlichen dem des Schaumkerns der hier untersuchten Sandwiches ($\rho_f = 0.21$, $\sigma_f = 3.2 \pm 0.4$ MPa) und ermöglichen so den direkten Vergleich. Der Rißwinkel Θ_p der Al_2O_3-Sandwiches betrug 22-24°, entsprechend ist der Scherspannungsanteil um 60 % geringer als bei den Si/SiC-gefüllten direktaufgeschäumten Sandwichelementen. Abweichend ist auch das Bruchverhalten. Wegen deutlich höherer Festigkeiten der Deckschichten traten erst Risse im Kernmaterial auf. Mit zunehmender Biegung wurde der Kern zerdrückt und erst bei einer Biegung von > 350 μm brachen die Deckschichten. Das Sandwich zeigte nichtkatastrophales Versagen bei einer um 45 % höheren Biegefestigkeit im Vergleich zum Retikulatschaumkern [200]. Durch Variation der Deckschichtdicke und der relativen Dichte des Schaumkerns konnte ein Verhältnis der Festigkeiten von Sandwich zu Schaumkern von mehr als 2.1 erreicht werden. Beim direktaufgeschäumten Si/SiC-Sandwich betrug dieser Faktor 1.0, was sich auf die geringe Festigkeit der Deckfolien ($\sigma_f = 72 \pm 18$ MPa) zurückführen ließ. Durch Erhöhen der Pyrolysetemperatur auf > 1500 °C ist eine Verdoppelung von σ_f zu erreichen [141], eine weitere Steigerung ist durch dickere Deckfolien erzielbar [200].

Die ideale Sandwichstruktur erfordert jedoch nicht nur eine maximale Festigkeit. Oft ist die Steifigkeit bei minimalem Gewicht einsatzrelevant. Die optimalen Werte der Dicke der Deckschicht und des Schaumkerns sowie der relativen Dichte sind [10]:

$$\left(\frac{c}{l}\right)_{\mathrm{opt}} = 4.3 \cdot \left(\frac{C_2 \cdot B_2}{B_1^2} \cdot \left(\frac{\rho_f}{\rho_s}\right)^2 \cdot \frac{E_s}{E_f^2} \cdot \left(\frac{P}{b \cdot \delta}\right)\right)^{\frac{1}{5}} \tag{5.55}$$

$$\left(\frac{t}{l}\right)_{\mathrm{opt}} = 0.32 \cdot \left(\frac{1}{B_1 \cdot B_2^2 \cdot C_2^2} \cdot \left(\frac{\rho_s}{\rho_f}\right)^4 \cdot \frac{1}{E_f \cdot E_s^2} \cdot \left(\frac{P}{b \cdot \delta}\right)^3\right)^{\frac{1}{5}} \tag{5.56}$$

$$\left(\frac{\rho_c^{\star}}{\rho_s}\right)_{\mathrm{opt}} = 0.59 \cdot \left(\frac{B_1}{B_2^3 \cdot C_2^2} \cdot \left(\frac{\rho_f}{\rho_s}\right) \cdot \frac{E_f}{E_s^3} \cdot \left(\frac{P}{b \cdot \delta}\right)^2\right)^{\frac{1}{5}} \tag{5.57}$$

Der Index $_s$ bezeichnet den Wert des Sandwichelements, $_f$ und $_c$ die entsprechenden Werte für die Deckschichten und den Schaumkern. Die Parameter B_1, B_2 und C_2 sind abhängig von der Belastungsart. Für eine 3-Punkt-Biegung ist $B_1 = 48$, $B_2 = 4$ und $C_2 = 0.4$ [10]. Für andere Belastungsarten (z.B. Hertzsche Pressung, gleichförmiger Druck) sind die Optimalwerte von den aus Gl. 5.55 - 5.57 stark abweichend [10, 116, 118, 152]. Im vorliegenden Fall des Si/SiC-gefüllten Sanwiches ergibt sich:

$$c = 0.18 \cdot \frac{l}{b^{\frac{1}{5}}} \tag{5.58}$$

$$t = 0.00077 \cdot \frac{l}{b^{\frac{1}{15}}} \tag{5.59}$$

$$\rho_f = 0.06 \tag{5.60}$$

Sowohl die geometrischen Größen c und t als auch die strukturelle Größe ρ_f weichen stark vom Optimum ab. Erwartungsgemäß war auch keine signifikante Festigkeitssteigerung im Vergleich zum Schaum ohne Deckschichten meßbar. Die Größen c, t und ρ_f sind bei diesem Verfahren in weiten Bereichen einstellbar. c läßt sich durch die Menge an Polymer/Füller-Gemisch steuern, die Schäumtemperatur hat Einfluß auf die relative Dichte und durch mehrmaliges Übergiesen der Grünfolien ließ sich t einstellen [141].

5.3.2 Komposite mit Durchdringungsgefüge

Komposite mit zwei sich gegenseitig durchdringenden Phasen (IPC) bilden ein wichtiges Konzept zur Verstärkung von Leichtmetallen. Sie bieten eine bessere Verstärkung der metallischen Phase als konventionelle Verstärkungsmechanismen (Partikel, Fasern, Geflechte) in Metall-Matrix-Kompositen (MMC) [133,204] und werden bereits im Automobilbau eingesetzt [131,205]. IPCs aus keramikschaumverstärkten Leichtmetallen haben ein hohes Anwendungspotential zur Gewichtsreduzierung im Automobilbau und Schienentransportsystemen. Ein Forschungsprojekt der RWTH Aachen in Zusammenarbeit mit Thyssen Guß AG und SAB Wabco BSI untersuchte die Einsatzmöglichkeit von keramikschaumverstärkten A356-Aluminiumlegierungen als Bremsscheiben in ICE-Hochgeschwindigkeitszügen. Die Scheiben wiesen im Vergleich zu konventionellen Bremsscheiben aus Gußeisen eine um 40 % geringere Masse und eine 5-fach höhere thermische Leitfähigkeit auf. Dies verhindert die Bildung von Hot Spots. Bei Verwendung von großporigen Retikulatschäumen wiesen diese Scheiben jedoch einen untolerierbar hohen Verschleiß auf [206].

Bearbeitung. Mittels Squeeze Casting wurden die Keramikschäume mit Mg-Legierungen AZ31 und AZ91 infiltriert. Aufgrund der vollständig offenzelligen Struktur war die Infiltration bei einem Preßdruck von 86 MPa vollständig. Wie Bildanalysen von REM-Aufnahmen zeigten, betrug die Restporosität bei allen Kompositen $\ll$ 1 %.

Abb. 5.16: Beispiel eines mittels Funkenerosion bearbeiteten Komposits.

Die Struktur und Zusammensetzung der IPCs stellt hohe Anforderungen an die mechanische Bearbeitungstechnik. Die Bearbeitung der IPCs stellt wegen der Verbindung stark abrasiver Bestandteile im keramischen Verstärkungsskelett (SiC, Al_2O_3, SiO_3) und weicher Metallmatrix im Volumenverhältnis von $\approx$ 20:80 Anforderungen an die mechanische Bearbeitung. Die IPCs ließen sich mit diamantbeschichteten Drahtsägen schneiden. Die Bearbeitung ist jedoch zeitaufwendig und ergibt keine geraden Schnitte. Aufgrund der durchdringenden Mg-Phase sind die Komposite elektrisch gut leitend. Dies erlaubt die Bearbeitung durch Funkenerosion. Die Methode ist schnell und ermöglicht die Ausführung von Hinterschnitten, Abb. 5.16. Durch dieses Verfahren ist die Schädigung der Oberfläche bei der Bearbeitung minimal und hat so nur einen vernachlässigbaren Einfluß auf die mechanischen Eigenschaften bearbeiteter Werkstücke.

Grenzflächen. Thermodynamische Berechnungen (Software HSC Chemistry 4.1, Outokumpu Research Oy, Pori, Finnland) wurden zur Abschätzung möglicher Reaktionen des keramischen Skeletts mit der Metallschmelze durchgeführt. Unterschieden sich die Magnesium-Legierungen in der Zusammensetzung nur im Verhältnis von Mg:Al (Tab. 3.4), so legen die unterschiedlichen Füllstoffe im Keramikschaum folgende Reaktionen an der Grenzfläche nahe:

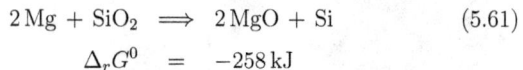

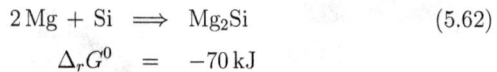

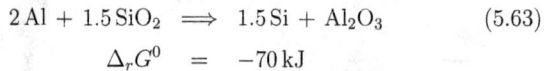

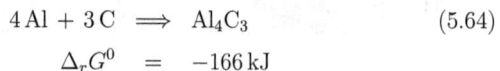

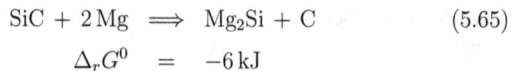

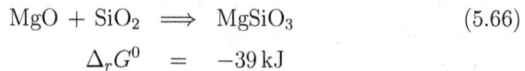

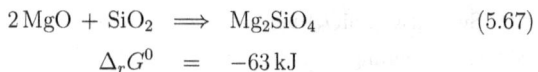

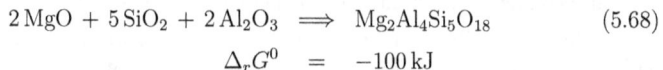

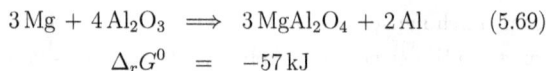

$$2\,Mg + SiO_2 \implies 2\,MgO + Si \qquad (5.61)$$
$$\Delta_r G^0 = -258\,kJ$$

$$2\,Mg + Si \implies Mg_2Si \qquad (5.62)$$
$$\Delta_r G^0 = -70\,kJ$$

$$2\,Al + 1.5\,SiO_2 \implies 1.5\,Si + Al_2O_3 \qquad (5.63)$$
$$\Delta_r G^0 = -70\,kJ$$

$$4\,Al + 3\,C \implies Al_4C_3 \qquad (5.64)$$
$$\Delta_r G^0 = -166\,kJ$$

$$SiC + 2\,Mg \implies Mg_2Si + C \qquad (5.65)$$
$$\Delta_r G^0 = -6\,kJ$$

$$MgO + SiO_2 \implies MgSiO_3 \qquad (5.66)$$
$$\Delta_r G^0 = -39\,kJ$$

$$2\,MgO + SiO_2 \implies Mg_2SiO_4 \qquad (5.67)$$
$$\Delta_r G^0 = -63\,kJ$$

$$2\,MgO + 5\,SiO_2 + 2\,Al_2O_3 \implies Mg_2Al_4Si_5O_{18} \qquad (5.68)$$
$$\Delta_r G^0 = -100\,kJ$$

$$3\,Mg + 4\,Al_2O_3 \implies 3\,MgAl_2O_4 + 2\,Al \qquad (5.69)$$
$$\Delta_r G^0 = -57\,kJ$$

Die Gibbs'schen Reaktionsenthalpien beziehen sich auf die Infiltrationstemperatur von 680 °C. Die Si-O-C-Matrixphase wurde dabei als ein Gemisch aus 21.4 mol-% SiO_2, 6.5 mol-% SiC und 72.1 mol-% C aufgefasst. und tritt in den Reaktionen 5.61–5.64 und 5.66–5.68 als mögliches Edukt auf [46]. Quarz- und Si/SiC-gefüllte Schäume können nach Gl. 5.61–5.67, Al_2O_3-gefüllte Schäume zusätzlich auch nach Gl. 5.68 und 5.69 mit der Metallschmelze reagieren.

GADDS-Analysen der Komposite zeigten, daß die Metallmatrix in allen Kompositen aus Mg, Mg_2Si, $Al_{12}Mg_{17}$ und MgO bestand. Im keramischen Skelett der Al_2O_3-Schaum/AZ31-Kompositen wurde überwiegend Spinell (5.69) und MgO (5.61) sowie geringe Mengen an Cordierit (5.68) und elementarem Silizium nachgewiesen. Dieses konnte mit der Mg-Schmelze Mg_2Si-Ausscheidungen bilden (5.62). In der keramischen Phase der Infiltrate mit quarzgefüllten Schäumen wurde Mg_2Si, MgO, SiO_2, Si und $Al_{12}Mg_{17}$ identifiziert. Die nachweisbaren Phasen der Si/SiC-gefüllten und AZ91 infiltrierten Schäume waren Si, SiC, MgO und Mg_2Si. Im Vergleich zu reinem Mg waren die Zellparameter vom Mg der Metallmatrix um 0.7 % kleiner und von $Al_{12}Mg_{17}$ um 1.0 % größer. Dies deutet auf Eigenspannungen hin, die sich in den Kompositen wegen der stark unterschiedlichen thermischen Dehnung (TAK(Si-O-C) $\approx 4 \cdot 10^{-6} \, K^{-1}$, TAK(AZ31,AZ91) $\approx 28 \cdot 10^{-6} \, K^{-1}$) während des Abkühlens von der Infiltrationstemperatur auf Raumtemperatur ausgebildet haben können. Die o.g. Reaktionen führten zur Ausbildung einer Reaktionszone zwischen Keramikskelett und Metallinfiltrat. Wie Untersuchungen an Al_2O_3-faserverstärkten AZ91-Kompositen zeigten, hat die Dauer der Reaktion dabei einen signifikanten Einfluß auf die Dicke der sich ausbildenden Grenzschicht [207]. Die Bildung einer Reaktionszone konnte in allen AZ31-infiltrierten Keramikschäumen bestätigt werden. Wie Mikroskopie-Untersuchungen zeigten, war die Dicke der Reaktionszone bei den Kompositen mit Al_2O_3- und quarzgefüllten Schäumen etwa 200 µm bis 300 µm, Abb. 4.34. Ein davon abweichendes Verhalten zeigen die Si/SiC-gefüllten Schäume, die mit AZ91 infiltiert wurden. Während die in Luft pyrolysierten Schäume ebenso wie die in Stickstoff pyrolysierten und anschließend an Luft oberflächlich oxidierten Schäume IPCs mit direkter Verbindung der keramischen und metallischen Phasen ergaben, trat bei den lediglich in Stickstoff pyrolysierten Schäumen S65 eine großflächige Ablösung der Metallphase vom Schaumkeramikskelett auf. Abb. 5.17 zeigt die Mikrostruktur der oberflächlich oxidierten und nicht oxidierten Si/SiC-gefüllten Schäume nach der AZ91-Infiltration. Die Spaltbrei-

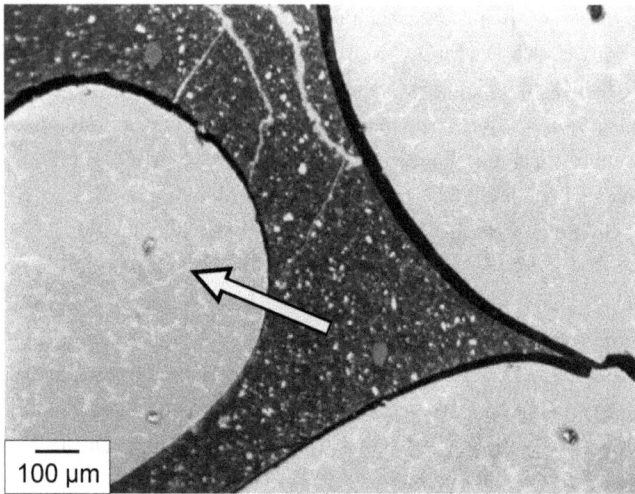

(a) Nicht oxidierter Keramikschaum

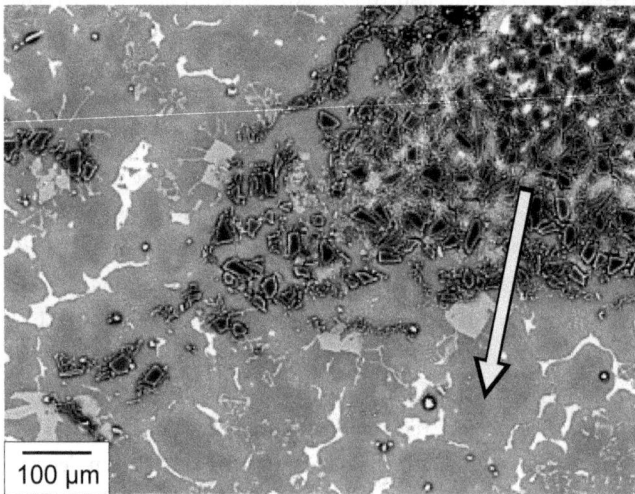

(b) Oberflächenoxidierter Keramikschaum

Abb. 5.17: REM-Aufnahmen von Schnittflächen durch die Metall/Keramik-Grenzschicht von AZ91-infiltrierten Si/SiC-gefüllten Keramikschäumen. Die Pfeile zeigen die Richtungen der EDX-Linienanalysen aus Abb. 5.18.

te zwischen Metall und Keramik beträgt 10 bis 15 µm. Ausgehend von einem spannungsfreien Zustand oberhalb der Solidus-Temperatur von AZ91 (470 °C), schwindet eine Schaumzelle beim Abkühlen auf Raumtemperatur von 1.2 mm Durchmesser um etwa 3 µm, das darin eingeschlossene Metall jedoch um 15 µm. Die Differenz entspricht der beobachteten Spaltbreite und läßt so vermuten, daß die Metallphase schon bei hohen Temperaturen von Keramikskelett abreißt [208]. Die Dicke der Grenzschicht wurde über energiedispersive Röntgenanalyse (EDX) enlang der in Abb. 5.17 gezeigten Pfeile der Elemente Si und Mg ermittelt. Dabei diente Si als Indikator für die keramische Phase über die Füllstoffe Si und SiC, sowie die Si-O-C-Matrix. Mg als Hauptbestandteil von AZ91 kennzeichnet die metallische Phase. Abb. 5.18 zeigt den Intensitäts-Orts-Verlauf von Si und Mg über die Grenzschicht der IPCs mit oberflächenoxidiertem und nicht oxidiertem Si/SiC-gefüllten, in Stickstoffatmosphäre pyrolysierten Schaum.

Der Übergang vom Keramikskelett zum Metall ist beim oxidierten Schaum-Komposit fließend, die Intensitäten von Mg und Si verändern sich langsam über eine Strecke von 150 µm bis 200 µm. Damit ist der Übergangsbereich lediglich 25 % dünner als bei den Al_2O_3- und quarzgefüllten Schaum/AZ31-Kompositen. Das Signal ist dabei regelmäßig von zackenförmigen Ausreißern unterbrochen, Abb. 5.18a. Signifikante Unterschiede im Intensitätsverlauf wies hingegen das Komposit aus dem nicht oxidiertem Schaum auf. Die Intensitätsänderung verläuft steil innerhalb von 50 µm bis 70 µm. Weiterhin auffällig ist die glatte Grenzfläche und das dichte Stegmaterial. Im Gegensatz dazu ist die Grenzschicht der IPCs aus oberflächenoxidierten Schäumen häufig unterbrochen, es wurden Bruchstücke des Keramikschaums in der Metallmatrix gefunden. Metall- und Keramikphasen sind so miteinander verzahnt, Abb. 5.17 b. Dies erklärt den zackenförmigen Verlauf der EDX-Linienanalysen.

Durch Diffraktometrie und GADDS wurden qualitativ die gleichen kristallinen Phasen sowohl im nicht oxidierten als auch im oxidierten Schaum/Metall-Komposit nachgewiesen. Unterschiedlich ist somit nur die Quantität der Edukte und der Produkte, die bei der Reaktion des Keramikschaums mit der schmelzflüssigen Mg-Legierung entstanden. Die Abschätzung der Stoffmengen möglicher Reaktionsprodukte erfolgte unter Zuhilfenahme thermodynamischer Berechnungen. Ausgehend vom molaren Verhältnis der Si-O-C-Matrix von SiO_2 : SiC : C = 21.4 : 6.5 : 72.1 [46] und dem Masseverhältnis der Füller von Si :

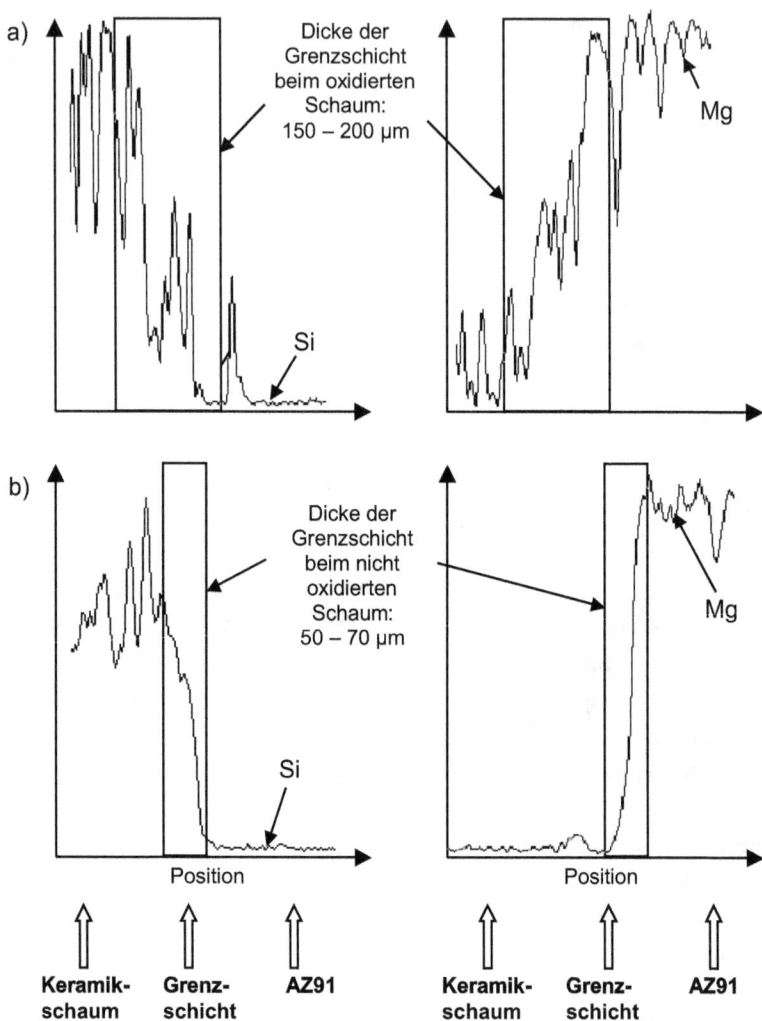

Abb. 5.18: EDX-Linenanalyse von Si (links) und Mg (rechts) der AZ91/Keramikschaum-Grenzfläche bei oberflächenoxidiertem (a) und nicht oxidiertem (b) Si/SiC-gefüllten Keramikschaum.

SiC = 1 : 4 wurde bei einem Füller:Si-O-C-Matrix-Volumenverhältnis nach der Pyrolyse in Stickstoffatmosphäre von 48:52 (Tab. 5.3) das Volumenverhältnis des S65-Schaums zu SiO_2 : SiC : C : Si = 26.5 : 40.1 : 21.0 : 12.4 berechnet. Für die oberflächlich oxidierten Schäume wurde eine Zusammensetzung mit 50 Vol.-% weniger C und entsprechend höherem SiO_2-Anteil angenommen. Zur Simulation der Zusammensetzung der Grenzfläche zwischen Keramik und Metall wurde das Verhältnis der Stoffmengen der Magnesiumlegierung AZ91 n_{AZ91} und des Keramikschaums $n_{Keramikschaum}$ von 0 bis 5 variiert. Der Wert 0 entspricht dabei reinem Keramikschaum, ein Verhältnis von 5 entspricht weitgehend der reinen Mg-Legierung. Der Anstieg von $n_{AZ91}/n_{Keramikschaum}$ entspricht daher dem Übergang vom Keramikskelett in die Metallphase. Die Bildung der Reaktionsprodukte nach Gl. 5.61 bis 5.69 hängt entscheidend von der Menge der zur Verfügung stehenden Edukte ab. Entsprechend gibt es deutliche Unterschiede bei der thermodynamisch berechneten Zusammensetzung der Grenzfläche. Abb. 5.19 zeigt für beide Fälle die kalkulierte Zusammensetzung als Funktion des Stoffmengenverhältnisses von AZ91 und Keramik. Das beim oxidierten Schaum in höheren Konzentrationen zur Verfügung stehende SiO_2 wird nach Gl. 5.61 reduziert. Es bildet sich entsprechend deutlich mehr MgO. Steht mehr Mg zur Verfügung, reagiert dieses mit dem Si zu Mg_2Si (Gl. 5.62). Die Silikate Forsterit und Enstatit bilden sich nur bei Mg-Mangel bei einem $n_{AZ91}/n_{Keramikschaum}$-Verhältnis < 1. Spinell $MgAl_2O_4$ bildet sich im oxidierten Schaum-Komposit ab $n_{AZ91}/n_{Keramikschaum}$ > 0.6. Das Al der AZ91-Legierung bildet mit dem Kohlenstoff Al_4C_3. Nicht alle genannten Phasen wurden über Röntgenanalyse nachgewiesen. Dies kann beispielsweise an einer zu geringen Konzentration unterhalb der Nachweisgrenze von 3-5 % liegen oder an einer kinetischen Hemmung der Reaktion, die zur Inhibierung der Ausbildung dieser Phase führt.

Die Dicke der Grenzfläche und deren sich verändernde Zusammensetzung beeinflußt den thermischen Ausdehnungskoeffizienten (TAK) im Material, der sich von der Keramik zum Metall versechsfacht. Abb. 5.20 zeigt den Verlauf des TAK für beide Komposite. Der Gradient des TAK ist beim IPC mit nicht oxidiertem Schaum mit $8.2 \cdot 10^{-8}$ $(K \cdot \mu m)^{-1}$ mehr als doppelt so steil wie beim IPC mit oberflächenoxidiertem Schaum ($3.8 \cdot 10^{-8}$ $(K \cdot \mu m)^{-1}$).

Der schnelle Übergang des thermischen Ausdehnungskoeffizienten führt zu einer radialen Zugspannung in den metallgefüllten Zellen. Diese ist im Fall des nichtoxidierten Schaum-IPC höher als die Zugfestigkeit der Grenzfläche, was

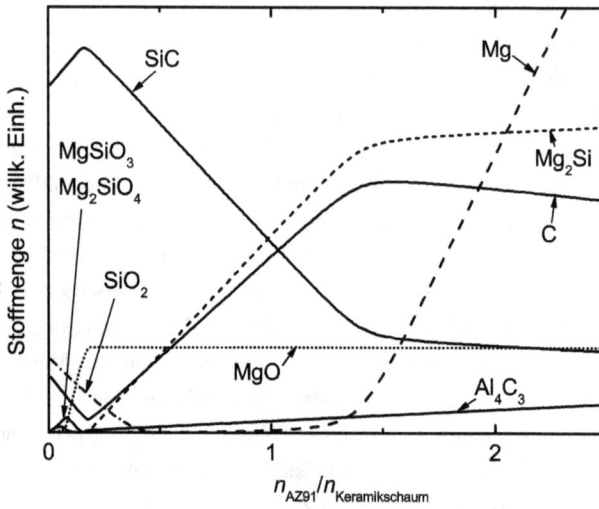

(a) Nicht oxidierter Keramikschaum

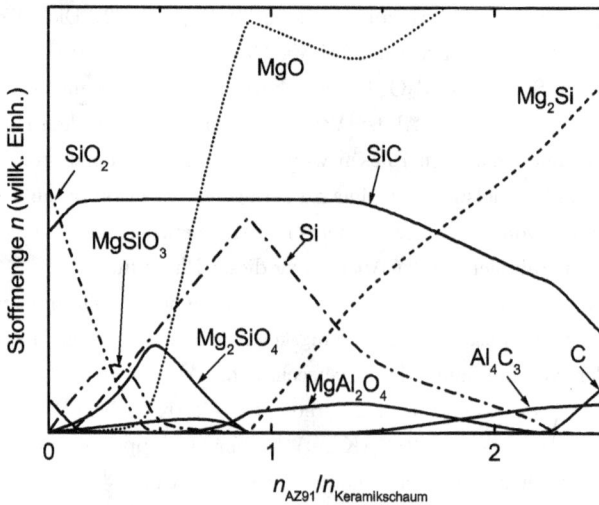

(b) Oberflächenoxidierter Keramikschaum

Abb. 5.19: Berechnete Zusammensetzung der Metall/Keramik-Grenzschicht.

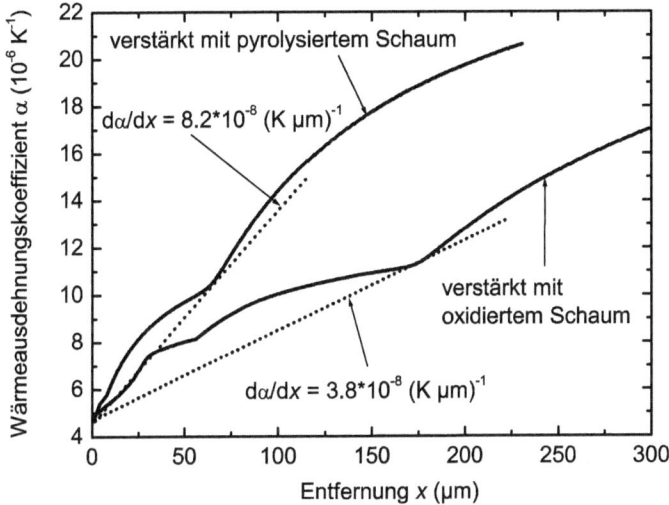

Abb. 5.20: Berechneter Gradient des thermischen Ausdehnungskoeffizienten durch die Metall/Keramik-Grenzfläche.

folglich zur Ablösung führte. Der Übergang über einen größeren Bereich im Fall des IPCs mit oxidiertem Schaum ermöglicht die rissfreie Herstellung; die auftretenden thermisch induzierten Eigenspannungen sind somit geringer als die Festigkeit des Materials. Diese Eigenspannungen können sehr hohe Werte annehmen (> 1 GPa) [209]. Nach Selsing ist die Zugspannung σ_t an der Grenzfläche eines kugelförmigen Einschlusses in einer unendlichen Matrix [210]:

$$\sigma_t = \frac{(\alpha_1 - \alpha_2) \cdot \Delta T}{\frac{1-2\cdot\nu_2}{E_2} + \frac{1+\nu_1}{2\cdot E_1}} \tag{5.70}$$

Der Index $_1$ steht für die Metallphase, $_2$ für die Keramik. Die Zugspannung für das System AZ91/oxidierter S65-Schaum wurde zu $\sigma_t = 580$ MPa berechnet. Die Größe der Spannungen hängt neben den Materialkonstanten jedoch auch von der Relaxation durch plastische Verformung und der Größe der Einschlüsse und des Volumenverhältnisses von Metall und Keramik ab.

Im System Ni/Al$_2$O$_3$ wurde gezeigt, daß bereits Ni-Partikel größer als 3 µm wegen der Differenz der thermischen Dehnung zur Rißbildung an der Grenzfläche führten [209]. Die dort über FEM-Simulation berechnete Spannung ergab eine Zugspannung von 2.18 GPa, der experimentell bestimmte Wert betrug 1.6 GPa. Ein Ablösen an der Metall/Keramik-Grenzfläche wurde auch an Al6061 Aluminium-infiltrierten Al$_2$O$_3$-Schaum beobachtet [175]. Durch langsameres Abkühlen von der Infiltrationstemperatur (600-800 °C) auf Raumtemperatur innerhalb von 150 min konnte ein rißfreies Komposit hergestellt werden. Es ist wahrscheinlich, daß die längere Abkühlzeit ein stärkeres plastisches Verformen der Metallphase ermöglicht, das den Versatz der thermischen Dehnung ausgleichen kann. Im Fall der AZ91-infiltrierten polymerabgeleiteten Keramiken ist zu vermuten, daß eine Verlängerung der Abkühlzeit einen vergleichbaren Effekt zeigt. Zudem mag sich eine dickere Grenzschicht mit entsprechend geringerem Gradienten des Wärmeausdehnungskoeffizienten ausbilden. Eine Ablösung könnte so verhindert werden. Der experimentelle Nachweis steht jedoch noch aus.

Leichtmetall-Verstärkung. Die verstärkende Wirkung in Kompositen mit Durchdringungsgefüge einer spröden Keramik und eines duktilen, plastisch verformbaren Metalls wird durch das Volumenverhältnis der beiden Phasen bestimmt [211]. Die Festigkeit des Metalls in einem Komposit mit überwiegend Keramik limitiert die Verstärkung durch die Möglichkeit, den fortlaufenden Riß über plastische Verformung aufzuhalten. Ist der Volumenanteil des Metalls jedoch größer als der der Keramik, so hat die Verformung des Keramikskeletts maßgeblichen Einfluß auf die Festigkeit und die elastischen Moduln des Komposits. Zwar läßt sich für Metall-Matrix-Verbunde ohne kontinuierliche Verstärkungsphase der Eigenschaftswert nach der linearen Mischungsregel annähernd beschreiben, bei Kompositen mit Durchdringungsgefüge in allen Raumrichtungen tritt jedoch eine starke Abweichung auf [212]. Obere und untere Grenzen der elastischen Konstanten in Abhängigkeit des Volumenanteils der Verstärkungsphase liefert die Hashin-Shtriktman-Abschätzung nach Gl. 4.27. Unter der Berücksichtigung der Struktur zweier interpenetrierender Phasen mit retikulatschaumähnlicher Struktur entwickelte Tuchinskii ein Modell für den *E*-Modul [213]:

$$E_c = E_m \cdot (1 - c)^2 + E_s \cdot c^2 + \frac{2 \cdot E_s \cdot (c - c^2)}{c + \left(\frac{E_s}{E_m}\right) \cdot (1 - c)} \qquad (5.71)$$

Der Parameter c entspricht dem Volumenanteil der Keramik im Komposit bzw. der relativen Dichte ρ_f des Schaums:

$$\rho_f = 3c^2 - 2c^3 \qquad (5.72)$$

Zur Abschätzung wurden die elastischen Moduln der Keramikskelette aus den E-Moduln der keramischen Phasen berechnet. Da, wie REM-Untersuchungen zeigten, die Stegporosität durch den Squeeze-Casting-Prozess größtenteils mit Metallschmelze infiltriert wurde, schätzt hier eine Berechnung aus den Werten des Schaums nach Gl. 5.31 zu gering ab. Für den K50-Keramikschaum ergibt sich daher mit einem E-Modul der Si-O-C-Phase von 100 GPa [56] und von Al_2O_3 von $E = 400$ GPa bei einem Volumenverhältnis von Si-O-C:Al_2O_3 = 64:36 (5.3) ein $E_{K50} = 208$ GPa. Mit $E(\text{Quarz}) = 76$ GPa bzw. $E(\text{Si}) = 112$ GPa und $E(\text{SiC}) = 410$ GPa sind die entsprechenden Werte für Q50 bzw. S65-Schäume $E_{Q50} = 89$ GPa bzw. $E_{S65} = 219$ GPa. Tab. 5.4 gibt einen Vergleich der Meßwerte mit den theoretischen E-Moduln der Komposite.

Tab. 5.4: Vergleich der gemessenen und theoretischen E-Moduln (in GPa).

Probe	K50/AZ31	Q50/AZ91	S65(ox.)/AZ91
Meßwert E	56	62	69
untere Hashin-S.-Grenze E_c^u	30	42	33
obere Hashin-S.-Grenze E_c^o	61	50	82
Tuchinskii-Abschätzung E_c	48	49	71

Bei Anwendung des gleichen Modells läßt sich die Poisson-Querkontraktionszahl eines IPCs abschätzen [213]. Dabei ist in Analogie zu Gl. 5.71 die obere Grenze:

$$\nu_{c,o} = \nu_m \cdot (1-c)^2 + \nu_s \cdot c^2 + \frac{2 \cdot \nu_m \cdot \left(\frac{E_s}{E_m}\right) \cdot \left[(1-c) + c \cdot \frac{\nu_s}{\nu_m}\right] \cdot (c - c^2)}{\left[(1-c) + c \cdot \left(\frac{E_s}{E_m}\right)\right] \cdot \left[c + \left(\frac{E_s}{E_m}\right) \cdot (1-c)\right]} \quad (5.73)$$

Durch den Ausdruck

$$\nu_{c,u} = \nu_m \cdot \frac{\left[1 - c^2 \cdot \left(1 - \frac{\nu_s}{\nu_m} \cdot c^2\right)\right] \cdot [1 - c \cdot (1-m)]}{[1 - c \cdot (1-n)] \cdot \left[1 - c \cdot \left(1 - \frac{1}{n}\right)\right]} \quad (5.74)$$

mit

$$m = \frac{(1-c)^2 + \left(\frac{\nu_s}{\nu_m}\right) \cdot (2c - c^2)}{1 - c^2 + c^2 \cdot \left(\frac{\nu_s}{\nu_m}\right)} \quad (5.75)$$

$$n = \frac{(1-c)^2 + \left(\frac{E_s}{E_m}\right) \cdot (2c - c^2)}{1 - c^2 + c^2 \cdot \left(\frac{E_s}{E_m}\right)} \quad (5.76)$$

ergibt sich die Abschätzung für die untere Grenze der Poissonzahl des Komposits. Mit dem Meßwert der Querkontraktionszahl des Schaums S65, $\nu_s = 0.11$ und dem Literaturwert für AZ91, $\nu_m = 0.35$ ließ sich eine obere Grenze der Poisson-Zahl des IPCs von $\nu_{c,o} = 0.24$ abschätzen. Die untere Grenze ergibt nach Gl. 5.74 $\nu_{c,u} = 0.18$. Nach Abb. 4.41 ist die gemessene Querkontraktionszahl bei Raumtemperatur $\nu_c = 0.16$. Mit steigender Temperatur nimmt auch die Poisson-Zahl zu und liegt mit Werten zwischen 0.18 und 0.23 im Temperaturbereich von 100 °C bis 300 °C innerhalb der modellhaften Abschätzung.

Da die Druckfestigkeiten des Stegmaterials σ_s der Keramikschäume für alle verwendeten IPCs deutlich über der Festigkeit der Magnesiumlegierungen liegen, ist die Festigkeit des IPCs erwartungsgemäß höher als die der AZ31- oder AZ91-Matrixphase. Die Bildung der Reaktionsprodukte an der Grenzfläche mag ebenso zur Festigkeitssteigerung beitragen. So haben beispielsweise stengelförmige Mg_2Si-Ausscheidungen einen Verstärkungseffekt bei gegossenem AS21 ergeben, da die Orowan-Spannung zum Umgehen dieser Ausscheidungen ≈ 25 MPa beträgt [214]. Vergleichbare Orowan-Spannungen sind auch bei Mg_2Si im AZ31- und AZ91-Gefüge der hier diskutierten IPCs zu erwarten.

Mittels hochauflösenden REM-Untersuchungen am IPC aus AZ31-infiltriertem Q50-Schaum wurden keramische Partikel nachgewisen. Durch EDX-Analysen wurden diese als MgO identifiziert. Die Partikel hatten eine Größe von 0.5 µm bis 3 µm und waren gleichmäßig in der Metallmatrix verteilt. Es wurde vermutet, daß sich bei der AZ31-Infiltration Bruchstücke vom Keramikskelett gelöst haben [204]. Diesen Partikeln kann ebenfalls eine verstärkende Wirkung zugeschrieben werden. Die Verstärkungswirkung partikelverstärkter Al-Legierungen wird industriell bereits eingesetzt. So bestehen beispielsweise die Bremsscheiben des Lotus Elise Sportwagens aus SiC- und Al_2O_3-partikelverstärkten Aluminiumlegierungen 4040 und 7033 mit je 25-30 Vol.-% Keramikphase [215]. Die Leistung dieser Bremsscheiben ist konventionellen Bremsscheiben hinsichtlich der Wärmeleitfähigkeit, dem Verschleiß und dem Gewicht deutlich überlegen. Die Kombination aus Partikelverstärkung der Metallphase und des Konzepts interpenetrierender Phasen läßt deshalb die Herstellung neuer Werkstoffe mit optimierten Eigenschaften erwarten.

6 Zusammenfassung

Das in dieser Arbeit vorgestellte Verfahren des Direktaufschäumens präkeramischer Polymerschmelzen ermöglicht die Herstellung hochporöser Keramikschäume mit in weiten Grenzen einstellbaren Eigenschaften in nur einem Prozeßschritt. Das Aufschäumen durch Freisetzen gasförmiger Polykondensationsprodukte eines Poly-Methyl-Phenyl-Silsesquioxans im Temperaturbereich von 220 °C bis 300 °C bedarf nicht der Zugabe von Additiven wie Treibmittel oder Tensiden. Durch Einbau partikulärer Füllstoffe gelang es, die mechanischen, thermischen, elektrischen und strukturellen Eigenschaften der Keramikschäume maßzuschneidern und zu optimieren.

Im Rahmen der Arbeit wurde der fundamentale Zusammenhang des Aufschäumprozesses zwischen der Zeit, der Temperatur und der Viskosität der Polymerschmelze erarbeitet. Der hergeleitete Zusammenhang wurde experimentell verifiziert. Durch Variation der Temperatur läßt sich sowohl eine homogene als auch eine Struktur mit Porositätsgradienten bei gleichzeitigem Übergang von offener zu geschlossener Porosität erzielen. Die Analyse der Schaummorphologie erfolgte mit Hilfe der Röntgen-Computertomographie. Die quantitative Charakterisierung mittels Auswertealgorithmen auf der Basis von zwei- und dreidimensionalen Verfahren lieferte umfassende Kenntnisse über die Schaumstruktur und ermöglichte eine Korrelation der Prozeßparameter mit der Struktur, Gaspermeabilität und daraus resultierenden Eigenschaften.

Der nach der Vernetzung und Strukturstabilisierung vorliegende Duroplastschaum kann mit Technologien der Kunststoffindustrie bearbeitet werden. Durch anschließende Pyrolyse wurde die Zusammensetzung (oxidisch/nichtoxidisch) sowie die Eigenschaften gezielt eingestellt. Diese Keramikschäume wiesen im Vergleich zu konventionell hergestellten Schaumkeramiken eine Verdoppelung des Weibull-Moduls m mit einer Biege- und Druckfestigkeit von 4.5 MPa bei einer relativen Dichte von 27 % auf. Die elektrische Leitfähigkeit ist – weitgehend unabhängig von der Füllerart und -menge – über die Pyrolysetemperatur

um 14 Größenordungen regelbar. Die Wärmeleitfähigkeit ist trotz gut wärme-
leitender Füllstoffe im Bereich von 1 W/m·K und prädestiniert diese Schäume
für thermische Isolation.

Die relative Dichte konnte über die Füllstoffmenge zwischen < 0.10 und
> 0.50 variiert werden. Die Schäume wiesen im Vergleich zu Retikulatschäumen
oder zellularen Strukturen aus gesinterten Hohlkugeln eine hohe Interkonnektivitätsdichte der Schaumzellen, eine homogene Struktur, sphärische Zellen mit
kleinen Zellfenstern und dichte Stege auf. Die Modellvorstellungen von Gibson
und Ashby bestätigend hatte die relative Dichte direkten Einfluß auf die mechanischen Eigenschaften. Die Druckfestigkeit variierte zwischen 100 kPa (hochporöse, oxidische Schäume) bis > 5 MPa (Si/SiC-gefüllte Schäume mit >50 Ma.-%
Füller). Die Festigkeit der nichtoxidischen Schäume war gekennzeichnet durch
eine sehr geringe Streuung (Weibull-Modul $m = 13$) und zunehmende Werte bei
steigender Temperatur bis 1100 °C. Gleiches galt für die elastischen Moduln.

Durch Schäumen zwischen zwei polymerabgeleiteten keramischen Grünfolien
wurden Sandwichstrukturen hergestellt und mit den Deckschichten in einem
Prozeßschritt pyrolysiert. Dies ermöglichte erstmalig die Herstellung keramischer Sandwichelemente ohne Verwendung eines Klebemittels.

Als Funktionalisierungsmöglichkeit der polymerabgeleiteten Keramikschäume wurde ebenso die Verstärkung von Magnesium beschrieben. Offenzellige
oxidische und nichtoxidische Keramikschäume wurden vollständig mit Mg-Legierungen AZ31 und AZ91 infiltriert. Das Prinzip der Festigkeitssteigerung
durch zwei sich gegenseitig durchdringende Phasen (IPC) wurde so erstmals
auf Magnesium angewandt. Die Komposite zeigten durch die Verstärkungswirkung des keramischen Skeletts erhöhte Festigkeiten und elastische Moduln sowie
eine signifikant verbesserte Kriechbeständigkeit bis 200 °C.

Literaturverzeichnis

[1] P. Greil: *Polymer Derived Engineering Ceramics.* Advanced Engineering Materials, 2(6):339–348, 2000.

[2] W. Noll: *Chemie und Technologie der Silikone.* Verlag Chemie, Weinheim, 2. Auflage, 1968.

[3] R.H. Baney, M. Itoh, A. Sakakibara, T. Suzuki: *Silsesquioxanes.* Chemical Reviews, 95(5):1409–1430, 1995.

[4] C.M. Brewer, D.R. Bujalski, V.E. Parent, K. Su, G.A. Zank: *Insights into the Oxidation Chemistry of SiOC Ceramics Derived from Silsesquioxanes.* Journal of Sol-Gel Science and Technology, 14(1):49–68, 1999.

[5] P. Greil: *Active Filler Controlled Pyrolysis of Preceramic Polymers.* Journal of the American Ceramic Society, 78(4):835–848, 1995.

[6] A. Kraynik: *Foam structure: From soap froth to solid foams.* Material Research Society Bulletin, 28(4):275–278, 2003.

[7] K. Brakke: *The Surface Evolver.* Experimental Mathematics, 1(2):141–165, 1992.

[8] D. Klempner, V. Sendijarevic: *Polymeric Foams and Foam Technology.* Hanser Gardner Publications, Cincinnati, USA, 2004.

[9] P. Colombo, J.R. Hellmann: *Ceramic foams from preceramic polymers.* Materials Research Innovations, 6(5-6):260–272, 2002.

[10] L.J. Gibson, M.F. Ashby: *Cellular Solids: Structure and Properties.* Cambridge Solid State Science Series. Cambridge University Press, Cambridge (U.K.), 2. Auflage, 1997.

[11] J.P. Du Plessis, J.H. Maslyah: *Flow through isotropic granular porous media*. Transport in Porous Media, 6(3):207–221, 1991.

[12] J.T. Richardson, Y. Peng, D. Remue : *Properties of ceramic foam catalyst supports: pressure drop*. Applied Catalysis A: General, 204(1):19–32, 2000.

[13] E.A. Moreira, M. Innocentini, J.R. Coury: *Permeability of ceramic foams to compressible and incompressible flow*. Journal of the European Ceramic Society, 24(10-11):3205–3218, 2004.

[14] J. Saggio-Woyansky, C.E. Scott, W.P. Minnear: *Processing of Porous Ceramics*. American Ceramic Society Bulletin, 71(11):1674–1682, 1992.

[15] G. Saracco, N. Russo, M. Ambrogio, C. Badini, V. Specchia: *Diesel particulate abatement via catalytic traps*. Catalysis Today, 60(1-2):33–41, 2000.

[16] C.v. Gulijk, J.J. Heiszwolf, M. Makkee, J.A. Moulijn: *Selection and Development of a Reactor for Diesel Particulate Filtration*. Chemical Engineering Science, 56:1705–1712, 2001.

[17] O. Pickenäcker, K. Pickenäcker, K. Wawrzinek, D. Trimis, W.E.C. Pritzkow, C. Müller, P. Goedtke, U. Papenburg, J. Adler, G. Standke, H. Heymer, W. Tauscher, F. Jansen: *Neuartige keramische Hochtemperaturbauteile für die Porenbrennertechnik, II*. Keramische Zeitschrift, 51(3):190–199, 1999.

[18] O. Pickenäcker, K. Pickenäcker, K. Wawrzinek, D. Trimis, W.E.C. Pritzkow, C. Müller, P. Goedtke, U. Papenburg, J. Adler, G. Standke, H. Heymer, W. Tauscher, F. Jansen: *Neuartige keramische Hochtemperaturbauteile für die Porenbrennertechnik, I*. Keramische Zeitschrift, 51(2):108–111, 1999.

[19] W.M. Carty, P.W. Lednor: *Monolithic ceramics and heterogeneous catalysts: honeycombs and foams*. Current Opinion in Solid State and Materials Science, 1(1):88–95, 1996.

[20] T. Bitzer: *Honeycomb Technology*. Kluwer Academic Publishers, Dordrecht (NL), 1997.

[21] E.G. Klarreich: *Foams and Honeycombs.* American Scientist, 88(2):152–161, 2002.

[22] K. Schwartzwalder, A.V. Somers: *Method for Making Porous Ceramic Articles,* U.S. Patent 3.090.094, May 21, 1963.

[23] T. Gambaryan-Roisman, M. Scheffler, P. Buhler, P. Greil: *Processing of Ceramic Foam by Pyrolysis of Filler containing Phenylmethyl Polysiloxane Precursor.* Ceramic Transactions, 108 (Innovative Processing and Synthesis of Ceramics, Glasses and Composites III):121–130, 2000.

[24] C.L. Lee, G.M. Ronk: *Flame Resistant Open - Cell Silicone Foam.* Journal of Cellular Plastics, 18(3):178–182, 1982.

[25] C.L. Lee, R.G. Niemi, K.M. Kelly: *New Silicone RTV Foam.* Journal of Cellular Plastics, 13(1):62–67, 1977.

[26] T. Klose: *Micro- and mesoporöses Siliciumcarbid aus siliciumorganischen Precursoren.* Dissertation, Technische Universität Bergakademie Freiberg, 2001.

[27] K.J. Wynne, R.W. Rice: *Ceramics via Polymer Pyrolysis.* Annual Review of Material Science, 14:297–334, 1984.

[28] X. Bao, M.R. Nangrejo, M.J. Edirisinghe: *Synthesis of Silicon Carbide Foams from Polymeric Precursors and their Blends.* Journal of Materials Science, 34(11):2495–2505, 1999.

[29] F. Brendt, P. Jahn, A. Rendtel, G. Motz, G. Ziegler: *Monolithic SiOC Ceramics with Tailored Porosity.* Key Engineering Materials, 206-213(Part III, Euro Ceramics VII):1927–1930, 2002.

[30] C.K. Narula: *Ceramic Precursor Technology and its Application.* Marcel Dekker, Inc., New York (USA), 1995.

[31] G.S. Gupta, P. Vasanth Kumar, V.R. Rudolph, M. Gupta: *Heat-Transfer Model for the Acheson Process.* Metallurgical and Material Transactions A, 32A(6):1301, 2001.

[32] R. Riedel, M. Seher, J. Mayer, D.V. Szabó: *Polymer-Derived Si-Based Bulk Ceramics, Part I: Preparation, Processing and Properties.* Journal of the European Ceramic Society, 15(8):703–715, 1995.

[33] P. Cromme: *Polymerabgeleitete keramische Substrate für Dünnschicht-Solarzellen.* Diplomarbeit, Friedrich-Alexander-Universität Erlangen-Nürnberg, 2001.

[34] S. Walter, D. Suttor, T. Erny, B. Hahn, P. Greil: *Injection Moulding of Polysiloxane/Filler Mixtures for Oxycarbide Ceramic Composites.* Journal of the European Ceramic Society, 16(4):387–393, 1996.

[35] R. Gadow, D. Scherrer, C.C. Stahr: *Class A Surface Quality for Magnesium Diecastings using Ceramic Precursor-based Coatings.* In: K.U. Kainer (Herausgeber): *Magnesium - Proceedings of the 6th International Conference on Magnesium Alloys and their Applications*, Seiten 544–547, Weinheim, 2003. DGM, Wiley-VCH.

[36] O. Goerke, E. Feike, T. Heine, A. Trampert, H. Schubert: *Ceramic coatings by spraying of siloxane precursors (polymer-spraying).* Journal of the European Ceramic Society, 24(7):2141–2147, 2004.

[37] W. Verbeek (Bayer AG). Deutsches Patent Nr. 2 218 960, US Patent No. 3 853 567, 1973.

[38] S. Yajima, Y. Hasegawa, K. Okamura, T. Matsuzawa: *Development of high tensile strength silicon fiber usinf an organosilicon polymer precursor.* Nature, 273(5663):525–527, 1978.

[39] M. Friess, W. Krenkel: *Long Fiber reinforced damage-tolerant oxide/oxide CMCs with polysiloxanes.* In: W. Krenkel, R. Naslain (Herausgeber): *High temperature Ceramic Matrix Composites*, Seiten 616–621, Weinheim, 2001. Wiley-VCH.

[40] D. Suttor, T. Erny, P. Greil: *Fiber-reinforced ceramic-matrix composites with a polysiloxane/boron-derived matrix.* Journal of the American Ceramic Society, 80:1831–1840, 1997.

[41] H.P. Baldus, O. Wagner, M. Jansen: *Synthesis of Advanced Ceramics in the Systems Si-B-N and Si-B-N-C employing Novel Precursor Compounds*. Materials Research Society Symposium Proceedings, 271:821, 1992.

[42] K. Jacubenas, H. L. Marcus: *Silicon Carbide from Laser Pyrolysis of Polycarbosilane*. Journal of the American Ceramic Society, 78:2263, 1995.

[43] F.S. Kipping: *Organic Derivatives of Silicon*. Journal of the Chemical Society, 101:2106, 1912.

[44] E.G. Rochow: *Silicon and Silicones*. Springer Verlag, Berlin, 1. Auflage, 1987.

[45] M. Tanimura (Herausgeber): *Handbook of Silicone Materials*. Dow Corning Toray Silicone, Tokyo, 1993.

[46] M. Scheffler, T.Gambaryan-Roisman, T. Takahashi, J. Kaschta, H. Münstedt, P. Buhler, P. Greil: *Pyrolytic Decomposition of Preceramic Organo Polysiloxanes*. Ceramic Transactions, 115:239–250, 2000.

[47] H. Reuther: *Silikone - Ihre Eigenschaften und ihre Anwendungsmöglichkeiten*. Verlag Theodor Steinkopff, Dresden, 1969.

[48] K.A. Andrianov, G.A. Kurakov, F.F. Shushentsova, V.A. Myagkov, V.A. Avilov: *Polymerization of cyclic phenylsilsesquioxane*. Vysokomolekulyarnye Soedineniya (in russisch), 7:1477, 1965.

[49] M. Tsutsui, S. Kato. Japanisches Patent Kokoku-S-63-20210, 1988.

[50] J. F. Brown Jr., J.H. Vogt, A. Katchman, J.W. Eustance, K.M. Kiser, K.W. Krantz: *Double Chain Polymers of Phenysilsesquioxane*. Journal of the American Chemical Society, 82(23):6194–6195, 1960.

[51] C.L. Frye, J.M. Klosowski: *The So-Called 'Ladder-Structure' of Equilibrated Phenylsilsesquioxane*. Journal of the American Chemical Society, 93(18):4599–4601, 1971.

[52] J.F. Brown Jr., J.H. Vogt, P.I. Prescott: *Preparation and Characterization of the Lower Equilibrated Phenylsilsesquioxanes.* Journal of the American Chemical Society, 86(6):1120–1125, 1964.

[53] D.R. Thomas: *Siloxane Polymers*, Kapitel 12. PTR Prentice Hall, 1993.

[54] H. Ichikawa, H. Teranishi, T. Ishikawa: *Effect of curing conditions on mechanical properties of SiC fibre (Nicalon).* Journal of Materials Science Letters, 6(4):420–422, 1987.

[55] H. Zhang, C.G. Pantano: *Synthesis and Characterization of Silicon Oxycarbide Glasses.* Journal of the American Ceramic Society, 73(4):958–963, 1990.

[56] G.M. Renlund, S. Prochazka, R.H. Doremus: *Silicon Oxycarbide Glasses: Part II. Structure and Properties.* Journal of Materials Research, 6(12):2723–2730, 1991.

[57] G.M. Renlund, S. Prochazka, R.H. Doremus: *Silicon Oxycarbide Glasses: Part I. Preparation and Chemistry.* Journal of Materials Research, 6(12):2716–2722, 1991.

[58] A.K. Singh, C.G. Pantano: *The role of Si-H functionality in oxycarbide glass synthesis.* Materials Research Society Symposium Proceedings, Better Ceramics through Chemistry V, 271:795–800, 1992.

[59] P. Colombo, T.E. Paulson, C.G. Pantano: *Conversion of silicon resin to silicon(oxy)carbide.* Ceramica Acta, 3:13–21, 1993.

[60] G.D. Sorarù, R. Campostrini, S. Maurina: *Gel precursor to silicon oxycarbide glasses with ultrahigh ceramic yield.* Journal of the American Ceramic Society, 80(4):999–1004, 1997.

[61] G.D. Sorarù, E. Dallapiccola, G. D'Andrea: *Mechanical characterization of sol-gel derived silicon oxycarbide glasses.* Journal of the American Ceramic Society, 79(8):2074–2080, 1996.

[62] M.J. Wild, P. Buhler: *On the phase composition of polymethylsiloxane derived ceramics.* Journal of Materials Science, 33(22):5541–5544, 1998.

[63] F. Babonneau, L. Bois, J. Livage: *Silicon oxycarbide via sol-gel route: characterization of the pyrolysis process*. Journal of Non-Crystalline Solids, 147-148:280–284, 1992.

[64] V. Belot, R.J.P. Corriu, D. Leclerq, P.H. Mutin, A. Vioux: *Silicon oxycarbide glasses with low O/Si ratio from organosilicon precursors*. Journal of Non-Crystalline Solids, 176(1):33–44, 1994.

[65] F.K. Chi: *Carbon-Containing Monolithic Glasses via the Sol-Gel Process*. Ceramic Engineering and Science Proceedings, 4(9-10):704–717, 1983.

[66] T. Erny: *Herstellung, Aufbau und Eigenschaften polymer abgeleiteter Verbundkeramik des Ausgangssystems MeSi₂-Polysiloxan*. Dissertation, Universität Erlangen-Nürnberg, 1996.

[67] L. Bois, J. Marquet, F. Babonneau, H. Mutin: *Structural characterization of sol-gel derived oxycarbide glasses. 1. Study of the pyrolysis process*. Chemistry of Materials, 6:796–802, 1994.

[68] F. Babonneau, G.D. Sorarù, G. D'Andrea, D. Dire, L. Bois: *Silicon oxycarbide glasses from sol-gel precursors*. Materials Research Society Symposium Proceedings, 271:789–794, 1992.

[69] G.D. Sorarù: *Silicon Oxycarbide glasses from Gels*. Journal of Sol-Gel Technology, 2(1/2/3):843–848, 1994.

[70] G.T. Burns, R.B. Taylor, X. Youren, A. Zangvil, G.A. Zang: *High-temperature chemistry of the conversion of siloxanes to silicon carbide*. Chemistry of Materials, 4(6):1313–1323, 1992.

[71] D.A. White, S.M. Oleff, R.D. Boyer, P.A. Bundinger, J. R. Fox: *Preparation of silicon carbide from organosilicon gels: II. Gel pyrolysis and SiC characterization*. Advanced Ceramic Materials, 2(1):45, 1987.

[72] D.H. Filsinger, D.B. Bourrie: *Silica to silicon, key carbothermic reaction and kinetics*. Journal of the American Ceramic Society, 73(6):1726–1732, 1990.

[73] G.M. Renlund: *Silicon-oxy-carbide Glasses*. Dissertation, Renssleaer Polytechnic Institute, Troy, New York, 1989.

[74] W. Duckworth: *Discussion of Ryshkewitch Paper.* Journal of the American Ceramic Society, 36:68, 1953.

[75] R.L. Coble, W.D. Kingery: *Effect of Porosity on Physical Properties of Sintered Alumina.* Journal of the American Chemical Society, 39(11):378–385, 1956.

[76] E. Ryshkewitch: *Compression Strength of Porous Sintered Alumina and Zirconia - 9th Communication to Ceramography.* Journal of the American Ceramic Society, 36(2):65–68, 1953.

[77] M. Taya, S. Hayashi, A.S. Kobayashi, H.S. Yoon: *Toughening of a particulate-reinforced ceramic-matrix composite by thermal stress.* Journal of the American Ceramic Society, 73(5):1382, 1990.

[78] Anonym: *Filler surface modification with organic acids.* Plastics, Additives and Compounding, 2(12):26–29, 2000.

[79] C. Kunze, T. Freier, E. Helwig, B. Sandner, D. Reif, A. Wutzler, H.J. Radusch: *Surface modification of tricalcium phosphate for improvement of the interfacial compatibility with biodegradable polymers.* Biomaterials, 24(6):967–974, 2003.

[80] P. Greil: *Technische keramische Werkstoffe,* Kapitel 3.6.4.2, Seiten 1–56. Verlag Deutscher Wirtschaftsdienst, Köln.

[81] M. Sahimi: *Applications of Percolation Theory.* Taylor and Francis, London, Bristol, 1994.

[82] J. Cordelair, P. Greil: *Electrical coductivity measurements as a microprobe for structure transitions in polysiloxane derived Si-O-C ceramics.* Journal of the European Ceramic Society, 20(12):1947–1957, 2000.

[83] J. Cordelair: *Elektrische Eigenschaften Polymer/Füller -abgeleiteter Keramiken.* Dissertation, Friedrich-Alexander-Universität Erlangen-Nürberg, 1999.

[84] M. Juhart, M. Peter, K. Koch: *Schaumschlacken in der Stahl-Metallurgie.* TUC-Contact, 9(12):38–41, 2001.

[85] M. Juhart: *Schaumschlacken der Elektrostahlerzeugung und der Sekundärmetallurgie.* Dissertation, Technische Universität Clausthal, 2000.

[86] D. Weaire: *Foam Physics.* Advanced Engineering Materials, 4(10):723–725, 2002.

[87] W. Thomson, Lord Kelvin: *On the division of space with minimum partitional area.* Philosophical Magazine, 24:503, 1887.

[88] D. Weaire, R. Phelan: *A counterexample to Kelvin's conjecture on minimal surfaces.* Philosophical Magazine Letters, 69(2):107–110, 1994.

[89] L. Euler: *Gedanken über die Elemente von Körpern.* Preussische Akademie der Wissenschaften, 1746.

[90] D.J. Green, P. Colombo: *Cellular Ceramics: Intriguing Structures, Novel Properties, and Innovative Applications.* Materials Research Bulletin, 28(4):296–300, 2003.

[91] F.E.G. Ravault: *Production of Porous Ceramic Materials through the Use of Foam Attacking Agents.* U.S. Patent 3.845.181, 1974.

[92] J. Blome: *Molten Metal Filter.* U.S. Patent 4.265.659, 1981.

[93] T.J. Fitzgerald, V.J. Michaud, A. Mortensen: *Processing of Microcellular SiC Foams. Part II. Ceramic Foam Production.* Journal of Material Science, 30(4):1037–1045, 1995.

[94] T.J. Fitzgerald, A. Mortensen: *Processing of Microcellular SiC Foams. Part I. Curing Kinetics of Polycarbosilane in Air.* Journal of Material Science, 30(4):1025–1032, 1995.

[95] N.Ö. Engin, A.C. Tas: *Manufacture of Macroporous Calcium Hydroxyapatite Bioceramics.* Journal of the European Ceramic Society, 19(13 - 14):2569–2572, 1999.

[96] J. Luyten, S. Mullens, J. Cooymans, A.D. Wilde, I. Thijs: *Ceramic Foams: Synthesis and Characterization.* In: *Shaping II, Proc. 2nd Int. Conf. Shaping Adv. Cerm.*, Gent (Belgium), 2002.

[97] L. Montanaro, Y. Jorand, G. Fantozzi, A. Negro: *Ceramic Foams by Powder Processing.* Journal of the European Ceramic Society, 18(9):1339–1350, 1998.

[98] T. Jüttner, H. Mörtel, V. Svinka, S. Krebs: *Feuerfeste Leichtbaumaterialien für hohe Anwendungstemperaturen - Rheologie und Eigenschaften.* Keramische Zeitschrift, 56(1):16–21, 2004.

[99] V. Svinka, H. Mörtel, S. Krebs: *New Technology for Kaolinite Based Refractory Bricks.* In: P. Vincenzini, G. Aliprandi (Herausgeber): *10th International Ceramic Congress 2002. Refractories: Trends in Research and Applications*, Seiten 167–174. Techna Srl, 2003.

[100] E. Sundermann, J. Viedt: *Method of manufacturing ceramic foam bodies.* U.S. Patent 3.745.2001, 1973.

[101] J.G.P. Binner, J. Reichert: *Processing of Hydroxyapatite Ceramic Foams.* Journal of Material Science, 31(21):5717–5723, 1996.

[102] T. Fujiu, G.L. Messing, W. Huebner: *Processing and Properties of Cellular Silica Synthesized by Foaming Sol-Gel.* Journal of the American Ceramic Society, 73(1):85–90, 1990.

[103] M. Wu, G. Messing: *SiC-Whisker reinforced Cellular SiO_2 Composites.* Journal of the American Ceramic Society, 73(1):3497–3499, 1990.

[104] M.R. Nangrejo, X. Bao, M.J. Edirisinghe: *The Structure of Ceramic Foams Produced using Polymeric Precusors.* Journal of Material Science Letters, 19(9):787–789, 2000.

[105] G.D. Sorarù, G. D'Andrea, R. Campostrini: *Structural Characterization and High-Temperature Behavior of Silicon Oxycarbide Glasses Prepared from Sol-Gel Precursors Containing Si-H Bonds.* Journal of the American Ceramic Society, 78(2):379–387, 1995.

[106] P. Colombo, M. Modesti: *Silicon Oxycarbide Foams from a Silicone Preceramic Polymer and Polyurethane.* Journal of Sol-Gel Science and Technology, 14(1):103–111, 1999.

[107] P. Colombo, M. Griffoni, M. Modesti: *Ceramic Foams from a Preceramic Polymer and Polyurethanes: Preparation and Morphological Investigations.* Journal of Sol-Gel Science and Technology, 13(1-3):195–199, 1998.

[108] K. Langguth: *Preperation of Macro-Porous SiC-Al$_2$O$_3$ Composites with Polysilanes and Polycarbosilanes.* Ceramics International, 21(4):237–242, 1995.

[109] C.L. Lee, G.M. Ronk, S. Spells: *Heat Activated Silicone Foam.* Journal of Cellular Plastics, 19(1):29–33, 1983.

[110] T. Gambaryan-Roisman, M. Scheffler, T. Takahashi, P. Buhler, P. Greil: *Formation and Properties of Poly(siloxane) derived Ceramic Foams.* In: G. Müller (Herausgeber): *Euromat 99*, Seiten 247–251, Munich, Germany, 2000. DGM.

[111] F.F. Lange, K.T. Miller: *Open-Cell, Low-Density Ceramics Fabricated from Reticulated Polymer Substrates.* Advanced Ceramic Materials, 2(4):827–831, 1987.

[112] A.L. Matthews: *Ceramic filters for the cast metal industry.* Advanced Ceramic Materials, 122-:293–303, 1996.

[113] D. Fino, G. Saracco, V. Specchia: *Filtration and Catalytic Abatement of Diesel Particulate from Stationary Sources.* Chemical Engineering Science, 57(22-23):4955–4966, 2002.

[114] T. Inui, T. Otowa: *Catalytic Combustion of Benzene-Soot captured Ceramic Foam Matrix.* Applied Catalysis B: Environmental, 14(1-3):83–93, 1985.

[115] L.M. Sheppard: *Porous Ceramics: Processing and Applications*, Band 31. American Ceramic Society, Westerville, OH (USA), 1993.

[116] K. Branner: *Capacity and Lifetime of Foam Core Sandwich Structures.* Dissertation, Technical University of Denmark, 1995.

[117] D. Doermann, J.F. Sacadura: *Heat Transfer in Open Cell Foam Insulation.* Journal of Heat Transfer, 118(1):88–93, 1996.

[118] D. Zenkert, J. Bäcklund, O. Aamlid, S. Smidt, O.T. Thomson, J. Kepler, A. Kildegaard, O. Schubert, M. Vikström, L. Falk, K.F. Karlsson, T. Aström: *The Handbook of Sandwich Construction*. North European Engineering and Science Conference Series. Engineering Materials Advisory Services Ltd., Warley (UK), 1. Auflage, 1997.

[119] M. Hirschmann, M. Lamm, C. Körner, R. F. Singer: *Magnesium Integral Foams - Production and Properties*. In: K. U. Kainer (Herausgeber): *Magnesium. Proceedings of the 6th International Conference on Magnesium Alloys and their Applications*, Seiten 354–359, Weinheim, 2003. DGM, Wiley-VCH.

[120] A.M. Samuel, F.H. Samuel: *Foundry Aspects of Particulate Reinforced Aluminum MMCs: Factors Controlling Composite Quality*. Key Engineering Materials, 104-107(Metal Matrix Composites, Pt. 1):65–98, 2000.

[121] H.H.K. Xu, D.T. Smith, G. Schumacher, F.C. Eichmiller, J.M. Antonucci: *Indentation Modulus and Hardness of Whisker-Reinforced Heat- Cured Dental Resin Composites* . Dental Materials , 16(4):248–254, 2000.

[122] P. Sepulveda, J.G.P. Binner: *Processing of Cellular Ceramics by Foaming and In - Situ Polymerisation of Organic Monomers*. Journal of the European Ceramic Society, 19(12):2059–2066, 1999.

[123] T. Chartier, D. Merle, J.L. Besson: *Laminar Ceramic Composites*. Journal of the European Ceramic Society, 15:101–107, 1995.

[124] S.F. Corbin, X. Zhao-Jie, H. Henein, P.S. Apte: *Functional graded metal/ceramic composites by tape casting, lamination and infiltration*. Materials Science and Engineering A, A262(1-2):192–203, 1999.

[125] M. Bannister: *Challenges for composites into the next millennium - a reinforcement perspective*. Composites Part A: Applied Science and Manufacturing, 32(7):901–910, 2001.

[126] F. Vernier: *Light-weight construction stimulates the sales*. ATZ/MTZ spec. ed.: materials for automotive constructions, Seite 54, 1998/1999.

[127] E. Morawietz: *Brennend interessant, Magnesium im Auto.* Automobil Industrie, 4, 2002.

[128] O. Beffort, C. Hausmann: *Magnesium - ein Leichtmetall für die Zukunft; Die Automobilindustrie entdeckt einen alten Werkstoff wieder.* Neue Züricher Zeitung, 77:12. April, 2000.

[129] M.V. Kevorkijan: *Commercial viability of MMCs in the automotive industry.* Bulletin of the American Ceramic Society, 78(9):67–69, 1999.

[130] H.P. Degischer, F.G. Rammerstorfer, O. Beffort: *Design rules for selective reinforcement of Mg-castings by MMC inserts.* In: K. U. Kainer (Herausgeber): *Magnesium alloys and their applications,* Seite 207. Wiley-VCH, 2000.

[131] I. Lenke: *Porous ceramic preforms for local reinforcement of light metal engine components.* Ceramic Engineering and Science Proceedings, 22:87, 2001.

[132] M.V. Kevorkijan: *MMCs for Automotive Applications.* American Ceramic Society Bulletin, 77(12):53–59, 1998.

[133] L.D. Wegner, L.J. Gibson: *The mechanical behaviour of interpenetrating phase composites I: modelling.* International Journal of Mechanical Science, 42(5):925–942, 2000.

[134] I. Lenke, G.Richter, D. Rogowski: *Ceramic Engineering with preforms for locally reinforcement light metal components.* In: J.G. Heinrich, F. Aldinger (Herausgeber): *Ceramic Materials and Components for Engines,* Seite 383. Wiley-VCH, 2001.

[135] H.X. Peng, Z. Fan, J.R.G. Evans: *Novel MMC microstructures prepared by melt infiltration of reticulated ceramic preforms.* Materials Science and Technology, 16(7-8):903–907, 2000.

[136] D.R. Clarke: *Interpenetrating phase composites.* Journal of the American Ceramic Society, 75(4):739–758, 1992.

[137] V.V. Ganesh, P.K.Tan, M. Gupta: *Development and characterization of an aluminium alloy containing interconnected-wires as reinforcement.* Journal of Alloys and Composites, 315(1-2):203–210, 2001.

[138] W. Liu, U. Koester: *Criteria for formation of interpenetrating oxide/metal-composites by immersing sacrificial oxide preforms in molten metals.* Scripta Materialia, 35(1):35–40, 1996.

[139] H.J. Feng, J.J. Moore: *In situ combustion synthesis of dense ceramic and ceramic-metal interpenetrating phase composites.* Metallurgical and Materials Transactions B, 26(2):265–273, 1995.

[140] J. Zeschky, F. Goetz-Neunhoeffer, J. Neubauer, S.H.J. Lo, B. Kummer, M. Scheffler, P. Greil: *Preceramic Polymer-Derived Cellular Ceramics.* Composites Science and Technology, 63(16):2361–2370, 2003.

[141] P. Cromme, M. Scheffler, P. Greil: *Ceramic tapes from preceramic polymers.* Advanced Engineering Materials, 4(11):873–877, 2002.

[142] A.Y. Sasov: *Microtomography - I. Methods and equipment.* Journal of Microscopy, 147(2):169–187, 1987.

[143] J. Radon: *Über die Bestimmung von Funktionen durch ihre Integralwerte längs gewisser Mannigfaltigkeiten.* In: *69. Bericht der Sächsischen Akademie der Wissenschaften.* Teubner-Verlag, Stuttgart, 1917.

[144] T. Hildebrand, A. Laib, R. Müller, J. Dequecker, P. Rüegsegger: *Direct 3-D morphometric analysis of human cancellous bone: microstructural data from spine, femur, iliac crest and calcaneus.* Journal of Bone and Minerals Research, 14(7):1167–1174, 1999.

[145] W.E. Lorensen, H.E. Cline: *Marching Cubes: a high resolution 3D surface reconstruction algorithm.* Computer Graphics, 21(4):163–169, 1987.

[146] T. Hildebrand, R. Rüegsegger: *Quantification of Bone Microstructure with Structure Model Index.* Computer Methods in Biomechanical Engineering, 1(1):15–23, 1997.

[147] T. Hildebrand, R. Rüegsegger: *A new Method for the Model-independent Assessment of Thickness in three-dimensional Images.* Journal of Microscopy, 185(1):67–75, 1997.

[148] H.J.G. Gundersen, R.W. Boyce, J.R. Nyengaard, A. Odgaard: *The ConnEulor: Unibiased estimation of connectivity using physical disector under projection.* Bone, 14(5-6):217–222, 1993.

[149] A. Odgaard, H.J.G. Gundersen: *Quantification of connectivity in cancellous bone, with special emphasis on 3-D reconstruction.* Bone, 14(5-6):173–182, 1993.

[150] H.J.G. Gundersen, T.B. Jensen, R. Østerby: *Distribution of membrane thickness determined by lineal analysis.* Journal of Microscopy, 113(1):27–43, 1978.

[151] M.D.M. Innocentini, V.C. Pandolfelli: *Permeability of Porous Ceramics Considering the Klinkenberg and Inertial Effects.* Journal of the American Ceramic Society, 84(5):941–944, 2001.

[152] D. Zenkert: *An Introduction to Sandwich Construction.* Engineering Materials Advisory Services Ltd., Warley (UK), 1997.

[153] W. Lins, G. Kaindl, H. Peterlik, K. Kromp: *A novel resonant beam technique to determine the elastic moduli in dependence on orientation and temperature up to 2000 °C.* Reviews of Scientific Instruments, 70(7):3052–3058, 1999.

[154] S. Puchegger, S. Bauer, D. Loidl, K. Kromp, H. Peterlik: *Experimental validation of the shear correction factor.* Journal of Sound and Vibration, 261(1):177–184, 2003.

[155] P. Colombo, J.R. Hellmann, D.L. Shelleman: *Thermal Shock Behavior of Silicon Oxycarbide Foams.* Journal of the American Ceramic Society, 85(9):2306–2312, 2002.

[156] Z. Hashin, S. Shtrikman: *A variational approach to the theory of the elastic behaviour of multiphase materials.* Journal of the Mechanics and Physics of Solids, 11:127–140, 1963.

[157] H.J. Borchardt, F. Daniels: *Application of Differential Analysis to the Study of Reaction Kinetics.* Journal of the American Chemical Society, 79:41–46, 1957.

[158] M. Scheffler, T. Gambaryan-Roisman, T. Takahashi, J. Kaschta, P. Buhler, P. Greil: *Formation of Poly (Siloxane) Derived Ceramic Si-O-C Foams.* wird veröffentlicht.

[159] M. Mooney: *The Viscosity of a Concentrated Suspension of Spherical Particles.* Journal of Colloid Science, 6:162–170, 1951.

[160] J. Laven, H.N. Stein: *The Einstein Coefficient of Suspensions in Generalized Newtonian Liquids.* Journal of Rheology, 35(8):1523–1549, 1991.

[161] D.F. Baldwin, C.B. Park, N.P. Suh: *A Microcellular Processing Study of Poly (Ethylene Terephtalate) in the Amorphous and Semicrystalline States. Part I: Microcell Nucleation.* Polymer Engineering and Science, 36(11):1437–1445, 1996.

[162] A. Arefmanesh, S.G. Advani, E.E. Michaelides: *A Numerical Study of Bubble Growth During Low Pressure Structural Foam Molding Process.* Polymer Engineering and Science, 30(20):1330–1337, 1990.

[163] D.C. Venerus, N. Yala, B. Bernstein: *Analysis of Diffusion-Induced Bubble Growth in Viscoelastic Liquids.* Journal of Non-Newtonian Fluid Mechanics, 75(1):55–75, 1998.

[164] M. Amon, C.D. Denson: *A Study of the Dynamics of Foam Growth: Simplified Analyses and Experimental Results for Bulk Desity in Structural Foam Molding.* Polymer Engineering and Science, 26(3):255–267, 1986.

[165] C.D. Han, H.J. Yoo: *Studies on structural foam processing. IV. Bubble growth during mold filling.* Polymer Engineering and Science, 21(9):518–533, 1981.

[166] M.F. Ashby: *Cellular Ceramics*, Kapitel Cellular Solids - An Introduction. Wiley-VCH, Weinheim, 2004.

[167] M.D.M. Innocentini, V.R. Salvini, V.C. Pandolfelli, J.R. Coury: *The Permeability of Ceramic Foams*. American Ceramic Society Bulletin, 77(9):78–84, 1999.

[168] M. Innocentini, P. Sepulveda, F. Ortega: *Cellular Ceramics*, Kapitel Permeability. Wiley-VCH, Weinheim, 2004.

[169] M. Innocentini: *Gas filtration at high temperatures*. Dissertation (in Portugisisch), Federal University of Sao Carlos, Sao Carlos, Brasilien, 1997.

[170] A.P. Philipse, H.L. Schram: *Non-darcian airflow through ceramic foams*. Journal of the American Ceramic Society, 74(4):728–732, 1991.

[171] F.A. Acosta, A.H. Castillejos, J.M. Almanza, A. Flores: *Analysis of liquid flow through ceramic porous media used for metal filtration*. Metallurgical and Materials Transactions B, 26B:159–171, 1995.

[172] S. Ergun: *Flow through packed columns*. Chemical Engineering Progress, 48(2):89–94, 1952.

[173] J. Kozeny: *Über kapillare Leitung des Wassers im Boden*. Sitzungsbericht der Akademie der Wissenschaften, Wien, 136:271–306, 1927.

[174] M.D.M. Innocentini, P. Sepulveda, V.R. Salvini, V.C. Pandolfelli, J.R. Coury: *Permeability and Structure of Cellular Ceramics: A Comparison between Two Preparation Techniques*. Journal of the American Ceramic Society, 81(12):3349–3352, 1998.

[175] H.X. Peng, Z. Fan, J.R.G. Evans: *Bi-continuous Metal Matrix Composites*. Materials Science and Engineering A, 303(1-2):37–45, 2001.

[176] E.W. Washburn: *The Dynamics of Capillary Flow*. Physical Review, 17:374–375, 1921.

[177] R.W. Rice: *Cellular Ceramics*, Kapitel Mechanical Properties. Wiley-VCH, 2004.

[178] D.U. Yang, S. Lee, F.Y. Huang: *Geometric effects on micropolar elastic honeycomb structure with negative Poisson's ratio using the finite element method*. Finite Elements in Analysis and Design, 39:187–205, 2003.

[179] R. Brezny: *Mechanical Behaviour of Open Cell Ceramics.* Dissertation, Penn State University, 1990.

[180] J. Zang, M. Ashby: *Theoretical Studies on Isotropic Foams.* CUED/C-Mats/TR 158, Cambridge University Department Report, 1989.

[181] R.W. Rice: *The Porosity Dependance of Physical Properties of Materials-A Summary Review.* In: D.M. Liu (Herausgeber): *Porous Ceramic Materials, Fabrication, Characterization, Applications,* Seiten 1–19, Zürich, Schweiz, 1996. Tech Pub.

[182] R.W. Rice: *Evaluation and Extension of Physical Property-Porosity Models Based on Minimum Solid Area.* Journal of Materials Science, 31(1):102–108, 1996.

[183] R.W. Rice: *Comparison of Physical Property-Porosity Behavior with Minimum Solid Area Models.* Journal of Materials Science, 31(6):1509–1528, 1996.

[184] M.R. Nangrejo, M.J. Edirisinghe: *Porosity and Strength of Silicon Carbide Foams Prepared Using Preceramic Polymers.* Journal of Porous Materials, 9(2):131–140, 2002.

[185] *Engineered Materials Handbook, Vol. 4: Ceramics and Glasses.* ASM Int., Materials Park, USA, 1991.

[186] MCIC: *Engineering Property Data on Selected Ceramics.* Technischer Bericht, Batelle Columbus Laboratories, 1981.

[187] A. Tampieri, G. Celotti, F. Szontagh, E. Landi: *Sintering and characterization of HA and TCP bioceramics with control of their strength and phase purity.* Journal of Materials Science: Materials inMedicine, 8(1):29–37, 1997.

[188] P. Colombo, J.R. Hellmann, D.L. Shelleman: *Mechanical Properties of Silicon Oxycarbide Ceramic Foams.* Journal of the American Ceramic Society, 84(10):2245–2251, 2001.

[189] G.J. DeSalvo: *Theory and Structural Design Applications of Weibull Statistics.* WANL-TME-2688, Westinghouse Electrical Corp., May 1970.

[190] J.-M. Tulliani, L. Montanaro, O. Morey, J.P. Lecompte: *Caractérisation Mécanique de Mousses Céramiques pour la filtration des émissions Diesel.* Matériaux & Techniques, 84(11-12):55–60, 1996.

[191] J. Haag, J. Heuer, M. Kraemer, S. Pischinger, K. Wunderlich, J. Arndt, M. Stock, W. Coelingh: *Reduction of hydrocarbon emissions from Si-engines by the use of carbon pistons.* Technischer Bericht, SAE technical paper series 952538, 1995.

[192] M. Becker, S. Decker, F. Durst, T. Fend, B. Hoffschmidt, S. Nemoda, O. Reutter, V. Stamatov, M. Steven, D. Trimis: *Thermisch beaufschlagte Porenkörper und deren Durchströmungs- und Wärmeübertragungseigenschaften.* DFG-Projekt DU10/55-1, Abschlussbericht, Insitut für Strömungsmechanik der Universität Erlangen-Nürnberg.

[193] T. Fend, D. Trimis, R. Pitz-Paal, B. Hoffschmidt, O. Reutter: *Cellular Ceramics*, Kapitel Thermal Properties, Seite (im Druck). Wiley-VCH, Weinheim, 2004.

[194] J. She, T. Ohji, Z.-Y. Deng: *Thermal Shock Behaviour of Porous Silicon Carbide Ceramics.* Journal of the American Ceramic Society, 85(8):2125–2127, 2002.

[195] H.-P. Martin, J. Adler: *Cellular Ceramics*, Kapitel Electrical Properties. Wiley-VCH, Weinheim, 2004.

[196] J. Kovacik, F. Simancik: *Aluminium foam - modulus of elasticity and electrical conductivity according to percolation theory.* Scripta Materialia, 39(2):239–246, 1998.

[197] D.S. McLachlan, M. Blaszkiewicz, R.E. Newnham: *Electrical Resistivity of Composites.* Journal of the American Ceramic Society, 73(8):2187–2203, 1990.

[198] J. Runyan, R.A. Gerhardt: *Electrical Properties of Boron Nitride Matrix Composites: I, Analysis of McLachlan Equation and Modelling of the Conductivity of Boron Nitride - Boron Carbide and Boron Nitride - Silicon Carbide Composites.* Journal of the American Ceramic Society, 84(7):1490–1496, 2001.

[199] P. Colombo, T. Gambaryan-Roisman, M. Scheffler, P. Buhler, P. Greil: *Conductive ceramic foams from preceramic polymers.* Journal of the American Ceramic Society, 84(10):2265–2268, 2001.

[200] E. J. Van Vorhees, D.J. Green: *Failure Bahivor of Cellular-Core Ceramic Sandwich Composites.* Journal of the American Ceramic Society, 74(11):2747–2752, 1991.

[201] H.G. Allen: *Analysis and Design of Structural Sandwich Panels.* Pergamon Press, Oxford, England, 1969.

[202] T.C. Triantafillou, L.J. Gibson: *Failure Mode Maps for Foam Core Sandwich Beams.* Materials Science and Engineering, 95:37–53, 1987.

[203] F.P. Beer, E.R. Johnston: *Mechanics of Materials.* McGraw-Hill, New York, USA, 1981.

[204] F. Breutinger, Y. Li, J. Zeschky, S.H.J. Lo, W. Blum: *Stress Relaxation in Mg-Al-Alloy AZ31 reinforced by Ceramic Foam.* In: *Materials Science Forum*, Band 419-422, Seiten 811–816, Schweiz, 2003. Trans Tech Publications.

[205] I. Lenke, G. Richter, D. Rogowski: *Ceramic materials and components for engines*, Kapitel Ceramic engineering with preform for locally reinforcement of light metal components, Seite 383. Wiley-VCH, Weinheim, 2001.

[206] J.G.P. Binner: *Gel casting of ceramic foams.* In: *Ceramic Engineering and Science Proceedings*, Band 24 (27th International Cocoa Beach Conference on Advanced Ceramics and Composites, Part A), Seiten 125–134. The American Ceramic Society, 2003.

[207] V. Skenicka, M. Svoboda, M. Pahutova, K. Kucharova, T.G. Langdon: *Microstructural processes in creep of an AZ91 magnesium-based composite and its matrix alloy.* Materials Science and Engineering A, 319-321:741–745, 2001.

[208] M. Hoffman, S. Skirl, W. Pompe, J. Rödel: *Thermal residual strains and stresses in Al$_2$O$_3$/Al composites with interpenetrating networks.* Acta Materialia, 47(2):565–577, 1999.

[209] R. Kolhe, C.Y. Hui, E. Ustundag, S.L. Sass: *Residual Thermal Stresses and Calculation of the Critical Metal Particle Size for Interfacial Crack Extension in Metal-Ceramic Matrix Composites.* Acta Materialia, 44(1):279–287, 1995.

[210] J. Selsing: *Internal stresses in ceramics.* Journal of the American Ceramic Society, 44(1):419, 1961.

[211] H. Prielipp, M. Knechtel, N. Claussen, S.K. Streiffer, H. Müllejans, M. Rühle, J. Rödel: *Strength and Fracture Toughness of Aluminum/Alumina Composites with Interpenetrating Phase Composites.* Materials Science and Engineering A, 197(1):19–30, 1995.

[212] R.M. Jones: *Mechanics of Composite Materials.* McGraw-Hill, New York, 1999.

[213] L.I. Tuchinskii: *Elastic Constants of Pseudoalloys with a skeletal Structure.* Poroshkovaya Metallurgiya, 7:85–92, 1983.

[214] P. Zhang, P. Agamennone, W. Blum. In: K.U. Kainer (Herausgeber): *Magnesium Alloys and their Applications*, Seite 716, Weinheim, 2000. Wiley-VCH.

[215] M. Hollins: *Brake Discs for the Lotus Elise .* In: *Metal Matrix Composites VI*, Seite Vortrag am 26.11.1997, London, England. The Royal Society. (http://www.lanxide.com/sld001.htm).

Danksagung

Diese Dissertation ist meinen Eltern Karl-Heinz und Edeltraud Zeschky gewidmet, die mich jederzeit, insbesondere aber während des Studiums unterstützten, mir immer mit Rat und Tat zur Seite standen und mich in allen meinen Entscheidungen bestärkt haben. Ich kann mich wirklich glücklich schätzen, sie als Eltern zu haben!

Mein Dank gilt in erster Linie Professor Peter Greil. Über $3^1/_2$ Jahre lehrte mich mein Doktorvater mit seiner fordernden und fördernden Betreuung die Kunst der akademischen Forschung. Dabei lies er mir viel Freiraum zur Verwirklichung eigener Ideen und gab mir vielfach die Möglichkeit, durch Auslandsaufenthalte meine Kenntnisse zu vertiefen und auf einer Vielzahl von Konferenzen teilnehmen zu können. Seine Begeisterung für die Lösung technologischer und wissenschaftlicher Fragestellungen war ansteckend. Sein stetes Interesse und seine vielfältigen Anregungen trugen erheblich zum Gelingen der Arbeit bei.

Während der ersten zwei Jahre war Michael Scheffler mein Arbeitsgruppenleiter, direkter Ansprechpartner und Betreuer. Er hatte immer Zeit für mich und zeigte mir stets, daß man viele Probleme nicht nur von der ingenieurswissenschaftlichen, sondern auch der naturwissenschaftlichen Seite betrachten konnte. Da die *Chemie* zwischen uns stimmte, konnten wir auch nach seinem Weggang nach Seattle die Freundschaft und Zusammenarbeit aufrecht erhalten. Vielen Dank für alles, Mima!

Ohne die Mitarbeit der Kollegen am Lehrstuhl wäre diese Arbeit nicht möglich gewesen. Ihnen allen gilt mein herzlichster Dank! Vor allem danke ich Kurt Sandner, der mir mit seinem technologischen Know-How sehr weiter half und der auch trotz meiner vielen Mißgeschicke nie verzweifelte. Gleiches gilt für Peter Reinhardt, der für mich zahlreiche mechanische Arbeiten präzise und schnell erledigte. Eva Springer danke ich für ihre endlose Geduld bei den REM-Untersuchungen und den Fotografien. Alena Rybar danke ich für ihre Hilfe bei der Probenpräparation, insbesondere der Kompositwerkstoffe. Herrn Dr. Nahum Travitzky gilt mein Dank für seine gute Laune, den vielen Tips und Ideen auf nicht nur fachlichem Gebiet. Durch seine Hinweise konnte ich meine Prioritäten richtig setzen. Ferner danke ich Sabine Brungs und Françoise Gröning für thermische Analysen, Hana Strelec für BET- und XRD-Messungen sowie Evi Gruber und Beate Müller für chemische Analysen und Andreas Thomsen für Viskositätsmessungen.

In experimentellen Arbeiten unterstützen mich mehrere Hiwis. Hier möchte ich mich besonders bei Florian Kellner und Rebecca Voigt bedanken. Stefan Schoemaker, Martin Rauscher, Frank Debus, Thomas Höfner und Claudia Arnold konnten durch ihr Engagement bei ihren Studien-, Diplom- und Masterarbeiten herausfinden, was mit Keramikschäumen möglich ist — und was nicht. Teile ihrer Arbeit sind Bestandteile dieser Dissertation. Dafür danke ich Ihnen.

Thomas Höfner teilt mein Interesse an polymerabgeleiteten Keramikschäumen. Durch seine pfiffigen Ideen konnten das Processing sowie die mechanischen Eigenschaften der Schäume maßgeblich verbessert werden. Mein Dank gilt ihm auch für das Korrekturlesen von Veröffentlichungen und insbesondere dieses Manuskripts, für die Fortführung der Kooperation mit CANMET und für jede Menge Spaß, bei der Arbeit und danach! Danke auch für die Etablierung des WABs.

Professor Mathias Göken gilt mein Dank für die bereitwillige Übernahme des Zweitgutachtens. Dem Lehrstuhl Werkstoffkunde und Technologie der Metalle (Professor Robert Singer) danke ich für die Möglichkeit zur Messung an ihrem Röntgencomputertomographen. Ohne dieses Analyseverfahren wäre die Strukturanalytik der Keramikschäume so nicht möglich gewesen. Mein Dank gilt hier vor allem Michael Arnold und Markus Hirschmann, die mir die Eigenheiten des Gerätes und dessen Möglichkeiten zeigten. Dem Lehrstuhl Allgemeine Werkstoffkunde danke ich für die gemeinsame Arbeit auf dem Gebiet der Komposite. Besonderer Dank gebührt Bernhard Kummer für die sehr zeit- und arbeitsintensive Durchführung der Kriech- und CERT-Druckversuche an allen Metall/Keramik-Kompositen sowie Falk Breutinger und Professor Wolfgang Blum für ihr Interesse und ihre Zusammenarbeit auf dem Gebiet der AZ31/SiO_2-Keramikschaum-IPCs. Ich danke Dr. Jürgen Neubauer vom Lehrstuhl für Allgemeine und Angewandte Mineralogie für die Durchführung der GADDS-Analysen an den Kompositwerkstoffen. Bernd Leibig von der Zentralwerkstatt danke ich für die umfangreiche mechanische Bearbeitung der Komposite mittels Funkenerosion.

Bei den Kooperationspartnern außerhalb der Universität Erlangen gilt mein Dank insbesondere Dr. S.H. Jason Lo vom CANMET Materials Technology Laboratory für die engagierte Zusammenarbeit im Bereich der Komposite sowie für die Gastfreundschaft während meines Aufenthaltes in Ottawa. Der Arbeitsgruppe von Professor Herwig Peterlik vom Institut für Materialphysik der Universität Wien danke ich für die sofortige Bereitschaft und die schnelle und kostenlose Durchführung der aufwendigen Messungen der elastischen Konstanten nach dem RBT-Verfahren. Sein Engagement führte letztlich zur Veröffentlichung der Ergebnisse in mehreren Publikationen. Dr. Djamila Bahloul-Hourlier gilt mein Dank für ihre Gastfreundschaft am chemischen Institut der Universität Limoges, SPCTS. Danke für die schöne Zeit in Limoges! Dr. Steven Mullens danke ich für die kritische Hinterfragung der Tomographie-Meßdaten und die Zusammenarbeit bei der Charakterisierung der Schaumstruktur mit verschiedenen Verfahren.

Last but not least möchte ich mich bei allen Kollegen bedanken, die über die Arbeit hinaus zu Freunden wurden. Dies gilt insbesondere für meine Zimmerkollegen Caroline Blenk, Jing Cao, Marcus Rauch und Cornelia Treul. Euch und die Zeit, die ich mit euch verbrachte, werde ich sehr vermissen.

Lebenslauf

Persönliches

Name	Jürgen Reinhard Zeschky
Geburtsdatum und –ort	24. Juni 1970 in Kempten/Allgäu
Wohnort	Fürth
Familienstand	ledig

Schulbildung

August 1977 – Juli 1981	Grundschule Farrnbachschule, Fürth
August 1981 – Juni 1983	Helene-Lange-Gymnasium, Fürth
Juli 1983 – September 1987	Gymnasium Heepen, Bielefeld
September 1987 – Juli 1990	Helene-Lange-Gymnasium, Fürth
	Abschluß: Abitur

Hochschulbildung

Oktober 1991 – Oktober 1995	Studium Physik (Diplom), Universität Erlangen-Nürnberg
Oktober 1995 – März 2001	Studium Werkstoffwissenschaften (Diplom), Universität Erlangen-Nürnberg Abschluß: Diplom
April 2001 – Dezember 2004	Promotion, Lehrstuhl für Glas und Keramik, Universität Erlangen-Nürnberg

***ibidem*-**Verlag

Melchiorstr. 15

D-70439 Stuttgart

info@ibidem-verlag.de

www.ibidem-verlag.de
www.edition-noema.de
www.autorenbetreuung.de

www.ingramcontent.com/pod-product-compliance
Lightning Source LLC
Chambersburg PA
CBHW061201220326
41599CB00025B/4565